我们一起解决问题

AGILE HR
Deliver Value in a Changing World of Work

敏捷 HR

用敏捷思想为组织持续创造价值

［英］纳塔尔·丹克（Natal Dank）
［芬］瑞娜·赫尔斯特罗姆（Riina Hellström） ◎著
李建昊 ◎译

人民邮电出版社
北京

图书在版编目（CIP）数据

敏捷HR：用敏捷思想为组织持续创造价值 /（英）纳塔尔• 丹克，（芬）瑞娜•赫尔斯特罗姆著 ；李建昊译. -- 北京 ：人民邮电出版社, 2023.5
 ISBN 978-7-115-61573-2

Ⅰ. ①敏… Ⅱ. ①纳… ②瑞… ③李… Ⅲ. ①企业管理－人力资源管理－研究 Ⅳ. ①F272.92

中国国家版本馆CIP数据核字(2023)第058914号

内 容 提 要

在"乌卡"（VUCA）时代，敏捷是组织快速适应不断变化的需求的一种能力，已经被应用到各个行业和领域中。人力资源管理者需要采用敏捷方法来改变传统的工作方式，以更好地应对变化。

本书是敏捷在人力资源管理领域应用的基础读物，从敏捷理念、敏捷与人力资源管理的相互作用与影响讲起，系统讲解了如何将敏捷理念、方法、工具应用到人力资源管理中，开发出能够节省时间、提高性能和支持整体业务目标的敏捷流程和实践，从而改变对实际业务没有起到支持作用的竖井式的人力资源管理流程和管理结构；详细介绍了如何运用 Scrum 和 Kanban 这两个敏捷框架快速开发新产品或服务，如何通过试验和原型进行有效的组织变革，以及人力资源管理者如何对组织的敏捷转型提供支持。

本书能够助力各个行业和领域的人力资源管理者和组织采用敏捷的工作方式，让自己和组织变得越来越成功。

◆ 著　　［英］纳塔尔·丹克（Natal Dank）
　　　　［芬］瑞娜·赫尔斯特罗姆（Riina Hellström）
　译　　李建昊
　责任编辑　杨佳凝
　责任印制　彭志环

◆ 人民邮电出版社出版发行　北京市丰台区成寿寺路11号
邮编 100164　电子邮件 315@ptpress.com.cn
网址 https://www.ptpress.com.cn
三河市中晟雅豪印务有限公司印刷

◆ 开本：720×960　1/16
　印张：23.25　　　　　　　　　　　　2023 年 5 月第 1 版
　字数：400 千字　　　　　　　　　　2023 年 5 月河北第 1 次印刷

著作权合同登记号　图字：01-2021-1422 号

定　价：108.00 元
读者服务热线：（010）81055656　印装质量热线：（010）81055316
反盗版热线：（010）81055315
广告经营许可证：京东市监广登字20170147号

瑞娜（Riina）

献给 Miksu、Axel 和 Oscar，感谢你们的支持，我爱你们。

献给 Natal，谢谢你，你真棒！

纳塔尔（Natal）

献给 Tim，如果没有你，我将一无所成。

献给 Riina，是的，我们成功了！

给你一个大大的拥抱。

致　谢

通过开展敏捷HR之旅，我们有幸与一些富有灵感、超级聪明的人合作，并有机会向他们学习。

我们要向所有加入我们团队并成为敏捷HR社区积极成员的优秀开拓者致敬。我们对你们所做的事业和所表现出的热情感到敬佩。感谢你们为人力资源行业的未来做出的积极贡献，你们的加入将成为我们前进的动力。

我们还要感谢敏捷HR盟友和合作者，并向他们表示最深的敬意，因为我们从他们身上学到了很多东西，他们是Tracey Waters、Josh Bersin、Amanda Bellwood、Kate Rand。同时，我们还要感谢敏捷HR芬兰的启动小组成员：Baris Bal、Karen Beaven、Helen Blässar、Taina Blom-Bohner、Icar Castro、Nebel Crowhurst、Yusuf Okucu、Eoin Cannon、Luisa Colombo、Jennifer Dawson、Joanne Edwards、Mikko Eerola、Matias Fourment、Robert Frohman、Tudor Gandu、Tom Haak、Tina Harms、Jaakko Hartikainen、Petri Heiramo、Bee Heller、Nuoret Henryt Group、Lea Hejn、Alize Hofmeester、Sanna Hokkanen、Ari Jokilaakso、Joonas Kiminki、Esko Kokkonen、Eeva-Maria Kytönen、Cristina Leal、Jukka Lindström、Leila Ljungberg、Leonie Lübbers、Leena-Maija Otala、Virpi Mattila-Manninen、Anna Marriott、Arto Miekkavaara、Tamara Molinas、Marjaana

Murtomaa、Wayne Mullen、Eija Niininen、James Perez、Emilie Piolroux、Joanna Rosiek、Diana Russo、Melissa Sabella、Avril Scott、Rina Sirén、Cassie Soady、Luke Sondelski、Pia-Maria Thorén、Petteri Tuomimaa、Salvador Vartuli、Vesa Vuorinen、Jane Weir、Jeff Sutherland。

本书赞誉

硅谷或SpaceX公司所采用的人力资源管理方式，与迄今为止在任何课本或图书中的描述完全不同。在本书中，赫尔斯特罗姆和丹克引导我们培育出持续演进、具有闪电般速度的企业，从而使我们在不断变化的世界中开展一系列重要的工作，跟上科技巨头的脚步，到达火星甚至更远的地方。本书可以帮助我们在职场中建立心理安全感。

——乔·贾斯蒂斯（Joe Justice），敏捷商业革新者

在我们的下一代组织中引入科学思维，不仅对人力资源管理本身有益，而且对每个接触人力资源管理的人都有益。

——马蒂亚斯·斯卡林（Mattias Skarin），Crisp公司企业级敏捷教练

丹克和赫尔斯特罗姆将他们多年有关敏捷HR的知识和经验汇聚到本书中。这是每位人力资源管理者都需要的工具书。

——特雷西·沃特斯（Tracey Waters），某大型媒体和电信公司的员工体验总监

这是敏捷HR领域的先驱丹克和赫尔斯特罗姆的伟大著作！在本书中，我们

能捕捉到他们的激情，我相信许多读者会渴望跟随他们的指引前行。

——汤姆·哈克（Tom Haak），人力资源管理趋势研究所主任

敏捷 HR 可以带领你从棘手的现状迈向光明的未来。这是一个完整的工具包，具有很强的实用性和现实意义。这是任何一个对人力资源管理充满热情的人必读的书。

——阿恩·克里斯蒂安·范德唐（Arne Christian van der Tang），
TomTom 公司首席人力资源官

本书的付梓出版，给我带来了难以用语言表达的快乐。敏捷 HR 已经生机勃勃地发展了好多年，现在，越来越多的人力资源管理者和组织加入进来，并在敏捷工作方式的激发下，让自己和企业变得越来越成功。任何对敏捷思想感兴趣的人都需要阅读本书。对那些已经迈出了一大步的人来说，应该抛弃旧的等级制度和传统的企业管理方法，寻找更加有效的方式，为如何创造出让所有人都能感受到敏捷思想的文化提供灵感。一旦你开启了敏捷之旅，就再也回不去了。

——尼贝尔·克劳赫斯特（Nebel Crowhurst），某公司人才与文化总监，
早期敏捷 HR 的采纳者

本书将 Scrum 框架中最好的元素融入了人力资源运营。

——杰夫·萨瑟兰（Jeff Sutherland），Scrum 公司创始人

本书可能会成为敏捷在人力资源管理领域中的基础读物。它提供了实施敏捷的可靠建议，以及对于敏捷和人力资源管理的准确理解。即使你以前没有敏捷方

面的经验,也可以很容易掌握本书的内容。虽然成为一位专家需要时间和实践,但是本书可以助你大大简化这个过程。

——佩特利·黑拉莫(Petri Heiramo),Scrum认证培训师、企业级敏捷教练

在人力资源管理领域,我们从未有过这样的机会来改变我们的工作方式。对那些一直在寻找比传统方式更好、更人性化的方法的人来说,这是一本必读书。纳塔尔和瑞娜提供了实用的工具与技术,让每个人都有信心在敏捷HR之旅中不断前进!

——夏洛特·古尔丁(Charlotte Goulding),Infinity Works公司人力资源总监

本书应该是所有人力资源管理者的必读书。作者是真正的敏捷专家,她们知道如何准确地解释关键的概念和事实,并使其在商业环境中易于应用。本书还可以提升你的人力资源管理的实践能力,并将你变成一位敏捷HR专家。读完本书,你将成为一个真正的游戏规则的改变者!

——卡伦·比文(Karen Beaven),创意人力资源机构总监

前　言

敏捷 HR 与作者

纳塔尔

我的人力资源职业生涯有一个转折点——当时，我在一家大型国际银行担任全球人才总监，我意识到自己监督的内部流程是耗时而又艰难的，在企业内部似乎感知不到它的价值。在将近六个月的时间里，我们要求组织中每个层级的管理者将他们员工的情况说明投入一个人才箱中（共25个人才箱），然后凭借这些数据生成详细的报告，提供给高层管理人员审阅。然而，这项工作似乎没有任何效果，更糟糕的是，看完这些数据，你甚至无法确定那些员工是如何被选拔出来参加人才计划或晋升的。事实上，包括高管在内的大多数管理者都害怕与员工讨论这些信息，他们宁愿对整个过程保密。

我一直相信企业的成功与员工的激励之间存在着直接的联系，如果给予适当的机会，每位员工都有潜力，都可以有所作为。我不喜欢等级制度，也不遵从命令。基于这一点，我开始相信人力资源管理者的主要作用是建立良好的工作场所，让员工在工作中获得成功、在职业生涯中找到目标。我也知道，为了实现这一目标，人力资源管理者需要超越传统流程，理解工作中的人性化体验。

为了实现这个愿景，我决定踏入咨询界。当我被要求帮助一家成功的初创企业改进其绩效和奖金结构时，我偶然发现了敏捷。在这家企业中，墙上的海报写着"不要在这里展示面子工程"和"我们相信试验的力量"。从进门那一刻起，我就能感觉到这项任务将会与以往所经历的有所不同。

这个项目的情况反映出了许多技术部门面临的现状，虽然团队工作灵活，但是仍然采用传统的人力资源管理方法，如基于管理层反馈、个人打分评级和奖金的绩效管理。当然，我做了大多数人力资源顾问该做的事情，审查了敬业度调查数据，采访了关键人物，并查看了行业中的最佳实践案例。然后，我把总体规划提交给了项目发起人，他们问我："你怎么知道这样做会奏效？"

当时，我说了"人力资源最佳实践"之类的常用话术。但我很快意识到，在这家企业中，人们希望通过试验和证据来验证决策，而不是通过观点或之前所做的事情。

幸运的是，我开启了自己的敏捷之旅。人们愉快地自愿加入小型、安全的试验团队，这些团队对讨论和分享反馈的不同方式进行了测试，使用基于同行的绩效工具，甚至尝试不同的评分量表。经过几个月的倾听和观察，我们掌握了数据，开始做出改变。首先取消了季度奖金，因为有证据表明，绩效谈话主要关注的是金钱和评级，而不是职业发展和反馈。

过去，仅仅考虑这样一个组织变革就会启动一个庞大的项目，需要进行几个月的审批和决策会议。现在，我发现通过与人合作，就有可能实现文化和行为上的变革，即每个人都参与其中，成为变革的一部分，而不是花费几个月甚至几年的时间来抵制变革。

现在，我明白了为什么这家企业远远领先于竞争对手。从那以后，我一直在执行一项任务：为人力资源行业配备敏捷技能，并为未来的工作做好准备。我的目标是构建超棒的工作场所，让优秀的人在那里工作，从而实现商业成功。通过教练、顾问和引导者的角色，我与来自世界各地的人力资源团队和商业领袖紧密合作，帮助他们接受敏捷理念，并重塑他们的工作方式。这一使命给我带来了一些令人惊叹的经历，也给我带来了与众多不同的合作机会。

2016 年，我在伦敦举办了第一次敏捷 HR 会议，目的是建立一个志同道合的实践者社区——从悉尼到巴黎，在世界各地的城市中，同时也在互联网上。目前，敏捷 HR 会议已经发展成为一项常规的活动。同年，当我在推特上表达了自己对敏捷 HR 的热情时，遇到了志同道合的瑞娜。我们承诺，要积极地开创我们共同热爱的事业。

瑞娜

在我就读化学工程专业的第五年时，我开始意识到自己不再热衷于化学或制药行业。我需要重新调整自己的学习方向，做一些自己觉得合适的事情。在我接触到学习型组织和系统思考方面的研究后，很快明白这就是我想从事的工作。毕业后，我立志从事人力资源管理事业，雄心勃勃地发展学习型组织，以提高工作和生活的适应性和自我导向能力。虽然公司的现实与传统的人力资源管理和管理层级弱化了我的一些理想主义，但并没有扑灭我的激情。

我与一线员工和管理者一起进行多次合作，开始了解他们的日常工作、需求和痛点。但我们提供的许多人力资源解决方案并不受欢迎。当我意识到人力资源管理流程对用户来说很糟糕时，我就想重新设计人力资源管理流程。然而，挑战人力资源管理流程和管理结构并不总是那么受欢迎，有些人认为我有点叛逆。幸运的是，在我的职业生涯早期，在几位教练型领导的指导下，我可以在自己的人力资源领域进行试验和创新。在社交媒体出现之前，我设计了自组织和入职培训计划，并创建了企业社区和网络。我热衷于将聚焦于客户和关联到业务的工作引入人力资源管理，并希望建立企业文化，使人们能够充分发挥自己的潜力。这些改变也让我觉得自己确实与实行官僚和等级制度的组织格格不入。作为一个没有资历和授权的组织创新者，这是一件很有挑战的事。

2010 年，我读了《Scrum 指南》(*Scrum Guide*)。从那一刻起，我意识到自己的一生都将是敏捷的。我对它一见如故，这是在我的职业生涯中"一见钟情"的时刻。Scrum 描述了我在职业生涯中一直倡导的适应性、有机性、自我管理和以客户为中心的工作方式。我预测敏捷的工作方式也会从软件开发扩展到其他行业和领域，但没想到会花这么长时间！敏捷将挑战尘封已久的组织结构。这也是一个决定性时刻，我决定辞去工作，创办自己的公司，提供敏捷 HR 和敏捷管理咨询及培训。当时，市场上是没有这些服务的。

今天，我在全球范围内倡导敏捷 HR 和敏捷组织发展，咨询并重新设计组织和人力资源团队的运作。我是一名敏捷企业级教练，帮助高管、领导团队采用敏捷理念和实践，对变革项目实施敏捷转型步骤，并通过新形式的组织和管理设计交付价值。我还从事员工分析与发展工作，倡导基于证据的领导力。

纳塔尔同样热衷于重新定义人力资源行业、重塑工作方式，以创造令人赞叹的员工体验。我们希望将敏捷理念和方法带给同行，但是我们发现，在专注于 IT 的敏捷人士中，没有人能将敏捷理念和方法应用到人力资源的环境中。敏捷 HR 社区是由人力资源管理者创建的，旨在为人力资源领域提供专业级的敏捷培训和发展，我很高兴能为他们提供服务。

前　言

两位作者的共同介绍

当我们开始在人力资源管理的工作中应用敏捷理念和方法时，就需要阅读本书。它集合了我们过去十年从个人的职业经历中获得的知识，以及与我们在全球合作过的领导和团队的建议与洞察。我们迫不及待地想让你把本书中的知识付诸实践。让我们为未来人力资源管理的转型工作一起携手努力。

敏捷 HR 与 2020 年的疫情

当我们写完本书时，新型冠状病毒（COVID-19）已经在全球出现并流行。COVID-19 很可能将永远改变商业世界。目前，危机本身还远未结束，许多国家仍处于封锁状态，国际旅行处于停滞状态，大多数商务会议只能通过视频的方式进行。

这场疫情很好地说明了为什么世界各地的组织，无论哪个行业，都需要业务敏捷才能生存。几天内，整个组织被迫将员工的工作方式转为远程办公，仅仅为了能够维持经营。许多企业被迫做出重大的经营决策，比如迅速将人员部署到目前需求大幅增长的业务领域，像超市和制造卫生产品（如洗手液）的在线零售商等。其他企业则面临着彻底关闭、停止交易和解雇员工的艰难处境。做出这些决定往往需要基于健康和安全问题的考量，所以更具有挑战性。一些组织要求其雇员接受较高的个人风险，只是为了维持基本的服务运作或照顾社会的弱势群体。

COVID-19 迫使企业采用敏捷的工作方式。突然间，每家企业都必须快速评估其战略业务需要、最终客户的需求，还要迅速重新确定工作的优先级排序和转型方向。员工也被迫以增量的方式完成这些工作，并迅速启动和运行一个临时计划，因为他们知道自己需要在几周内（有时是几天）重新评估和更改计划。

在这种需要转型的情况下，那些已经使用敏捷实践的组织将远远领先于它们的竞争对手。许多人力资源团队使用敏捷来应对这场疫情，以确保其业务的正常运营，最重要的是确保其员工的安全。这些故事给了我们很大的启发。许多优秀的案例包括人力资源团队使用敏捷工具和协作方法快速调整工作重点，并在几天内建立和运营员工帮助热线与领导支持机制。通常，这意味着，需要接受交付最小可行性产品（MVP）的概念，以便快速向客户提供具有一定功能和价值的产品，一旦开始运营，就可以增量式地进行改进了。

我们还看到，那些已经接受了灵活工作实践并使用数字化工具来进行可视化工作并支持透明化决策的组织，可以通过让每位员工在家中登录系统来保持工作的正常运行。敏捷HR团队甚至给组织中的每位员工打电话，以确保员工的安全，并评估哪些员工面临的风险最大、哪些员工需要额外的支持才能继续居家办公。敏捷HR团队可以通过虚拟的方式雇用新员工，并欢迎他们加入团队。

在所有这些故事中，最重要的是敏捷的思维方式和工作方式，这意味着，这些敏捷HR团队和组织可以相互信任，尽管他们周围发生了危机，但他们可以继续工作。人们不再需要看到彼此才能工作，因为他们使用的敏捷实践和工具确保了信息的共享、决策的透明，以及工作日程的顺畅调整。这方面的例子包括商定人们应该在线进行视频通话的时间，而不是工作日可以不在线的时间，因为他们需要在家照顾孩子或外出散步。对大多数人来说，每天拨打视频电话已经成了一种常态，他们早已经不在乎自己糟糕的发型，着装也很随意。对敏捷组织中的许多人来说，在整个危机期间，一项至关重要的活动就是在高层领导定期举行的简报会议中，开诚布公地谈论自己因封锁和不断变化的环境而承受的压力，通过这种方式展示彼此需要帮助的地方，以便抽出时间相互帮助。

COVID-19的实例说明了采用敏捷理念的好处。我们希望本书能够帮助人力资源管理者应对被称为新常态的复杂性。当组织在新的社会距离法则下重新开展业务时，世界各地的人力资源团队将需要使用本书中描述的工具和技能来加以应对。

来自 Infinity Works 公司的首席敏捷 HR 专家夏洛特·古尔丁（Charlotte Goulding），完美地总结了敏捷 HR 的崭新的未来：在混乱中，以人为中心的人力资源管理方法能够吸引和关怀员工，使其找到新的、多样化的工作方式，以适应不同的人员及环境，这是一个良好的时机。

如果人力资源管理者能够成功地应对这一挑战，就有机会进入一个崭新的采用现代化工作方式的世界。

目 录

PART 01 第一部分 定义敏捷 HR

第 1 章　什么是敏捷 HR　003
 1.1　概述　003
 1.2　敏捷对人力资源管理的支持和人力资源
   管理对敏捷的支持　010

PART 02 第二部分 敏捷理念

第 2 章　为什么采用敏捷的工作方式　015
 2.1　概述　015
 2.2　寻找业务敏捷　017

| | 2.3 人力资源管理遗留的问题 | 025 |
| | 2.4 结论 | 026 |

第 3 章	**敏捷思想**	031
	3.1 概述	031
	3.2 项目管理中的瀑布式方法	032
	3.3 敏捷理念	038
	3.4 敏捷原则	044
	3.5 结论	048

第 4 章	**敏捷团队的设计思维**	051
	4.1 概述	051
	4.2 设计思维	052
	4.3 结论	071

第 5 章	**敏捷的工作方式**	074
	5.1 概述	074
	5.2 敏捷是否只是一种时尚	075
	5.3 敏捷的工作方式	075
	5.4 结论	094

第 6 章	**Scrum 和 Kanban**	096
	6.1 概述	096
	6.2 Scrum	097
	6.3 Kanban	104
	6.4 结论	107

目 录

PART 03 | 第三部分
支持人力资源管理的敏捷 HR 工具包

第 7 章 敏捷对人力资源管理的支持：概述   113

第 8 章 敏捷 HR 工具包：价值和优先级排序   115
- 8.1 概述   115
- 8.2 定义价值   116
- 8.3 建立战略工作组合   122
- 8.4 处理待办事项列表   136
- 8.5 结论   137

第 9 章 敏捷 HR 工具包：共同创造   140
- 9.1 概述   140
- 9.2 人力资源管理中的设计思维   141
- 9.3 在入职场景中应用设计思维   143
- 9.4 结论   167

第 10 章 敏捷 HR 工具包：敏捷团队和敏捷 HR 运营模型   169
- 10.1 概述   169
- 10.2 尤里奇模型的终结   170
- 10.3 敏捷 HR 的工作节奏   173
- 10.4 优先级和透明性   174
- 10.5 敏捷 HR 发布计划   175

	10.6 新角色和新技能	176
	10.7 交付端到端的员工体验	178
	10.8 创建敏捷 HR 团队所面临的挑战	179
	10.9 敏捷 HR 运营模式	182
	10.10 结论	193
第 11 章	**敏捷 HR 工具包：像科学家一样思考**	195
	11.1 概述	195
	11.2 基于证据的实践	196
	11.3 入门提示	198
	11.4 基于证据讲故事	203
	11.5 从活动到影响	205
	11.6 由数据驱动的人力资源服务设计	206
	11.7 结论	208
第 12 章	**敏捷 HR 工具包：持续改进**	211
	12.1 概述	211
	12.2 清除障碍	212
	12.3 对改进项进行优先级排序	213
	12.4 个人层级	213
	12.5 团队层级	216
	12.6 组织和产品层级	220
	12.7 结论	223

PART 04 | 第四部分
支持敏捷转型

第 13 章 人力资源管理者对敏捷转型的支持：概述 227

第 14 章 共同创建敏捷愿景 229
  14.1 概述 229
  14.2 从"为什么"开始 230
  14.3 创建一个强大的愿景 238
  14.4 变革阻力 242
  14.5 结论 244

第 15 章 敏捷组织设计 246
  15.1 概述 246
  15.2 敏捷组织设计模型 247
  15.3 途径一：天生敏捷 248
  15.4 途径二：通过转型来扩展敏捷 261
  15.5 结论 275

第 16 章 人力资源管理者在敏捷转型中的作用 280
  16.1 概述 280
  16.2 成为敏捷转型的领导者 281
  16.3 确保领导者理解敏捷 282
  16.4 先理解理念，后实践 283

16.5	负责变革	284
16.6	了解不同的规模化模型	285
16.7	敏捷转型应该是敏捷的	285
16.8	通过待办事项列表引领敏捷转型	286
16.9	度量转型并对紧张局势保持透明化	287
16.10	为新角色做好准备	288
16.11	支持敏捷能力的发展	289
16.12	设计劳动力的敏捷性	291
16.13	确保对虚拟团队的额外支持	292
16.14	确保拉动式的工作系统	293
16.15	安全地讨论和解决障碍	293
16.16	支持有绩效问题的员工和团队	294
16.17	发展领导者的角色	295
16.18	投资物理空间	298
16.19	在敏捷实施中提升人力资源管理者的能力	299
16.20	与敏捷教练合作	300
16.21	将人力资源运营模式与敏捷转型同步	301
16.22	结论	302

第 17 章　敏捷 HR 的产品或服务　304

17.1	概述	304
17.2	绩效管理与敏捷	307

17.3 奖励与敏捷 316
17.4 人才与敏捷 323
17.5 结论 328

PART 05 第五部分
结论

第 18 章 结论：让我们开始行动吧 333
18.1 如何开始行动 333
18.2 敏捷 HR 的未来 339

附　录 343

第一部分
定义敏捷ER

第 1 章

什么是敏捷 HR

1.1 概述

敏捷 HR 是指将敏捷理念及付诸实践的工具和技术转换到人力资源运营的环境中。采用敏捷方法，我们可以将客户放在我们所做的一切工作的核心位置，我们的工作由我们为客户提供的价值来定义。这种由价值所定义的工作决定了我们的主要工作方式，即在任何一个时间点上都对工作进行优先级排序，并聚焦在最重要的事情上。

在敏捷 HR 之旅中，我们的目标是通过测试和学习，增量式、一步一步地通过验证向客户交付价值。为了实现这一点，我们将反馈循环直接应用到我们的工作中，以便持续验证我们为客户提供的价值，并指导我们要交付的下一个增量。通过实践敏捷 HR，我们开始像科学家一样思考，并通过试验和原型不断测试哪些工作有效、哪些工作无效。这是一种依靠数据驱动和基于证据的工作方法，使我们能够演示为什么及如何进行组织变革，或演示如何制定一位新员工的入职流程。

一旦你熟悉了敏捷方法，这种"计划—执行—检查—调整"的增量式开发循环的优势就会显现出来。这种做法对人力资源团队来说往往是革命性的。人力资源管理不再需要遵循传统的最佳实践，因为那只是一贯的做法，只能证明它在以前的组织中是有效的。然而，如果在这个不断变化、复杂的世界中，实践过于静态化，就会导致人力资源部门试图制定一幅适合所有人力资源管理流程和系统的蓝图，然后通过大爆炸式的变革在全公司范围加以实施。

例如，我们经常会听到这样的情况：引入一套新的绩效管理系统，作为整个组织端到端的解决方案，一次性地推出并提供给全体员工使用。尽管这种自上而下的（通常是等级化的）流程设计方法可以展现出人力资源团队良好的意图，但是意味着这些系统往往最终被员工视为"勾选框练习"，因为这让他们感觉像是在日常工作中又多了一个附加的工作项。那么，其结果将是人力资源团队在接下来的几年里都在努力获得全体员工的认同和接纳，试图让他们使用一个没有增加预期价值的系统。人力资源团队经常会听到这样的评价："所有这些都是谈话，而不是工具。"更糟糕的是，这些繁重的、自上而下的流程的实施，并没有提升绩效和助力员工的职业发展。

从这个角度来看，敏捷 HR 预示着一种全新的方法和途径，我们如何设计人力资源管理服务，是一个从根本上重塑变革管理的概念。我们不再通过变革来管理人，不再一路应对变革阻力。我们现在直接与员工一起，共同创造变革。

他们怎么说

人力资源管理者需要成为成功的引导者，而不是最佳实践的独裁者。

——凯特·兰德（Kate Rand），Beyond 公司员工体验与认同部门总监

敏捷 HR —— 一种实现价值的途径

在人力资源管理领域，我们经常谈论企业"增值"的必要性，但往往难以清楚地量化和定义这种价值是什么。我们还会讨论"坐在桌边"的必要性，以及人力资源部门如何作为一个业务部门被接受，而不仅仅是一个事务服务的提供者。然而，我们经常缺乏数据来支持自己的观点，也无法证明为什么需要花费时间和金钱用于诸如员工发展或文化变革之类的举措，这些举措往往被视为企业的成本支出，而不是为公司的成功所采取的基本措施。

大多数人力资源总监都表达了一种强烈的愿望，就是让人力资源运营做到现代化，并开始在整个组织中快速交付价值。事实上，他们面临的问题与其他商业领袖的境遇非常相似，他们需要创新，并对不断变化和极其复杂的商业世界做出快速响应。我们还面临着一大挑战，那就是明确阐述和度量我们的服务如何直接为业务线做出贡献，并让最终客户更加满意，而不仅仅是服务于内部客户。

大多数人力资源战略都包含复杂的主题，比如多样化的员工设计、个性化的员工体验，或者培养未来的领导者，使其能够适应未来的新角色。虽然这些复杂的目标是有价值的，但这些价值往往是没有被定义的，而是直接反映在"一次性大爆炸式"的变革举措之中，如推出一个新的员工福利计划或领导力发展计划。我们面临的一项良性挑战是，如果明天人力资源部门需要停止 50% 的工作，我们能否根据这些工作的价值和对最终客户的直接影响，轻松地确定应该保留哪些工作、删除哪些工作？事实上，很多时候，人力资源管理项目被企业的其他部门视为完成工作的障碍，因为人力资源部门经常要求员工在他们的有偿工作之外做额外的工作。

作为一项补救措施，敏捷方法帮助人力资源管理者将这些庞大而复杂的问题分解成可实现的价值切片。它有助于我们根据价值排定工作的优先级，并清楚地阐明我们要向组织交付什么，以及为什么要这样做。在采用敏捷方法进行人力资源管理时，我们需要问的第一个问题是如何帮助员工在工作中取得成功，进而帮助企业为最终客户创造价值。

另一个重要的领域是公司品牌，人力资源管理者需要拥抱价值创造的概念。建立一个人才想要的工作场所，就像开发一个客户想要购买的伟大的产品一样。对人力资源管理者来说，应该创造一个端到端的员工体验旅程，让员工感到自己与组织的目标和愿景相关联，这是赢得"人才战争"的一个重要组成部分。正如我们在第 17 章中所描述的那个案例，一支敏捷 HR 团队在其公司品牌的产品开发方面取得了巨大的成功，尽管这家屡获殊荣的公司不是高薪企业，但仍然吸引并留住了优秀的技术人才。

敏捷理念有助于企业创新和向客户交付优秀的产品，因为它培养了高绩效的团队和组织。通过在工作周期中直接建立敏捷反馈循环，并不断评估自己的工作方式、所获得的成就，以及需要提升的地方，来实现团队的持续改进。通过使用来自客户和企业内部的真实数据，进一步支持检视和调整周期，使敏捷成为一种基于证据的工作方式。从这个意义上来说，人力资源管理者将敏捷 HR 视为提升团队绩效的一种行之有效的方法，同时也是一种途径，他们开始坚决地对时间、工作量和预算进行优先级排序。

敏捷带给我们的另一个关键思考是，我们既然已经雇用了优秀的人才，为什么还要告诉他们该做什么呢？通过采用敏捷方法，团队成员能够在一支相互协作的团队中释放出他们的能量，进行自组织，并基于为最终客户提供最大价值的工作来做出决定。人力资源管理者发现，一旦敏捷被团队成员接受，最大的好处是可以为他们的日常工作带来创造力。

敏捷 HR —— 一种以人为中心的管理方法

很长一段时间以来，人力资源管理者一直在谈论他们的工作方式需要更加以人为中心，这一目标与越来越关注员工体验，以及理解员工在工作中的想法、感受和行为密切相关。

当我们考虑谁是人力资源部门的内部客户时，敏捷 HR 的一个最重要的要素就凸显出来了。在组织内部，员工就是客户，这意味着，敏捷 HR 将员工置于一切工作的核心。因此，人力资源的工作变得真正以人为中心，其目标是构建人性化的解决方案，这些方案不仅通过了验证和测试，而且至关重要的是，客户（组织内部的员工）从员工体验的角度对这些方案做出了调整。

通过关注客户，并持续探索如何丰富客户的工作体验，敏捷 HR 能够帮助我们建立良好的工作场所，并且使我们通过目标和影响最终客户来驱动团队获得更高的绩效。

与敏捷 HR 聚焦于人这一策略相关联的是，我们需要在团队和组织中建立心理安全机制和反馈环路。在敏捷理念中，允许安全且规模较小的试验失败，这是敏捷理念的核心组成部分。只有通过试验，我们才能开展回顾学习，并收集决策所需的证据。这里至关重要的一点是，人力资源管理者需要知晓做什么和怎么做才能让客户满意，因为只有这样，个人和团队在寻求和分享反馈时才会游刃有余。人力资源管理者的这种心态不仅在团队层面，而且在整个组织中都可以使其发挥推动持续改进的力量。

作为持续改进的倡导者，敏捷 HR 管理者成为敏捷反馈环路的引导者，帮助领导者和团队接收反馈，在出现问题时公开分享他们的学习成果，并积极规划如何在下一步的工作中做出改进。人力资源管理者还需要在自己的团队内部和个人层面上引导反馈，这样我们才能真正按照敏捷的思维方式和行为方式开展工作。

这有助于建立一种新型的人力资源管理能力，使人力资源管理者从一个事务服务提供者，转变为一名真正的业务合作者和敏捷 HR 教练。

> **他们怎么说**
>
> 　　基于网络的组织和敏捷的工作方式正在飞速发展。所以，每一家与我们交谈的大公司都在说，我们要做敏捷项目或者我们是敏捷的。消费者、买家和客户的转换速度如此之快，以至于如果你不能持续地改变和迭代开发你的产品或服务，你就会失去市场。所以，你必须这样做。
>
> 　　——乔希·伯尔辛（Josh Bersin），全球行业分析师

敏捷 HR —— 一种新的运营模式

令人兴奋的是，敏捷 HR 提供了一种全新的人力资源运营模式，终结了传统的人力资源孤岛。在敏捷理念中，传统项目管理方法或产品设计中常见的移交和延迟决策，被视为延缓了交付的进度。相反，敏捷提倡小型的、多技能的自组织团队，这些团队能够根据不断变化的客户需求快速做出决策。这意味着，我们要打破传统的人力资源孤岛，组建负责人团队，如负责招聘的人和负责人才培养的人、人力资源管理通才及人力资源管理专才，大家协同工作，从全盘角度出发解决业务问题。

敏捷 HR 也代表了一种全新的业务合作方式。现在，人力资源部门不再是孤立的角色，不同的业务角色和具有不同技能的人会被邀请加入敏捷 HR 团队，由其共同设计解决方案，更重要的是验证所交付内容的用户体验。

所有这些做法都将促进人力资源管理者对T型人才和T型团队的培养。这些人才和团队拥有丰富的经验,能够在各种不同的业务场景和项目中开展工作,并根据需要,深入研究特定的专业领域。然而,我们面临的一项挑战是,如何建立一种人力资源运营模式,该模式既能成功地管理常规工作,又能管理更具创造性的解决方案设计。我们将在第10章中探讨这个主题。

敏捷HR——一种对旧习惯的摒弃

对人力资源管理者来说,采用敏捷理念不仅要学习新习惯,而且要摒弃旧习惯。现在是时候超越传统、打破自上而下的做法,并实现人力资源运营模式现代化了。

例如,当人力资源团队以敏捷的方式工作时,他们很快就会发现,在达到完美的解决方案的标准之前,尽早收到反馈是一种积极的做法,因为这是增量开发一款优秀产品的唯一方法。过去,我们在对最终结果感到满意之前,可能会尽量回避批评。现在,敏捷帮助我们将工作放到时间盒里,并控制执行的时间,在有限的时间内,我们可能会失败,因而无法得到预期的结果。然后,我们可以放心地将这些失败作为学习的机会,发现下一步需要改进的地方,而不是将结果视为代价高昂的错误。

对人力资源管理者来说,敏捷意味着我们不应该再为产品的完美设计而工作。例如,当我们执行一个领导力项目或部署一种同行反馈工具时,所抱有的目的是"在发布之前让它变得闪亮和完美"。事实上,敏捷HR团队很快了解到,发布它的时间越长,验证它是否真正让客户满意的等待的时间就越长。更糟糕的是,如果在与客户的第一次互动中失败了,那么我们为使产品变得"闪亮和完美"所做的所有前期努力都将成为沉没成本。

敏捷 HR 中测试和试验的概念不需要过于复杂，也不需要过于费时费力。在我们点击发送之前，可以很容易地沿着走廊，向五名员工询问他们对公司决策的看法；或者，也可以稍微复杂一些，比如，在进行总体设计之前，先深入挖掘用户的体验和痛点，然后测试原型，找出解决问题的方法。关键是设计一个产品原型并交到客户手中，或者创造一种体验来评估产品在现实中的反响。

1.2 敏捷对人力资源管理的支持和人力资源管理对敏捷的支持

为了帮助人力资源管理者理解敏捷 HR 的概念，我们可以将这个主题分为两个不同的部分。

敏捷对人力资源管理的支持

第一部分，敏捷对人力资源管理的支持着眼于人力资源管理者如何在自己的团队和项目中应用敏捷理念和方法。

正如敏捷理念可以支持企业实施敏捷转型那样，敏捷对人力资源管理的支持有助于我们进行创新和快速交付价值。在任何情况下，敏捷理念和方法都对人力资源管理者及团队有益处。其实，我们并不是只有在一个敏捷组织或者一家理想的技术初创企业中工作才能开展敏捷 HR 实践并收获益处。通过简单地应用本书中描述的一些基本的敏捷步骤，任何人力资源团队都可以实现更加以人为中心、注重绩效和价值驱动的运营模式。

人力资源管理对敏捷的支持

第二部分,人力资源管理对敏捷的支持着眼于如何发挥人力资源部门的作用,从而帮助组织进行转型,并应对日益复杂的业务环境所带来的挑战等。人力资源管理对敏捷的支持还着眼于通过将我们以前在组织发展和文化变革方面的所有知识与敏捷的工作方式相结合,从而设计现代化的工作空间。人力资源管理对敏捷的支持,还强调需要重新设计人力资源管理实践,从而丰富员工体验,并在整个组织中实现业务敏捷。

找到自己的敏捷 HR 风格

与敏捷本身一样,没有一幅现成的蓝图告诉你如何进行敏捷 HR,我们要根据文化、行业、团队规模和业务需要来找到自己的风格。通过测试和学习不断摸索,对建立这种新的工作模式来说是非常重要的。我们在本书中探讨的许多案例都着眼于一种新兴的实践如何形成。这些案例展示了随着时间的推移,人力资源团队对不同的敏捷技术进行试验,通过保持有效的做法和消除无效的做法,从而找到适合自己的运营模式。

另一项关键信息是,如果人力资源部门不接受敏捷理念,那么他们将无法领导组织变革和发展业务敏捷;他们会在诸如敏捷团队的绩效和报酬等问题上,匆忙在组织范围内实施方案,而没有真正验证他们试图解决的问题,也没有验证员工在接受新的工作方式时所需经历的文化和行为的改变。

人力资源管理者如何确保他们同时掌握敏捷理念和方法呢?如何确保他们真正做到让敏捷和人力资源管理相互支持呢?我们只有在自己的团队和项目中体验敏捷,才能开始理解人力资源管理者为什么要重新设计,重新设计什么,以及如何重新设计,从而支持企业范围内的业务敏捷。

建立一个优质的工作场所

敏捷 HR 就是要建立一个优质的工作场所，一个令优秀的人才想要工作的地方。敏捷 HR 的目标是在整个组织中实现企业、客户和员工之间的价值共享，建立一个良性的循环，从而吸引优秀的人才，让这些人才看到机会、受到鼓舞，理解自己的工作给客户带来的影响，从而获得启发并持续地提升他们的绩效和成果，企业也可以从中获得收益，同时客户也会感到开心，并且渴望体验产品。

因此，敏捷 HR 不仅有助于人力资源管理者真正地转变自己的成果，而且有助于建立高绩效的团队和成功的企业。

参考文献

Dank, N (2018) What's Agile HR Certification Like? Ask Kate Rand of Beyond, *Agile HR Community* [Blog], 18 July.

Hellström, R (2020) Interview with Josh Bersin, Global Industry Analyst, 20 January.

第二部分
敏捷理念

| 第 2 章 |

为什么采用敏捷的工作方式

2.1 概述

令人惊讶的是,本书由两位作者——瑞娜和纳塔尔——共同完成,她们生活和工作在不同的国家和地区。书中的每一页内容都是她们通过互联网工具进行精心整理、评审和编辑而完成的,每一次讨论都是通过视频或者在智能手机上进行信息交互而实现的。事实上,本书的整个出版过程都是在非面对面的情况下进行的。尽管瑞娜和纳塔尔仍然觉得把每一页书稿打印出来进行评审是非常有效的,但这段经历表明,技术和数字化已经从根本上改变了人们在当今世界工作、社交和生活的方式。

为了应对这种深刻的技术变革和不断加剧的复杂性,全球各地的组织都被迫重新思考如何在现代化的市场中运营和参与竞争。在本章中,我们将探讨这种持续演进的动态商业环境,以及为什么各种类型和规模的组织开始接受敏捷,并将敏捷作为一种潜在的方法,支持他们去寻找所面临的众多挑战的答案。本书关于敏捷的讨论可以帮助人力资源管理者欣然接受敏捷理念，以及敏捷的工作方式，而不仅仅是那些最新的时尚或热门话题。此外，我们还将探索敏捷的工作方式如何帮助企业应对复杂性，并同时为人力资源管理者提供所需的敏捷方法和工具，使其自身的实践也能够变得现代化，进而为未来的工作做好充分的准备。

我们的数字化世界

戈登·摩尔（Gordon Moore）在1965年的预言（被称为摩尔定律）已经得到证实——计算能力将每两年翻一番，这是一个以指数级技术革命为特征的新范式。智能手机的快速发展可以完美地说明这一点——现在，智能手机可以深刻地影响我们的生活，它可以用于购买我们所需的物品（Kurzweil, 2005）。从小型的街边商店到大型的国际银行，每个组织都需要重新设计其运营方式，从而保持竞争力。当我们考虑小型的街边商店时，我们发现它们需要谷歌排名和猫途鹰（Tripadvisor）评级，以此来吸引流量并达成交易；而当我们考虑大型的国际银行时，我们发现它们需要与新的金融技术颠覆者展开竞争，而后者往往能够以很低的价格在全球范围内实时地进行资金调拨。

20世纪60年代，我们第一次转向这种新的工作模式，当时的世界由于数字化电子和计算机的兴起而开始发生转变。我们通常认为，在第三次工业革命中，随着生产方式的演进，知识型白领工人开始取代工厂的蓝领工人。到了20世纪80年代，手持式电话开始兴起，计算机不再只是一种商业工具，它已经变成了一种个人工具。到了20世纪90年代，互联网的飞速发展彻底改变了我们的生活。

数字化对社会的影响如此深远，以至于许多人都认为我们现在正进入第四次工业革命——在这场革命中，生物和物理正在以一种新的方式进行融合，自然和人工正在变得让人无法解读（世界经济论坛，2020）。接下来，就是数字化对工作场所的影响。现在，我们不得不谈论机器人夺走我们工作的可能性，以及我们这一代职场人士需要重新获得新技能的必要性。

通常，我们没有注意到这种新的数字化生活如何改变我们的日常行为，直至我们体验到那些在过去没有技术含量或笨拙的服务。作为消费者，我们希望通过手机或平板电脑实现"7×24小时"一键式购买，我们购买的商品将在几天（或者几小时）内出现在我们的家门口。通过口袋里的这个小玩意儿，我们感觉到可做的选择无穷无尽。由于有了这种数字化的选择，现在的客户就是"上帝"。我们使用钱包进行投票，最终客户几乎可以在一夜之间决定企业的兴衰，而那些无法快速适应消费者偏好转变或无法为客户提供友好性服务的组织，则被抛在了后面。

> **他们怎么说**
>
> 麻省理工学院斯隆管理学院最近的一项研究表明，5年后，只有17%的领先的企业能够成为引领者。这些企业（包括像苹果、Alphabet这样的公司）将通过重塑业务并适应不断变化的市场环境，来不断创建新的竞争优势。
>
> ——杰夫·萨瑟兰（Jeff Sutherland，2020）

2.2 寻找业务敏捷

在这种新的工作方式中，组织需要建立业务敏捷的能力来维持生存。现在，对一个组织来说至关重要的一点是对最终客户的深入了解，这决定了我们如何将自己的时间、成本和设想聚焦到正确的方向上。企业领导者一直在努力做出选择，尝试将组织能力转向创新和新产品开发上，而不是只维护旧有的产品和支持基础设施。然而，即使企业做出决定要推出新产品，也是有风险的，因为如果一家企业行动得太早，客户需求的引爆点可能尚未出现，那么产品可能无法被销售出去。为了应对现代企业不断变化的需求，我们的运营模式需要一种新型的设计和灵活性。团队需要快速扩大或缩小规模，以响应市场带来的压力，并且团队必须快速掌握新的技术和能力，从而适应持续变化的动态化的客户选择。

在这种快节奏的商业环境中，假设我们的竞争对手是在玩长期游戏。在激进投资策略的指导下，这些新成长起来的公司提供免费的服务、订阅模式或共享平台，以实现指数级增长或占据领先地位。它们愿意冒着数百万美元的风险争夺市场份额，通过迅速完成大量交易来实现对未来盈利的承诺，甚至可能在取得利润前，就以数百万美元的价格出售它们的盈利愿景，正如 WeWork 公司那样，其最近的表现引起了广泛的争议（Dvorak and Fujikawa，2019）。这些公司在老客户的推荐和新客户采用率的刺激下，不断跟踪市场脉搏，目的是根据客户的需求和偏好创造直观的客户体验。事实上，即使我们提供的产品或服务是免费的，也并不意味着客户在遇到了更好的选择时不会离开。其实，像亚马逊或苹果这样的公司，其业务占据了市场主导地位，同时，其产品与人们的日常生活交织在了一起，即便如此，这种风险依然存在。事实上，即使是大公司，客户的忠诚度也可能在一夜之间通过社交媒体的反弹而动摇，比如脸书（已更名为 Meta）和剑桥分析公司（Cambridge Analytica）的事件（Wong，2019）。

我们新的战略重点是发展业务敏捷，目的是应对颠覆性的市场转变。通过建立一种创新的敏捷商业模式，像特斯拉（Tesla）这样的公司正在改变我们开车的方式,像奈飞(Netflix)这样的公司正在彻底改变我们看电视的方式。这些颠覆者不仅改变了整个行业,也改变了人们在社会中的行为和互动方式。这些公司正在从老牌公司手中夺走市场份额,挑战数十年来建立在长期关系和既定工作方式基础上的商业模式。

> **他们怎么说**
>
> 根据一周中每天市值的不同,在三家公司中有一家是世界上最有价值的公司,这家公司要么是微软,要么是亚马逊,要么是苹果。它们正在进入不同的行业,颠覆和创新整个行业领域。微软在2005年经历了大规模的敏捷转型。当我和肯·施瓦伯(Ken Schwaber)帮助微软进行转型时,他们正在遵循18个月的发布周期。直至2012年,微软才能在每一个冲刺(Sprint)中发布一次,而到了2017年,微软能够每天发布一次。2019年,微软成为世界上最有价值的公司之一。这是从哪里开始的呢?史蒂夫·鲍尔默(Steve Ballmer)发表了一份雄心勃勃的声明,要求"向工程师请教,如何将速度提高10倍"。
>
> 亚马逊面临着巨大的挑战。亚马逊有3 300支Scrum团队,大约每秒向公众提供一个新特性。很多公司可能会说:"我们不是计算机公司,也不是软件公司。"它们好像还没有意识到自己的很多业务已经被颠覆了。例如,多年来,我与许多银行管理层进行沟通,因为严格的监管环境,他们感到非常安全。最近,一些银行员工告诉我,亚马逊在其市场上提供贷款,而且拥有大量的客户数据,能够在几秒内计算贷款风险。尽管做出贷款决策可能需要银行花费几个工作日的时间,但是亚马逊可以在几分钟内完成。这种改变对银行的冲击是巨大的,以至于它们意识到自己没有办法与其竞争,不得不开始计划退出贷款市场。

> 那些认为自己很安全的公司，可能在某天早上醒来时，就会发现自己已经没有市场了。
>
> ——杰夫·萨瑟兰（Jeff Sutherland，2020）

同时实现敏捷性和稳定性

在"乌卡"（VUCA）①世界中，业务敏捷已成为CEO和企业家的口头禅。然而，如果仅仅认为这是一种在竞争面前适应和改变的能力，那就错了。业务敏捷还要求运营模式具有一定的稳定性，从而确保一致性和可靠性（Aghina，De Smet and Weerda，2015）。部分业务将持续发生变化，只有强有力的治理、责任和稳定的基础设施，才可以支持业务变化的灵活性，尤其是在企业开始成长和扩大规模的时候。要想在当前的商业环境中取得成功，一家企业需要平衡好两方面的因素：一方面是稳定性和可预测性，另一方面是适应能力和响应能力。

我们在接下来的几章中将探讨敏捷工作方式的概念，届时我们将了解到，这种稳定性与传统的决策过程有很大的不同，后者通常具有一些老旧企业和成熟企业的特征。而敏捷工作方式的稳定性来自纪律原则、透明机制和真正的团队协作，这些都会形成敏捷的运营模式。

---

① VUCA 是易变性（Volatility）、不确定性（Uncertainty）、复杂性（Complexity）、模糊性（Ambiguity）的英文首字母缩写。——译者注

延迟决策

当处理非常复杂的问题时，大多数组织都面临排定优先级顺序和做出决策的挑战。然而，当前的一种常见情况是，指导委员会和高层管理者的决策会成为一种瓶颈，减缓企业的发展。通常，这是由严格控制和中心化组织结构带来的结果，这种仅仅为了做出决定而不断同步、调整和驾驭内部政治的需求可能会导致错失良机和业务决策低效，更不用说延迟产品上市时间了。

为了克服这些障碍并改进工作方法，人力资源和业务领导者现在必须了解还有哪些可用的不同类型的运营模式，并了解如何应用这些模式，以及何时应用这些模式。例如，一个组织能在多大程度上使团队决策的制定更接近最终客户的需求？此外，如何简化规则、政策和角色，从而加快上市速度和做出实时的决策？

他们怎么说

在一家企业中，我无意中听到这样一段谈论。

"我们公司的很多事情都太复杂了。对于一件简单的事，比如，支付非现场管理费用，给出的指令却非常复杂。我不明白为什么经理不能用他的信用卡支付全部的非现场管理费用，然后再处理费用的分配。与之相反，我们当前的做法是13名管理团队成员必须阅读这些复杂的说明，了解如何在非现场付款，然后创建13份单独的管理费用报告。而所有的管理费用都会分配到相同的业务单元成本代码，就好像我们在故意为自己增加更多的工作！"

解决复杂问题

现在所有这些因素都将促使我们将一个组织视为一个复杂的自适应系统（Johnston，Coughlin，and Garvey Berger，2014），而不是一个受控的、被严格定义的机器。它们是相互关联的生态系统，类似于珊瑚礁或雨林，随着时间的推移，各种模式不断涌现出来。在这种复杂的环境中，传统、自上而下、等级分明、基于因果关系的决策过程正在走向失败（Snowden and Boone，2007）。为了解决我们当前面临的问题，组织需要通过创新和创造来找到解决方案，而不是根据事先确定好的结果来设定指标。安全的试验将成为一种重要的商业工具，使我们能够根据经验和数据做出决策。

然而，我们面临的挑战在于，对许多企业领导者来说，他们最初的感觉是失去了控制，他们习惯于在金字塔结构中工作，并对工作场所中可以管理和预测的内容做出假设。例如，使用关键绩效指标（KPI）来指导结果，而不是通过试验来收集证据和验证决策。在大多数情况下，这种控制感是虚幻的，因为我们所处的商业环境本身是持续变化的。只有接受这种客观需求，适应并将其与如何管理一个组织直接联系起来，我们才能成功应对当今的挑战。

泰勒主义对人力资源管理的贡献

当今，许多企业的组织设计，以及支持这些工作方法的人力资源管理流程和系统，仍然经常反映出一种传统的命令式和控制式的金字塔结构，这也造就了一种自上而下的等级管理方法的环境。在这种环境中，组织普遍认为员工是一种有成本的资源，而不是像我们这样复杂且充满感情的人。这种人力资源管理方法在很大程度上来自弗雷德里克·泰勒（Frederick Taylor）在其所著的《科学管理原理》（*The Principles of Scientific Management*）中提出的观点（Taylor，1911）。这种历史性的影响，也导致人力资源管理的特点是流程繁重、合规驱动、静态系统的，由此形成的工作方式是为了管理那些表现最差的人，而不是让每个人都能表现出色。

泰勒提出了一个开创性的想法，即把制造一个产品的流程分割成一系列小的、具体的、经过科学检验的任务。通过设计我们所熟知的生产线，泰勒不仅彻底改变了当时工厂和企业的组织设计，而且启动了一种关于如何组织工作和管理人员的新型管理理论。

生产线催生了许多种工作方法，我们今天仍然可以看到这些方法，如劳动力计划、绩效管理和绩效工资。员工根据各自掌握的技能，与特定任务或专业领域相匹配，然后接受培训和监督，以确保标准化和工作效率。为了最大限度地提高生产力，泰勒提倡使用一种新的方法来奖赏和激励这些训练有素的员工。泰勒认为，与其因为错误而惩罚他们，不如奖励那些取得更好成果的员工，并为他们完成的每一项工作支付报酬。他还认为，如果员工的基本需要可以通过体面的工资得到满足，那么他们就不会停工和罢工。尽管在今天看来这些想法过于简单，但这种管理方式在当时及以后的一段时间内成就了亨利·福特（Henry Ford）和阿尔弗雷德·斯隆（Alfred Sloan）等美国工业家，并为20世纪的大众消费主义社会奠定了基础。

在工作场所中，将思考和执行进行分离

泰勒所著的《科学管理原理》对人力资源发展和管理理论具有深刻的启示。其中至关重要的是将思考层面的工作从执行中分离出来，比如制订计划、制定预算和进行监督，而驾驶叉车或打包送货箱，这些都是跟执行有关的工作。

泰勒的科学管理理论中隐含着对员工的不信任。在金钱的驱使下，员工被视

为是天生懒惰的，如果没有严密的监控，他们就会工作懈怠。严密地监控员工和进行微观管理是对这种消极人性观自然产生的结果，这种管理方式仍然影响着今天的职场，而且劳动者被视为极度缺乏工作动力的人。员工想要从雇主那里得到高工资，这比得到其他任何东西都重要；雇主想从员工那里得到低劳动力成本，这对他们来说是最重要的（Taylor，1911）。

许多人把这种观点比作心理学家道格拉斯·麦格雷戈（Douglas McGregor）在 20 世纪 60 年代提出的 X 理论，即我们在工作中对如何激励员工所持的观念，将塑造我们的管理风格（McGregor，1960）。麦格雷戈认为，如果员工不喜欢他们的工作，对自己所做的事情没有动力（X 理论），那么我们的管理风格将更加专制；相反，如果我们相信员工愿意接受他们工作中的挑战，并为自己的成果感到自豪（Y 理论），那么我们就更有可能采用一种参与式的管理方式，并相信员工会对他们自己所做的事情负责。

激励理论自提出以来得到了迅速发展，而 X 理论在今天的一些管理实践中仍然可以看到。事实上，亚马逊公司的一部分团队以技术创新和敏捷工作实践为特征，另一部分团队则在被严密监控的轮班制度下工作，如员工在打包送货箱时会被跟踪和计时（Chamberlain，2018）。尽管为生产线工作创建高效和精益的流程很重要，但我们决不能以牺牲人性为代价。生产线工作的价值不应低于企业中的其他各项工作，我们赋予员工在这一领域做出自我决策和持续改进流程的权力越大，我们就越能获得成功。

有趣的是，在生产线上，我们开始质疑将思考和执行相分离的做法。丰田公司（Toyota）在 20 世纪 80 年代创建了"准时制"制造流程。在追求精益效率和消除系统中"浪费"的过程中，丰田公司鼓励管理者和员工在生产中走到一起，形成"质量圈"或"持续改善"，共同持续改进和解决问题。最为关键的是，人们认识到，与最终客户关系最为密切且掌握着许多答案的是员工，而不是经理。一种敏捷的思维方式即将开始（Rigby et al.，2016）。

2.3 人力资源管理遗留的问题

自泰勒时代以来，尽管世界已经发生了很大的变化，对人性化管理的更多理解也影响了管理理念，但是我们现有的许多人力资源管理流程和系统仍然显得非常笨拙，与员工和企业的现代化需求是脱节的。这种官僚主义的遗留问题往往会使决策权掌握在高层管理者手中，但是由于涉及财务或法律对员工的影响，因此会由人力资源部门执行这些决策。一个相关的例子是，人力资源部门需要介入并启动一个正式的流程来管理那些由于未达成目标而绩效表现不佳的员工，而这些情况往往与糟糕的招聘决策或经理与员工之间缺乏信任有关。

人力资源部门自上而下实施流程和政策意味着，尽管我们有良好的意图，有许多优秀、以人为中心的专业人士在人力资源部门工作，但我们最终往往被视为一个合规、受规章制度驱动的部门，而不是一个促使企业成功的角色。例如，要求所有员工在年度绩效讨论中完成职业发展计划的意图是正确的，但是当它被强制执行，并且员工要在一个自上而下的绩效管理系统的勾选框中打钩以供批准时，人力资源部门在这个实施过程中对员工职业发展所起的支持作用也就没有了。

超越人力资源管理的最佳实践

随着企业开始探寻敏捷，以便能够在现代化的市场中进行竞争，那些人力资源"最佳实践"的静态框架，诸如年度绩效评估、可管理的职业发展道路和文档记录的工作描述已经无法满足我们快速变化的运营模式的需要。随着技术和数字化对工作环境的改变，知识已经变得无形和多源；随着行业的快速发展，工作变得更加碎片化，那些完整的职业生涯甚至已经消失了。此外，由于数字化在市场环境中创造了丰富、充满个性化的客户体验，因此员工需要在工作中获得同样的个性化体验。

人力资源管理者的处境变得更加复杂，究其原因是员工出生于不同的年代，他们是多样化的，他们需要持续的沟通、个性化的反馈和良好的价值观匹配。在这种新的工作模式下，员工为了获得工作地位和加薪而攀登传统的职业阶梯，已经不再是职场中的真实状况了。现在，一位个体贡献者或一支高绩效团队对工作底线的影响比所有管理者加在一起还要大。随着职场的发展，我们越来越需要更加有活力和有意义的方式来奖励及认可员工的贡献，同时，我们还需要那些超越传统绩效评级和个人奖金制度的框架。

这些现实且复杂的挑战要求人力资源管理者采用一种更先进的工作方式来为企业、最终客户和员工建立共同的价值观。我们现有的人力资源工作组合已经过时了，它无法适应新的工作职场趋势和满足组织设计的需要。我们也应该认识到，人力资源管理者本身无法解决这些复杂的问题，只有与人合作，才能消除泰勒主义的影响，共同找到解决问题的方法。

2.4 结论

当今，全球各地的组织都在同一商业环境中运营，这种环境的特征是，快速的技术变革、经济的不确定性，以及持续增加的复杂性。为了应对这些新的变化，企业正在寻求一种组织敏捷能力，以适应和快速响应不断变化的客户的需要。

业务敏捷开始重塑组织的运营模式，我们将在本书中对此进行更加详细的探讨。目前，值得注意的是，组织可以在任何地方开启敏捷旅程，比如从完全传统的金字塔结构到完全敏捷的流动性团队的网络结构（见图2.1）。

以下是组织内部在向更加敏捷的工作方式转变时发生的主要变化。

从等级化、自上而下、管理驱动的组织

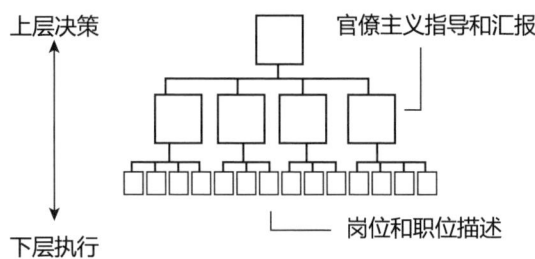

到以客户为中心、具有适应性、网络化的组织

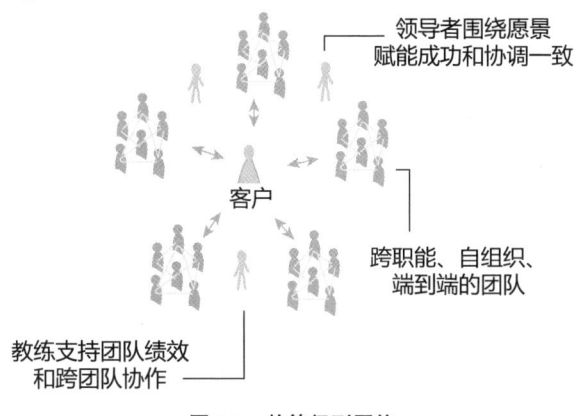

图2.1　从等级到网络

- 从等级到网络：减少对等级化、管理繁重的决策结构的依赖，并通过网络化、自组织和基于团队的模型，赋能业务决策的制定。

- 从职能化角色到项目：从基于职能单元和管理汇报线的僵化资源计划，转向基于项目的工作，人员流动更为顺畅，项目会基于最终客户的需要和对人员能力的要求而展开。

- 客户价值流：从基于产品线的运营模式转变为基于最终客户价值流的团队协作模式，目的是创造端到端的客户体验旅程。

- 透明化和知识共享：挑战"信息等于权力"的传统文化，开始在更广泛的业务范围内透明化地共享所有可用的数据，以便团队成员实时进行的业务决策和问题的解决能够接近最终客户的需求。

- 专注做好一件事：从详细的前期计划（列出一年中要完成的所有工作）转变为制定一个带有优先级顺序的工作组合，将精力集中在最终客户最需要的或者最重要的业务问题上，以确保把当前的某项工作做好，而不是让员工同时投入多个项目中。

- 敏捷业务计划：从超越年度预算周期（不允许调整资金分配方式，所以无法应对持续变化的环境）转向采用滚动和持续的方法来编制预算和跟踪公司绩效。

- 简化和消除浪费：简化支持的职能和重新评估内部流程的价值，使其促进而不是阻碍业务发展，这是人力资源管理者需要重点考虑的问题，因为我们的许多项目往往被强加在业务上，而不是与业务一起发展。

面向人力资源管理者的关键要点

- 当今,企业在一个复杂性不断增加和发生了深刻技术变革的市场中运作。
- 我们需要一种新型的组织敏捷能力,从而可以快速适应和响应变化。
- 当组织寻求敏捷,并从根本上重新思考其运作方式时,人力资源管理中"最佳实践"和"一刀切"的静态框架正在迅速过时。
- 我们所使用的大多数人力资源管理流程和系统仍然根植于传统的命令和控制式的金字塔结构中,需要不断发展,以满足组织敏捷的需要。
- 就像做业务一样,人力资源管理者应该采用更先进、更敏捷的工作方式,这样就可以共同创造解决方案,处理复杂工作环境中的问题了。

参考文献

Aghina, W, De Smet, A, and Weerda, K (2015) Agility: It Rhymes With Stability, *McKinsey Quarterly*, December.

Chamberlain, G (2018) Underpaid and Exhausted: The Human Cost of Your Kindle, *The Guardian*.

Dvorak, P and Fujikawa, M (2019) SoftBank Founder Calls His Judgment 'Really Bad' After $4.7 Billion WeWork Hit, *Wall Street Journal*.

Hellström, R (2020) Interview with Dr Jeff Sutherland, Co-creator of Scrum, 7 January.

Johnston, K, Coughlin,and Garvey Berger, J (2014) Leading in Complexity: What Makes Complexity Different and How Can Leaders Respond Effectively？ *Cultivating Leadership.*

Kurzweil, R (2005) Moore's Law: The Fifth Paradigm, *Wikipedia.*

McGregor, D (1960) *The Human Side of Enterprise*, McGraw-Hill, New York

Rigby, D K, Sutherland, J and Takeuchi, H (2016) Embracing Agile, *Harvard Business Review*, May.

Snowden D J and Boone, M E (2007) A Leader's Framework for Decision Making, *Harvard Business Review*, November.

Taylor, F W (1911) *The Principles of Scientific Management*, Harper & Brothers, London.

Wong, J C (2019) The Cambridge Analytica Scandal Changed the World – But It Didn't Change Facebook, *The Guardian.*

World Economic Forum (2020) Fourth Industrial Revolution, *World Economic Forum.*

| 第 3 章 |

敏捷思想

3.1 概述

敏捷意味着更快,对吗?

这是对敏捷最常见的误解。很多人认为我们需要做的就是更快地工作,而其他一切都保持不变,而事实并非如此。通过拥抱敏捷,我们开始利用一套全新的价值观来工作,这些价值观与传统的工作方式有本质的区别。当我们开始采用敏捷的工作方式时,最大和最持久的变化就是我们的心态。

在本章中,我们将熟悉敏捷的核心元素,以及它与传统的瀑布式方法的区别。这里需要强调的是,并不是说瀑布式方法是错误的或不好的,而是说敏捷是一种非常不同的工作模式,它更适合我们现在所处的不断变化的商业环境。

问题出在哪里?为什么有些人对瀑布式方法持负面的看法?这是因为,它常常与更加官僚化和金字塔式的运营方式联系在一起 —— 我们逐渐发现,这种运营模式不再符合我们当前的工作模式。然而,当我们考虑人力资源环境时,瀑布式方法作为一种运行项目的方法仍然是有用的,甚至有时是首选方法。在本章中,我们将帮助你识别这些情况,探讨我们应该在哪里及为什么应该采用敏捷方法,并指出瀑布与敏捷这两种方法的不同之处。

在本章的结尾,我们将开始从一个更深的思维层次来理解敏捷,因为在我们开始将敏捷理念引入人力资源管理,并开始将其应用于人力资源管理项目和工作方法之前,必须清楚地阐明什么是敏捷理念。

3.2 项目管理中的瀑布式方法

瀑布式项目管理是建立在前期计划和长期执行基础上的知识体系。在投入项目前,我们需要确定计划、商定资源和固定预算。由于在项目甘特图(见图 3.1)中,任务是向下游执行的,因此这种方法被称为瀑布式方法。

采用瀑布式方法工作的前提是计划好每个细节。在瀑布式方法中,所有的规格说明书和可交付成果都是在实际工作开始之前编写和商定的。

项目管理知识体系(项目管理协会,2020)概述了项目的五个发展阶段,具体如下所述。

(1)**启动**。建立项目的业务需求,以及总体范围、预算和授权。这些项目的基本要素通常需要由公司每一层级的管理者审批签字,以确保项目的可见性、稳定性和可预测性。

(2)**规划**。项目管理计划由项目经理制订,包含详细的规格说明书,具体将要做什么、由谁来做,以及需要多长时间。这个计划需要由利益干系人和发起人签字确认为正式的文件,如果此后产生变更,那么需要根据预先确定的变更管理计划重新获得批准。一切都是事先商定的,包括项目里程碑、可交付成果及其排序、从设备到相关人员的各种资源、合同和供应商、付款时间表,以及风险管理、质量控制、沟通、培训等各项活动。

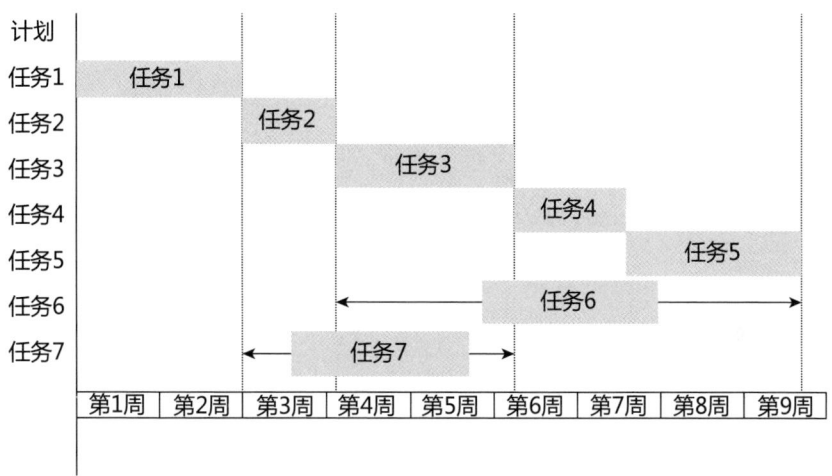

图 3.1 项目甘特图

(3)执行。项目经理指导和管理工作,项目团队执行计划中的每个步骤,从而完成各自的任务。一般来说,当产生交付成果时,发起人需要进行审批并签字。

(4)监控。本阶段与上一阶段同步发生,描述了项目经理如何确保所执行的工作符合计划,并跟踪和报告所产生的任何偏差。在瀑布式方法中,进度和预算被密切监控,因为所有的事情都是预先计划好的,所以需求的变更将对所有其他的计划活动和成本产生潜在的连锁反应。这意味着,任何变更都被视为风险,必须对其严格控制、重新审批和进行限制。

(5)收尾。瀑布式项目往往有单独的实施和收尾阶段。实施过程通常涉及一个大型的推向市场的阶段,而项目的价值只有在全部交付完成后才能得以实现。

瀑布式方法和可预测的环境

瀑布式方法（见图 3.2）在稳定和可预测的环境中运行良好。详细的计划和明确的流程给了相关人员一种控制感，他们相信计划，因为他们为此付出了很多的努力。

标准的流程在可预测的环境中能够很好地运行。如果条件稳定，那么我们可以为如何执行不同的任务制定一套标准流程。如果我们多次交付相同的结果并希望对其进行监管，那么这种方法就具有特别的价值。

在依赖性较低、时间框架已知、利益干系人最少的情况下，瀑布式方法仍然是有效的，可作为首选方法。从本质上来说，适合采用瀑布式方法的项目在变更时所产生的影响可以很容易地得到管理和控制，并且其因果关系对所有相关人员来说都很清楚。事实上，这种工作方式可以帮助人力资源管理者简化流程，提供高效甚至自动化的服务。在这种情况下，遵循人力资源管理的最佳实践仍然很有意义。

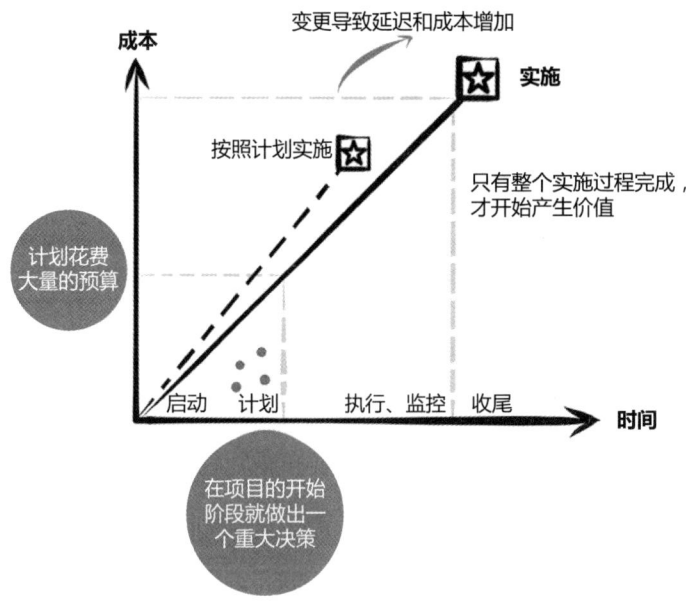

图 3.2　瀑布式方法

下面是人力资源管理者采用瀑布式方法获得收益的举例。

- 薪资团队开展一次法定的加薪，只需要获得基本级别的批准，就可以很容易地按照设定的截止日期计划和安排项目。
- 已经组织多次公司范围内的后勤工作，并且可以很容易地实施相同的计划，如确定场地、供应商和预算。虽然每项工作都是独立的，相互之间的依赖关系很小，但是一旦建立了一套流程，那么对于每项工作都可以执行一个标准的计划。不过，值得注意的是，只要你想做创新或改进活动，就要首选敏捷方法。
- 一套用于替换类似的角色而开展的简单且短期的招聘流程，其岗位描述非常清晰，所需的经验和证书也很明确。例如，为特定区域招聘护士或呼叫中心接线员。需要再次强调的是，当工作情况或适应程度变得更复杂或者需要做流程创新时，就需要采用敏捷方法。
- 在员工遭受性骚扰或暴力的情况下，必须立即采取行动以确保员工的安全。在这些例子中，人力资源管理者遵循一套自上而下的瀑布式流程，这套流程基于法律的要求和工作场所的安全而制定。然而，当解决了这些问题后，可以采用敏捷方法来探索为什么会出现这种情况，以及如何改变导致这种情况发生的任何潜在的文化驱动因素。

当瀑布式方法成为一种障碍

瀑布式方法的本质是坚持执行计划。在考虑采用这种方法时，关键的问题是，如果现在就计划整个项目，那么这个计划能够保持多久而不受变化的影响呢？瀑布式项目最大的风险是识别变化的时间太晚了。延迟的变更会对范围、进度和成本产生巨大影响，可能导致巨大的沉没成本，比如项目团队在一个交付物上花费了大量的时间和金钱，然而由于延迟的变更，可能会导致客户不再需要这个交付物了。

这就是问题所在。考虑到我们现在所处的日益复杂和不断变化的商业环境，瀑布式方法对于大规模的项目或产品设计的作用越来越小。然而，许多公司仍然过度采用瀑布式方法，许多传统公司也仍然在采用这种工作方法。在这些模式中，董事会依赖于某个人来确保企业的长期成功，并制定了1~5年的战略规划来实现愿景。公司中的每个人，从高级别领导到基层一线员工，都会通过既定的目标和KPI来实现愿景。在许多公司中，每件事都需要提前计划、预算和预测，并辅以季度或年度报告。通常，瀑布式计划提供了一种确定性和控制感，但是，一旦出现不可预见的市场变化并对计划产生影响，那么绝大部分的确定性和控制感就会很快消失。

那些大型的人力资源举措，它们大多数仍然遵循传统的瀑布式方法，其结果通常被称为"大爆炸实施"，即预先设计一个端到端的人力资源解决方案，然后在整个组织中进行推广。这个解决方案通常要求"一刀切"的设计，所有员工无论谁或从事什么工作，都能获得相同的标准化服务或体验。事实上，传统的人力资源的许多语言都包括"连接""实施"或"部署"等，其目的是让数百名（有时是数千名）员工同时采用新产品或新流程。此外，一旦这些预先确定的人力资源解决方案被推出，我们就希望将流程固定下来，当然，这样做的前提是所有的需求都已被预先确定，在实施过程中，只需要进行微小的改变。

人力资源环境复杂且不稳定

人力资源项目当前的现实情况是，利益干系人众多且固执己见，组织复杂，需要改变人们在工作环境中的行为和互动方式。许多人力资源管理者谈到，他们无法相信自己的项目计划能持续较长时间。事实上，大多数人力资源管理工作都会因变化而受到影响。下面是一些熟悉的例子。

- **改变客户的需求**。人力资源项目包括几个不同的利益干系人或客户，他们通常一开始就不清楚自己的需求。通常，人们只会指出他们在使用或体验人力资源解决方案时真正想要的东西。我们会听到在确定人力资源项目的最终版本后，需要处理新的、计划外的需求，或者会发现那些一旦开始实施计划，就需要执行的重大变更。

- **复杂的依赖关系**。人力资源管理者通常依赖其他团队或部门的投入，这些团队或部门不断变化的优先级会影响人力资源管理者的交付成果。有时，这些依赖关系超越了组织的传统边界，包括职工委员会、供应商和自由职业者等。通常，这种依赖性意味着人力资源管理者无法坚持自己的计划，因为他们必须寻找新的答案或者让其他人参与进来。

- **外部干扰**。可能存在经济、政治或与竞争对手相关的不确定性，妨碍企业对长期承诺做出决策，如对员工发展或招聘进行投资。工会谈判、人才市场的变化或颠覆性的新的竞争对手也可能会影响人力资源项目，并极大地改变市场格局。

教训

我们倾向于在敏捷 HR 培训研讨会上，询问人们当前制订项目计划的方法。

"你什么时候在项目中做出所有重大决策？"

"在我们刚开始做计划的时候。"

"你什么时候对这个项目及其未来的样子所了解的信息最少？"

"在我们刚开始做计划的时候。"

传统的瀑布式方法与人力资源管理越来越不相关，它不再是运行项目或设计解决方案的唯一方法。现在是时候承认我们面临复杂的商业问题和瞬息万变的工作环境了。我们需要通过创新来提升交付速度，并展示出我们如何为组织增加价值。因为业务所涉及的范围变得更加广泛，所以是时候让人力资源管理者接受敏捷理念，并演进运营模式了。

3.3 敏捷理念

敏捷首先是一种理念。敏捷的起始点是要理解"我们所做的每一件事都聚焦于为客户交付价值，并将工作排定好优先级"。只有持续验证客户价值，才能创造出客户想要采纳、使用、推荐和付费的产品或服务。

敏捷人士接受的现实是，无法在前期为每一件事制订详尽的计划，而且有可能因为变化，他们会改变工作的优先级。为了开发出能够最大化最终客户价值的产品或服务，我们需要大量的反馈和验证，从而确保我们的交付物确实是客户需要的。实现这一成果的唯一方法是立即开展工作，并采用增量式的开发循环（包括计划、执行、检查和调整）。

敏捷的工作方式就是持续地寻找方法来改进和实现目标，即以更快的速度为最终客户交付价值。这意味着，像移交、推迟决策和利益干系人批准这样的事情会让我们慢下来。相反，敏捷提倡小型的、具备多种技能的团队，他们能够自己做出决策，并根据不断发展的计划排定工作优先级。为了帮助团队实现这一点，所有可用的信息都需要公开和共享，团队应该具备完成工作所需的所有技能。

通过最终客户的反馈来验证客户价值，可以帮助我们对工作进行调整。要想做到这一点，就要尽早和定期发布一些有价值的东西，以便持续收集反馈并重新评估计划,而不是像采用瀑布式方法那样等到整个项目结束时才进行发布。敏捷着眼于如何一步一步地以增量的方式交付价值,目的是随着时间的推移构建解决方案。假设我们被迫在中途停止项目,如果我们采用的是瀑布式方法,那么尽管做了很多工作,也交付不了任何价值;而如果采用敏捷方法,那么可以定期交付一些较小的有价值的东西。

不断变化的商业环境意味着任何详细的前期计划都过于僵化,采用瀑布式方法无法交付正确的结果。因此,敏捷方法的诞生是对这些挑战的直接回应(见图 3.3)。

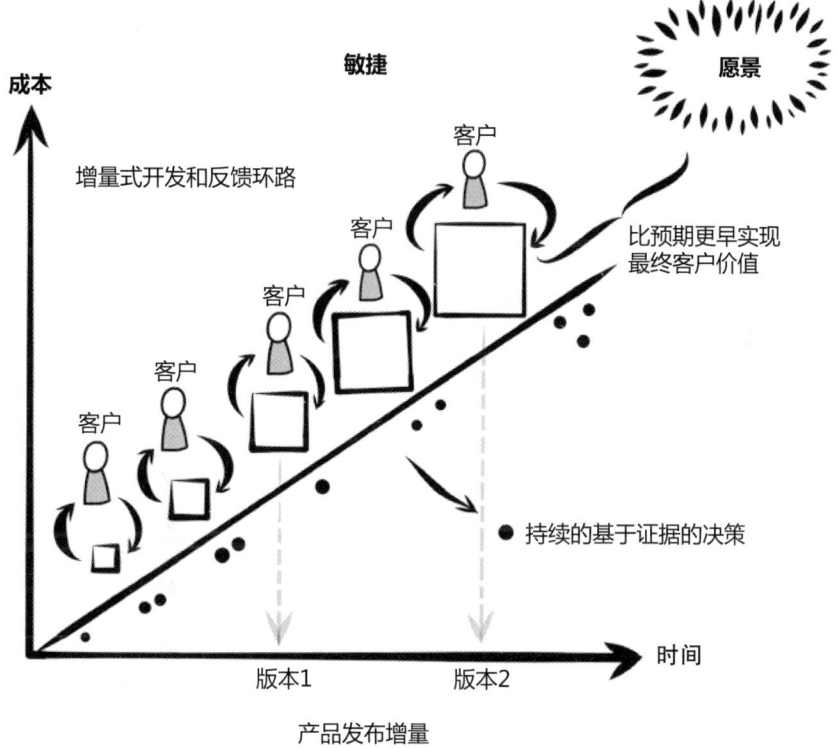

图 3.3 敏捷方法

敏捷的起源

对人力资源管理者来说，至关重要的一点是要了解敏捷的起源、敏捷为何而来。20多年以来，软件开发社区一直在成功地演进、测试和验证敏捷的工作方式。如今，在科技领域，敏捷已经成为主流的工作方式，而在过去的5~10年里，其他行业和职能部门才开始追赶，旨在复制软件行业的成功。

这一切都始于20世纪90年代末的软件开发行业。据估计，当时有31%的IT项目会失败（Standish Group，1994）。随着互联网的诞生，技术发展更加迅速，客户对新特性和新产品的需求也更为强烈，以至于瀑布式方法无法与之相适应。IT产品在其漫长的开发路线图中不再是一成不变的，而投资预算却过于僵化。于是，人们需要另一种方法来解决这个问题。一批具有前瞻性思维的技术领袖开始试验更加轻量化、更加具有适应性的软件开发方法。这些方法包括极限编程、自适应软件开发和Scrum（Highsmith，2001）。随后，这些技术领袖聚在一起探讨这些方法的共性，于是"敏捷"一词就被创造出来了。

《敏捷宣言》

2001年，17位软件开发领域中的思想领袖应邀在美国犹他州聚会，他们中的大多数人都在创造自己的方法论。他们发现，大家都在致力于一种特定的理念，以及共同的价值观和原则，从而支撑着他们对各种不同的软件开发方法进行试验，使其更具有响应力和适应性。最终，这些领袖起草了《敏捷宣言》（Agile Manifesto Organization，2001），我们今天所知道的这场运动就开始了。《敏捷宣言》的签署者们在敏捷领域保持着较高的知名度，并继续在世界各地开展实践、出版图书，以及教授各种敏捷框架。

《敏捷宣言》清楚地表达了一种理念,尽管它是为软件开发而写的,但是它的内容让人力资源和其他非技术领域的从业者产生了强烈的共鸣。每位敏捷人士都应该知晓《敏捷宣言》并理解其含义。

《敏捷宣言》

我们一直在实践中探寻更好的软件开发方法,身体力行的同时也帮助他人进行开发。由此,我们建立了如下价值观:

- 个体和互动高于流程和工具;
- 可工作的软件高于详尽的文档;
- 客户合作高于合同谈判;
- 响应变化高于遵循计划。

也就是说,尽管右项有其价值,但我们更重视左项的价值。

人力资源管理者与《敏捷宣言》

虽然这些语言听起来过于专业,但人力资源管理者可以从《敏捷宣言》中学到很多东西。我们在工作中往往会过于关注流程和工具,而不是人力资源的产品或服务为企业及其员工提供的价值。人力资源管理者也倾向于先编写规章制度或全面的文档,但其实真正需要的是解决实时出现的问题,并且只有在解决方案被证明有效后,才编写支持性的文档。

HR 重点提示

让我们探讨一下《敏捷宣言》是如何与人力资源领域相关联的。

个体和互动高于流程和工具

举例：允许团队自行决定他们的学习预算

一些公司允许员工决定如何使用自己的学习预算，而不是遵循集中管理的学习和发展流程。这种自我指导和即时的学习方法，往往可以让员工创造性地使用预算，并增加对组织内免费学习资源的利用，如辅导、在职学习和形成基于学习的社交网络。

可工作的软件高于详尽的文档

举例：通用汽车公司的着装规范

现在，通用汽车公司的着装规范可以用"穿着得体"（Fessler，2018）来描述。这是一个很好的例子，说明我们该如何展示人力资源管理的规章制度，以反映积极的人性观，并将我们的员工视为具有责任心的成年人。

客户合作高于合同谈判

举例：共同创建以客户为中心的人力资源管理解决方案

敏捷 HR 团队邀请其他业务人员积极参与特定的人力资源产品或服务的设计和开发。这种方法不仅能够保证所获得的成果直接反映来自业务人员的想法，而且这些成果可以由后续执行解决方案的客户直接验证。

响应变化高于遵循计划

举例：复杂的人力资源管理举措需要有适应性的计划

> 诸如文化变革或合并后的整合项目都非常复杂，也包含很多不确定性。我们只有具有敏捷理念，具备适应能力和响应能力，才能成功处理这种类型的项目，而不能依靠僵化的、预先确定好的计划。

成为敏捷团队与执行敏捷方法

敏捷理念最好通过尝试不同的工作方式，并建立在直接经验的基础上发展起来。要想在行为和理念层面做到真正的转变，就需要我们亲身体验敏捷实践。当人们开始学习敏捷时，他们会围绕新的信念和价值观，重新调整他们的思维模式。这个过程需要时间，并且只做那些可见的敏捷活动是远远不够的，比如仅仅使用 Scrum 板或者参加每日站会。

敏捷洋葱圈（见图 3.4）是一种很好的视觉呈现方式，有助于我们更好地理解敏捷。如果信念体系已经建立，那么敏捷的工作方式将会蓬勃发展，而不会依赖组织内部所使用的工具和技术。当引入敏捷实践时，存在一种危险，那就是组织在管理思想和组织结构上没有做出相应的转变。随着时间的推移，传统、自上而下的官僚作风只会让人沮丧和放慢脚步。

从这一点来看，敏捷团队可能会觉得变革失败了。要使敏捷理念占据主导地位，就需要有意识地改变人们的行为和互动方式。在接下来的章节中，我们将深入探讨人力资源管理在敏捷组织变革中的作用，以及我们如何在自己的人力资源团队中开展敏捷实践。

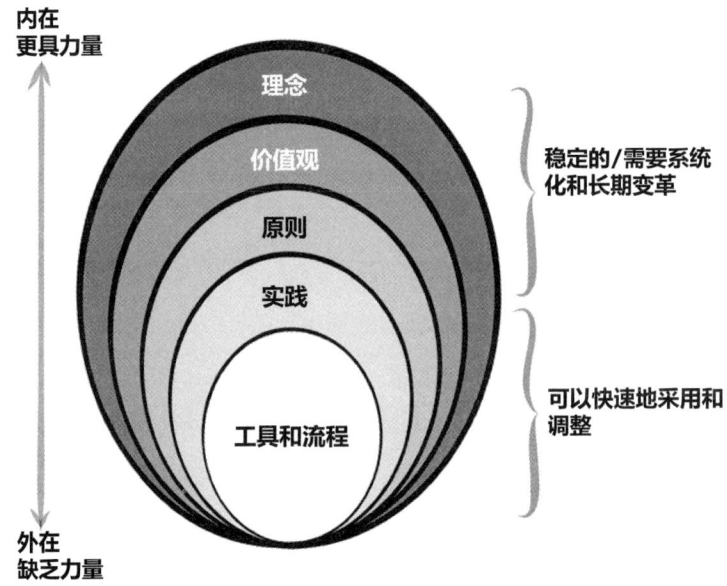

资料来源：经西蒙·鲍尔斯（Simon Powers）允许复制此图，2019年12月（Powers，2019）。

图 3.4 敏捷洋葱圈

3.4 敏捷原则

敏捷理念是建立在《敏捷宣言》中所概述的价值观之上的，同时也基于敏捷的 12 条指导原则（Agile Manifesto Organization，2001）。下面我们列出了一系列核心要素，以帮助人力资源管理者了解敏捷理念，并开始将这些价值观转换到我们自己的人力资源管理环境中。

第二部分　定义敏捷 HR

以客户为中心

目标是让产品或服务的最终客户感到满意。为了做到这一点，我们需要一直从客户的角度出发，在测试前，我们从不假设哪些是对的。

- **使之实用**：敏捷团队使用强大的产品愿景来指导他们的工作，产品愿景清楚地表达了敏捷团队将交付给最终客户的价值。
- **敏捷 HR 举例**：对于每项人力资源管理举措，概述我们想要交付的业务价值、员工价值和最终客户价值。例如，我们能否评估入职流程将如何为员工提供价值。

适应性计划

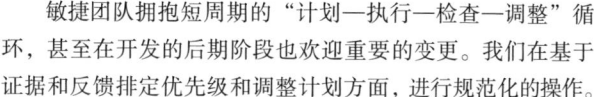

敏捷团队拥抱短周期的"计划—执行—检查—调整"循环，甚至在开发的后期阶段也欢迎重要的变更。我们在基于证据和反馈排定优先级和调整计划方面，进行规范化的操作。

- **使之实用**：敏捷团队明白，虽然变化会影响他们的工作，但前期对全部内容进行详细计划是没有用的。相反，他们首先要计划最重要的事情，并基于数据和反馈定期评审和更新计划。
- **敏捷 HR 举例**：避免在前期预先规定整个人力资源解决方案，避免丧失适应和变更计划的能力，因为一旦开始测试和验证，事情将发生变化。

增值式交付

通过与最终客户合作，我们发现了如何交付价值的切片或增量。我们的目标是通过尽早、经常性地交付价值来逐步开发解决方案。

- **使之实用**：敏捷团队开发一个"足够好"的产品（MVP），并将其发布给最终客户，因为他们知道可以根据反馈继续开发和改进产品。一个很好的例子是移动应用每隔几周就会发布一次更新。
- **敏捷 HR 举例**：把大而复杂的问题分解成较小的工作，目标是为员工交付价值的切片。例如，将一个组织变革项目分解为更小、更具体的可交付成果，表述为"X 部门 60% 的员工经常进行同伴反馈"。

持续改进

通过检视和调整循环来持续改进工作方式和提升交付价值。我们寻求最终客户和利益干系人的反馈,以改进我们的解决方案并检验我们的假设。每隔一段时间,我们会努力提高自己的表现,并相应地改善自己的行为。

- **使之实用**:当敏捷团队遭遇失败时,他们将利用所学的知识了解下一步要做什么。
- **敏捷 HR 举例**:人力资源团队邀请其他职能部门(如内部沟通与合规部门)参与回顾,并评估如何改进相互的协作。

透明

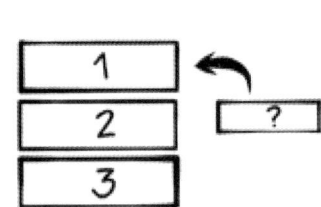

我们在所有的工作中都保持透明,以实现快速决策和自组织。通过共享信息,我们可以快速解决依赖关系,并允许多支团队和多个利益干系人在整个组织内进行协调。

- **使之实用**:敏捷团队使用可视化工具,如 Scrum 板或 Kanban 板(电子板和物理板)来保持工作的透明性,并严格排定工作优先级顺序。
- **敏捷 HR 举例**:我们在大厅中设置人力资源 Kanban 板,向全员展示在大型组织中正在执行的项目工作及相应的进度。

优先级排序

我们专注于最有价值的工作,并以规范的方式确定优先级顺序。为了避免不必要的任务,我们会评估每一项任务,并且只处理能交付最大价值的任务。

- **使之实用**:敏捷团队明白,最终客户可能仅仅使用最初计划的大约 25% 的功能(Sutherland, 2019)。敏捷团队不以完成所有需求为目标,而是持续根据价值调整工作优先级,并通过最终客户的反馈来验证最重要的特性。
- **敏捷 HR 举例**:人力资源团队不是努力使产品完美,而是首先交付最重要的特性,然后根据员工的反馈确定下一步的工作重点。

第二部分　定义敏捷 HR

基于证据

我们在做决定前要收集证据，并在投入项目前使用原型和测试来理解问题。团队对成果进行跟踪，并持续评估自身的工作方式，以确保解决方案能够交付价值。

- **使之实用**：敏捷团队创建四个不同版本的网站，并与一组客户共同测试每个版本，以收集数据并评估哪个版本最有效。
- **敏捷 HR 举例**：人力资源团队使用硬纸板等材料制作一个产品的实体模型，用于观察员工的反应，以评估产品是否有用及其产生的影响。

可持续的速度

我们根据自己的真实能力来设定在制品（WIP）数量，并寻求一个可持续的工作流程。我们知道多任务并行是不利于绩效的，我们遵循"结束后开始，开始后结束"的原则。

- **使之实用**：敏捷团队自组织并从待办事项列表中拉入工作，而不是由上级人员把工作推送给他们。
- **敏捷 HR 举例**：人力资源团队限制他们正在开展的项目的数量，以确保在开展新的项目前完成并实现预期结果。

自组织团队

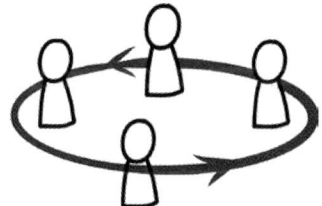

为了解决复杂的业务问题，我们需要能够自组织和共同创新的跨职能团队。如果我们需要告诉他们该怎么做，那么我们为什么还要雇用优秀人才呢？

- **使之实用**：敏捷团队有固定的预算，可以在一定范围内测试和验证可替代的解决方案，而无须事先进行预算审批。
- **敏捷 HR 举例**：人力资源团队让每个人重新设计学习和发展的整体方案，并分配一定比例的预算来支持自主学习。也就是说，允许员工在一定的预算限制内制定适合自己发展的投资决策，而无须事先由各层领导进行审批。

047

人员和互动

最好的解决方案是通过面对面协作构建起来的。高绩效团队需要时间和空间来建立有效的信任与合作。

- **使之实用**：对于一支虚拟的敏捷团队，需要首先确保他们将面对面地进行正式的项目启动，并在开始项目工作前彼此相互了解。
- **敏捷 HR 举例**：人力资源业务合作伙伴和专家中心的人员聚集在一起，每月举行一次排定优先级的会议，并评估即将开始的项目。

信任

我们相信员工，相信团队能够在正确的支持下解决问题。我们的目标是在整个组织中建立心理安全机制，使团队成员轻松地说出心里话，并能在一起共同学习。

- **使之实用**：敏捷组织共享项目的财务细节，允许团队做出自己的支出决策。
- **敏捷 HR 举例**：人力资源团队简化了规章制度，并信任员工在差旅花费等方面做出的决策。

3.5 结论

虽然敏捷既不是新生事物，也不是解决所有问题的灵丹妙药，但敏捷理念可以帮助我们在日益复杂和庞大的商业世界中找到一些问题的答案。敏捷框架和实践经过了几十年的细微调整，我们有证据表明它们是有效的。对我们来说，最重要的是要确定敏捷在何时何地适用于人力资源管理的场景，以及瀑布式方法在哪种情况下仍然是有用的。

敏捷是一个相对简单易懂的概念。有了坚定的团队，我们就有可能在几个月内开始学习如何在日常工作中接受这种理念。但是,要想让敏捷在规模化的场景中活跃起来要困难得多,因为在许多组织中,结构、规章制度、系统和流程都是按照传统的瀑布式方法来进行建模的。在后面的章节中,我们将讨论人力资源管理者在敏捷转型中所起的作用,同时讨论业务敏捷蓬勃发展所需的不同组织设计。

面向人力资源管理者的关键要点

- 敏捷方法不同于传统的瀑布式方法,它能帮助团队在复杂多变的商业环境中更加有效地管理项目。
- 敏捷首先是一种理念。
- 敏捷团队旨在增量式地向最终客户交付价值,并利用最终客户的反馈持续测试和验证他们的工作。
- 采用增量式的方法来设计和提供人力资源的产品或服务,对我们的职业生涯来说是一场巨大的理念转变,但它可以帮助人力资源团队为企业增加巨大的价值。
- 任何人都可以使用敏捷工具和技术,但是要想发展真正的业务敏捷,就需要在整个组织中建立一种新的文化和理念。

参考文献

Agile Manifesto Organization (2001) Manifesto for Agile Software Development, *Agile Manifesto Organization*.

Agile Manifesto Organization (2020) Principles Behind the Agile Manifesto, *Agile Manifesto Organization*.

Fessler, L (2018) GM's Dress Code Is Only Two Words, *Quartz*.

Highsmith, J (2001) History: The Agile Manifesto, *Agile Manifesto Organization*

Powers, S (2019) The Agile Onion, *Adventures with Agile*.

Project Management Institute (2020) PMBOK® Guide and Standards, *Project Management Institute*.

Standish Group (1994) The CHAOS Report (1994), *The Standish Group*.

Sutherland, J (2019) Scrum at Scale Licensed Trainer Training, Boston, MA, participation January 2019 by Riina Hellström.

| 第 4 章 |

敏捷团队的设计思维

4.1 概述

假设有让我们感到兴奋的产品或服务，我们会将它推荐给其他人。想一想，它有什么特别之处？创造者们怎么知道它具有让客户喜欢的特性？有哪些关键因素使我们成了它的忠实客户？

在本章中，我们将介绍敏捷团队和组织如何使用设计思维来为客户解决问题，并发现让我们感到愉悦的产品或服务。设计思维是一个创新的设计过程，是敏捷的一个重要组成部分，我们将在本书的后续部分进行探讨，它可以帮助敏捷 HR 团队共同创造伟大的员工体验。在本章中，我们将帮助你熟悉业务环境中设计思维的核心步骤，然后将这些步骤直接应用到人力资源管理的场景中。

设计思维是一种方法和工具的集合，它可以被应用到产品开发和交付周期的任何阶段中。首先，它有助于我们充分理解和感受最终客户或员工的体验，并验证我们的产品理念和解决方案的业务价值及可行性；其次，在产品开发阶段，设计思维可以确保我们持续地测试和验证所有新特性，以及为交付给最终客户而进行的产品更新。设计思维的成果是一个增量式的发展过程，旨在创造客户喜欢的产品、优质的服务，以及难忘的时刻。

4.2 设计思维

我们应始终牢记："没有一个产品在第一次与客户接触时就能够幸存下来。"我们都听说过有关代价高昂的产品最终失败和公司对市场产生误读的例子。如前几章所述，为了保持竞争力，企业需要不断跟踪和预测最终客户不断变化的偏好，并保持更新，从而能够跟上未来的大趋势、版本或平台。

成功更多地取决于如何保持相关性，以及何时行动。正如彼得·德鲁克（Peter Drucker）所说，"没有什么比高效地做那些根本不应该做的事情更加无用的了（Peter Drucker, 2017）。"此外，在一个充斥着消费者诸多选择的市场中，不断寻求使我们的产品或服务与众不同的方法，并通过健康的创新和发展渠道对此进行支持，这一点至关重要。

虽然每家企业都有凭运气成功的机会，但更安全的方法是遵循经过验证的方法——基于验证假设、评估假设和原型解决方案的科学原理。这个流程形成了设计思维的基础，并帮助我们就应该开发和投资什么产品做出基于证据的决策。

正如IDEO公司的首席执行官、设计思维领域的先驱蒂姆·布朗（Tim Brown）所解释的那样，"设计思维是一种以人为中心的创新形式，旨在将人的需求与技术，以及商业成功的必要条件结合起来（Brown, 2019）。"设计思维来源于人种学和社会学领域，它探讨了人类如何在技术发展过程中发挥作用，如何影响我们的信仰、价值观和习俗，或者如何演进我们的产品（Liedtka，2018）。

通过运用设计思维，我们的目标是知晓客户的真实体验，探索我们的产品或服务可以帮助他们解决的问题和痛点。我们需要对客户进行尽可能多的研究，然后进行试验和原型制作，以发现最终客户真正需要的、想要的和愿意为之付费的东西。运用设计思维需要回答的一些通用问题如图 4.1 所示。

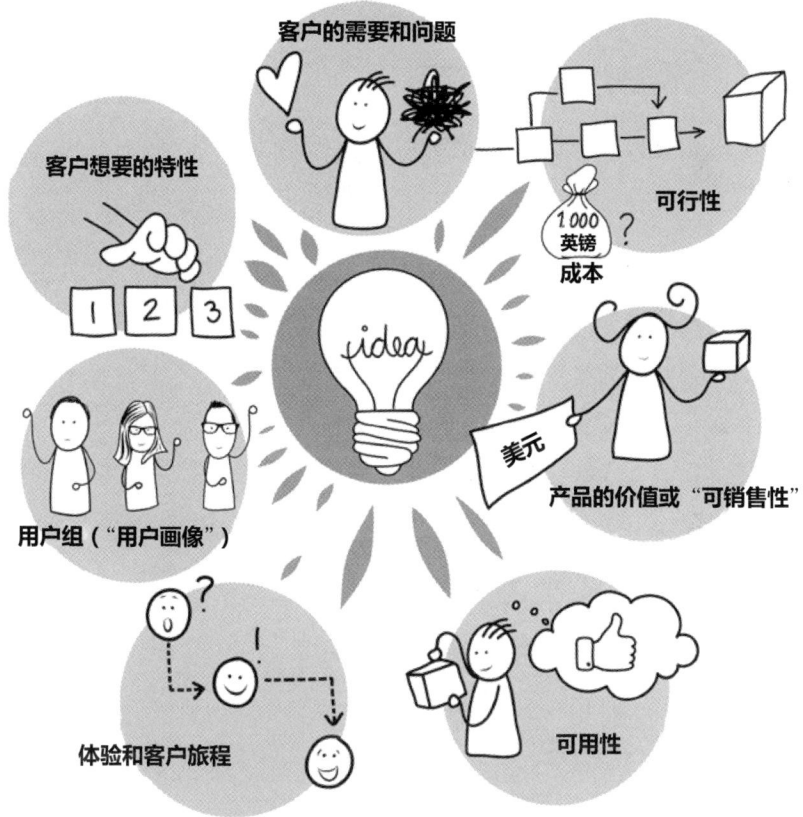

图 4.1 运用设计思维需要回答的一些通用问题

- 客户的需要和问题
    - 人们想要还是需要我们的产品？

- ○ 为什么想要 / 需要我们的产品？
- ○ 为什么不想要 / 不需要我们的产品？

- 可行性
  - ○ 产品开发是否可行，能否盈利？
  - ○ 如果我们推出这款产品，涉及哪些度量指标和 KPI？
  - ○ 我们应该如何判断它是否正在产生我们想要的影响？

- 产品的价值或"可销售性"
  - ○ 人们会为这个产品付钱吗？
  - ○ 为什么会？
  - ○ 为什么不会？
  - ○ 他们会付多少钱？
  - ○ 他们能在别处买到这个产品吗？
  - ○ 他们为什么要从我们这里购买这个产品？
  - ○ 他们通过购买这个产品获得了什么价值？
  - ○ 还有谁从我们的产品中受益？
  - ○ 对他们有什么好处？

- 可用性
  - ○ 人们想花时间使用我们的产品吗？
  - ○ 为什么想？
  - ○ 为什么不想？
  - ○ 他们会使用这个产品多长时间？

- 体验和客户旅程
  - ○ 人们将何时、何地及如何使用这个产品？

- 他们具备使用这个产品的技能吗？
  - 当他们使用这个产品时，什么对他们来说是重要的？
  - 我们的产品为他们创造了什么样的体验？
  - 重要的时刻是什么？
  - 他们喜欢或不喜欢这个产品的哪些方面？
  - 在客户旅程的哪个阶段，客户会退出？
  - 在客户旅程的哪个阶段，我们会取悦客户？

- 用户组（"用户画像"）
  - 用户是谁？
  - 我们能对他们进行分析，找出他们需要的不同点或相似点吗？

- 客户想要的特性
  - 客户最看重或最需要哪些特性？

设计思维和敏捷

我们喜欢将设计思维的不同阶段可视化地呈现出来，并展示它们如何与敏捷的工作方式联系起来，如图 4.2 所示。我们之所以会产生将设计思维和敏捷结合起来形成一个循环的想法，是因为受到了与我们一起工作过的敏捷团队的启发，这些团队包括业务团队和人力资源团队，同时我们还受到了由交互设计基金会、斯坦福大学设计学院和英国设计委员会提供的大量资源的影响，我们鼓励你在阅读本书后访问这些资源。虽然设计思维和敏捷的工作方式通常遵循一个顺序，但重要的是要认识到这不是一个线性的过程，所有这些步骤相互反馈，形成发现和验证的循环。我们可以在任何节点上根据发现的情况做出调整，我们可以回到上一步重新分析问题，做更多的调查，或者根据业务需要，再向前跳一步。这是一个动态循环，鼓励我们使用发散性思维和收敛性思维。当我们不再一听到问题就立即寻找解决方案时，创新和伟大的产品设计就产生了。这种想法可以引导我们重新设计现有的流程或系统，而不仅仅在传统的人力资源管理最佳实践之上，再去发现适合特定组织环境和内部客户的解决方案。

现在让我们看一下设计思维的前两个循环中的主要步骤，如图4.2所示。

（1）**迎接业务挑战**：为什么首先要这样做？

（2）**共情**：深入了解员工的体验。

（3）**分类**：发现重要的时刻。

（4）**定义**：我们需要解决什么问题？

（5）**构思**：开展头脑风暴并挑战假设。

（6）**原型**：将优先解决方案带到生活中，与真实客户进行测试。

（7）**测试**：它能让客户满意吗？我们将首先交付哪一部分价值？

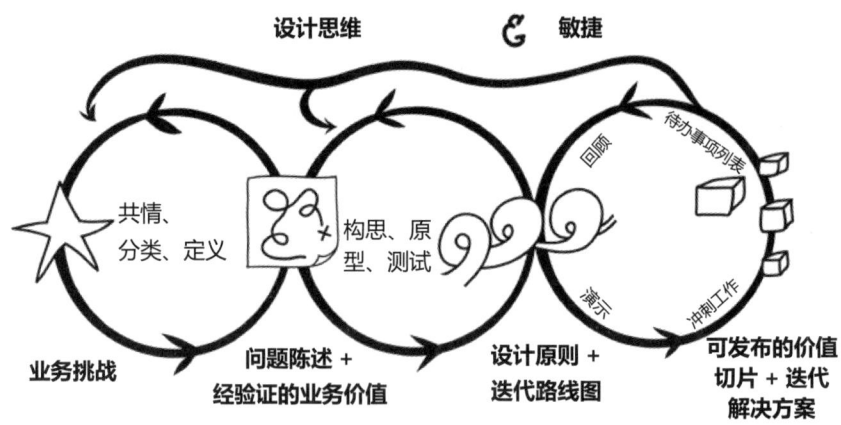

图4.2 设计思维和敏捷开发

(1) 迎接业务挑战

这一步是关于建立我们最初的商业论证，以及为什么我们首先要花时间在设计思维上。我们可以在这一阶段寻找证据，证明业务挑战是值得追求的，并获得利益干系人的认同，以便投入时间和精力进一步调查问题。在这一步中，我们可能会对现有的业务指标、市场研究，以及最终客户趋势和数据进行初步探索，并概述为什么我们应该将时间和人员投入设计思维过程。根据组织设置，这可能需要向潜在的项目发起人或高层领导者进行简短的介绍并与其讨论。我们建议参考第9章中的模板，了解如何在人力资源管理中使用此步骤。

举例 一支开发团队为一家咖啡馆提供服务，该咖啡馆位于繁华的国际机场，开发团队面临的业务挑战可能是鼓励旅客在咖啡馆多消费，从而增加咖啡馆的收入。

(2) 共情

这一步有助于我们对最终客户的体验产生同理心，并开始以人为中心重新审视我们面临的业务挑战（见图4.3）。要做到这一点，我们需要观察和探索客户的互动与行为方式，同时描绘出他们的日常经历。在这个发现阶段，我们还要深入研究业务问题，形成多个观点，并挑战与主题相关的预设想法和思维模式。我们还要创建一个详细的故事叙述，以呈现最终客户的需要、问题、情绪表现、行为和接触点。

表4.1列出了一些我们最喜欢的共情工具，以及在企业和人力资源领域使用这些工具的技巧。

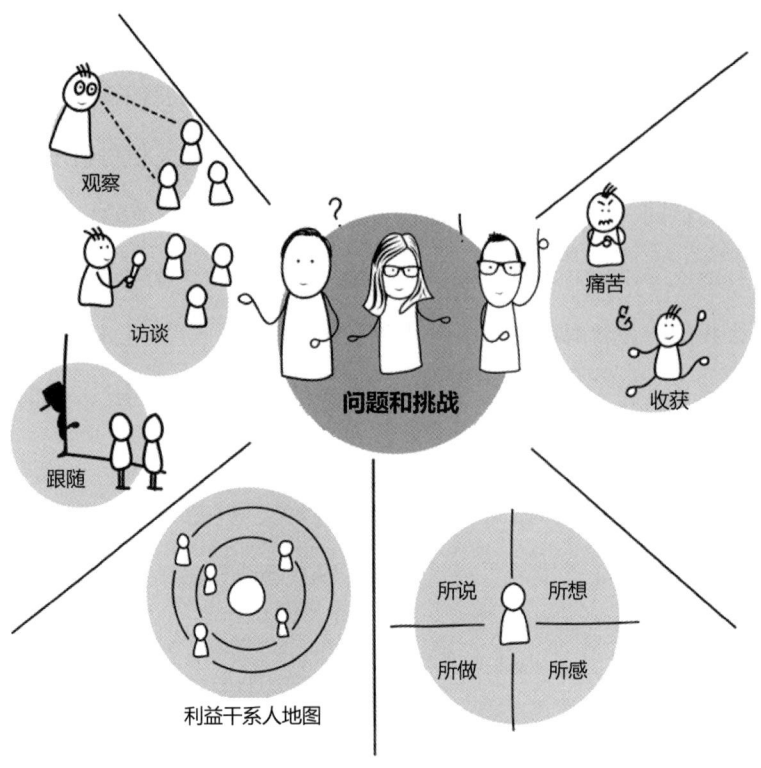

图 4.3 深入理解客户需要

表 4.1 常用的共情工具

方法	提示
以人为中心的用户访谈	向用户提问"为什么",鼓励用户讲故事,探索用户感受,寻找非语言的线索,不要给用户建议和答案,保持中立,通过一对一的访谈或使用语音/视频记录来捕捉信息 举例:探索不同职场人士的职业发展
五个"为什么"	探究因果关系,比如当你提出一个问题时,通过连续问五个"为什么",深入问题根源。当通过头脑风暴探索一个可能的解决方案时,这种方法也会比较有用 举例:在绩效管理方面发现员工的核心激励因素

（续表）

方法	提示
用摄影机捕捉	透过用户视角捕捉特定的任务，要求用户拍摄日常生活体验的照片，然后对照片中呈现的结果进行访谈 举例：观察人们的工作习惯，将其作为人力资源福利项目管理参考的一部分
采用"极端用户"的观点	采访"极端用户"，探索如何扩大需求或创建解决方案。极端用户是真实或虚构的角色，他们的观点、行为、需要或期望一般不符合规范 举例：在设计新的奖励机制时寻求极端观点，以少数群体的视角探索人力资源实践，并考虑精神不振或有极端人格的员工，如总是寻求刺激的人
沉浸和分组	将有趣的发现、照片贴到一面墙上，从而发现用户的需要 举例：整理收集到的所有职业发展信息，以了解员工的核心需要
共情地图	我们可以采用多种不同的方式运用同理心地图，比如将同理心地图与角色和旅程地图联系起来。运用同理心地图，可以捕捉用户的所说、所做、所想、所感和所需 举例：评估不同员工的入职体验
旅程地图或体验地图	有助于更加系统地思考用户如何通过产品体验或服务开展活动 举例：重新为新员工规划入职流程
用户画像	用虚构的人物代表关键用户群中可靠的和现实的角色，这些信息都会基于定性和定量的数据 举例：构建一组用户画像的角色，用来代表一个组织中主要的员工类型
假想自己是消费者	假想自己是一位真正的消费者，在实体商店或线上商店中对一个产品或一项服务的体验进行评估 举例：通过假想自己是申请人，对招聘门户网站进行测试

举例 回到我们研究机场用户行为的服务开发团队中，团队可能会采访特定的目标群体或观察旅客，目的是记录机场中完整的端到端咖啡厅体验。他们创造了两个用户画像——"女商人芭芭拉"和"父亲莫赫米德"，芭芭拉每周出差一次，莫赫米德有3个年龄不到7岁的孩子，每逢节假日都会带孩子们旅行。然后，团队以这两个用户画像的视角，研究他们在机场的体验，探索服务旅程中的其他视角和洞察（见图4.4）。

图 4.4 旅程地图

（3）分类

通常，这一步与上一步一起完成，我们需要分析来自用户研究、业务指标、市场趋势和最终客户偏好的所有数据。我们通过这种分析来寻找模式、验证假设和反驳理论。

我们还要找到用户的重要时刻，找到对最终客户产生持久影响的关键时刻。这些重要时刻可以帮助我们确定应该首先在何处构思解决方案，一旦我们进入敏捷工作方式的循环，它就可以帮助我们确定未来项目待办事项列表中工作的优先级。

举例　服务开发团队将收集到的所有信息绘制出来，并研究不同的服务旅程，以找到所绘制用户画像的重要时刻。研究小组可能会发现，当"女商人芭芭拉"走进咖啡馆，却找不到给智能手机充电的电源插座时，她会很快离开；当"父亲莫赫米德"浏览菜单，却找不到给孩子们吃的点心时，他不会点任何东西并起身离开。

（4）定义

现在，我们需要将最初的业务挑战重新组织成一个可操作的问题陈述。问题陈述也被称为观点，通过分析用户提供业务挑战的清晰摘要。其目的是建立一个假设，即实际问题是什么，以及问题解决后会对最终客户和业务产生什么影响，包括度量指标和KPI。

在这个阶段，非常需要通过创建设计原则来帮助指导一个产品未来的开发，产品仍然要独立于任何特定的解决方案，例如，所有设计都需要"与目的相符"和"以人为中心"。这些设计原则甚至可以用于后续项目待办事项列表中"完成"的定义（参见第5章）。

表4.2列出了此步骤的有用工具。

举例　我们再次回到机场的服务开发团队中，他们可能已经评估了"女商人芭芭拉"和"父亲莫赫米德"的行为，他们因没有在咖啡馆消费而产生了潜在的销售额损失。服务开发团队还计算出，如果客户能够有所消费，咖啡馆就可以增加5%~15%的收入。于是，服务开发团队提出了一个问题陈述："为了增加10%的销售额，我们如何让'女商人芭芭拉'和'父亲莫赫米德'在机场选择我们的咖啡馆，而不是我们的竞争对手？"

表 4.2　定义步骤的工具

方法	提示
观点陈述	"用户"需要"用户的需要",因为"令人惊讶的洞察" 举例:一个职业发展项目中的陈述是,"萨斯基亚作为一名 50 岁以上的员工,需要成为一名导师,因为这可以让她对自己的技能有一种认可感"
观点类比	使用类比,诸如隐喻或明喻,将洞察力和用户需要提炼成一句朗朗上口的口号 举例:作为绩效管理项目的一部分,可以提炼的一句话是"将反馈作为礼物"
检查表	提出问题:重点是什么,谁说的,有什么新的发现,谁在乎 举例:出色的员工入职体验对业务成功至关重要。员工说,这决定了他们第一年是否会留在公司;我们可以通过确保新员工立即做出贡献来实现更高的生产率;这使我们在行业中处于领先地位
我们如何才能	可以放在陈述的前面,把构想聚焦在具体的解决方案上,如"当用户第一次到达机场时,我们如何能让他们高兴" 举例:一个人才招聘项目的声明是,我们如何能够吸引更加资深的女性技术专家加入我们的公司

（5）构想

构想完全是根据业务价值的工作量、风险和预算等因素,通过头脑风暴对我们的想法进行评估和排序的技术。当进行头脑风暴时,我们鼓励宏大的想法,并把判断和意见向后推迟。我们可以使用可视化技术和讨论技术,如静默头脑风暴或者每次聚焦于一场对话,并鼓励人们基于他人的想法来找到自己的发展方向。

我们推荐学习不同的构想技术（这样既可以避免仓促地得出结论,也可以避免受到群体思维的影响）,或者选择符合他们当前系统或文化的逻辑想法。我们需要能够打开最终客户心灵的方法,同时采用不同的构想方法来充实那些大胆且有价值的解决方案。请记住,我们最初的想法通常不是最好的,我们常常会从最明显的答案开始,这些答案让我们感到舒服,而且具有立即实施的可能性。引导良好的构想活动是所有人力资源管理者需要具备的一项绝佳技能。创建构想也是一种很好的团队激励方法,利用这种方法,人们可以产生一些充满创意的想法并打破常规思维,这对人力资源团队和更广泛的业务都非常有用。

创建构想的方法如表 4.3 所示。

表 4.3 创建构想的方法

方法	提示
100 个想法	小组里进行头脑风暴,在 1 小时内产出 100 个想法,并将其写在便笺纸上 举例:关于如何在工作中建立心理安全感的 100 个想法
静默头脑风暴	每个人先将自己的想法记录下来(通常是写在即时贴上),然后大家一起分享和讨论 举例:重新设计招聘流程
骄傲地"偷窃"	寻找当前领域之外的解决方案,例如,研究另一个行业如何解决同样的问题 举例:使用 HubSpot 的文化守则(HubSpot,2020)作为灵感来源,为一家制造业的公司设计员工手册
标杆管理	通过评估竞争对手或其他公司的想法来获得灵感,请记住,我们不应该只是复制和粘贴 举例:研究其他公司在绩效管理方面的方法
众包	来自群体或线上的开源想法 举例:要求员工提交有关企业如何做到更加可持续发展,以及让环境更加友好的想法
无约束条件	通常在谈及可能性时,我们都会这么说,人们有一根"魔杖"或者 10 亿美元 举例:采用这种方法打破在沟通人力资源政策时的传统思想

（续表）

方法	提示
引入约束条件	考虑预算或合规等约束的影响，鼓励人们寻求解决问题和克服约束的创新方法 举例：引入一项挑战，思考如何跳出固定思维模式，在不花钱的情况下建立一个卓越的学习和发展框架

在讨论了可选的解决方案并探索了创新的概念后，我们需要将这些想法排定优先级顺序，决定哪些想法应该被带到原型和测试中。

表4.4列出了一些实用的方法。

表4.4 排定优先级的方法

方法	提示
投票	每个人都有一定数量的选票，可以将所有选票都投给一个想法，也可以分散投给多个想法 举例：采用该方法确定员工体验中最重要的时刻
排序	对想法进行排序，可以根据理性选择与长远选择的分类进行排序，或者通过制作原型的方式进行排序（如数字化原型和体验原型） 举例：基于招聘行动与内部文化变革，纳入多元化和更具包容性的项目
影响和投入网格	对四个象限中的想法进行评估：（1）大影响、高投入；（2）大影响、低投入；（3）小影响、高投入；（4）小影响、低投入 举例：对一个大型、复杂的文化变革项目的构想进行评估，团队决定先从大影响、高投入的象限开始，以便快速取得成功
对商业论证进行评估	根据预先设定的业务指标或价值驱动因素对构想进行评估，例如，成本与收入的对比，或者成本与影响的对比 举例：在企业的新型人力资源信息系统（HRIS）中，对员工进行评估、引导和培训

一旦我们进入敏捷工作方式的循环，这些方法还可以帮助我们决定如何开发

和向最终客户交付不同的价值切片。为此，我们将问题分解成更小的部分，并考虑优先解决哪些问题将会交付最大的价值，以及实现这一目标所需的时间、金钱和工作量（见图 4.5）。

举例 现在，机场的服务开发团队开始想出办法，可以让"女商人芭芭拉"和"父亲莫赫米德"在机场的咖啡馆买东西。服务开发团队为每个用户画像选择了两个主要构想。对于"女商人芭芭拉"，他们想尝试在每个座椅旁安装充电插座，这样可以让"女商人芭芭拉"一边工作一边喝咖啡；对于"父亲莫赫米德"，他们想尝试开发一些主题饮品，比如根据一部儿童电影制作一款果汁，以及在人们购买家庭套餐时提供免费的儿童活动包。每个想法都会根据预计的成本和销售额进行评估。

（6）原型

原型可以快速且廉价地实现一个概念，用于真实的用户体验和测试。我们见过团队使用任何东西搭建原型，从纸壳板到乐高、橡皮泥、短剧、技术系统的基本模型和模拟。如果我们不介意制定一个标准的原型，我们就不用在这上面花费太多时间。这样做的目的是快速获得反馈，了解这个想法是否适合用户，以及这个概念是否应该进入开发阶段。事实上，原型可以验证一个想法能否存在于现实生活中。原型测试是没有限制的，可以同时测试多个原型，如果时间和资源允许，我们鼓励你将几个原型一起带到测试阶段中。

关键是要心系用户，并继续关注原型是如何处理问题和解决最终用户的痛点的。制作原型的目的是明确定义正在测试的假设，并设定必要的衡量标准，以确定是否取得了成功。

表 4.5 列出了常用的原型制作方法。

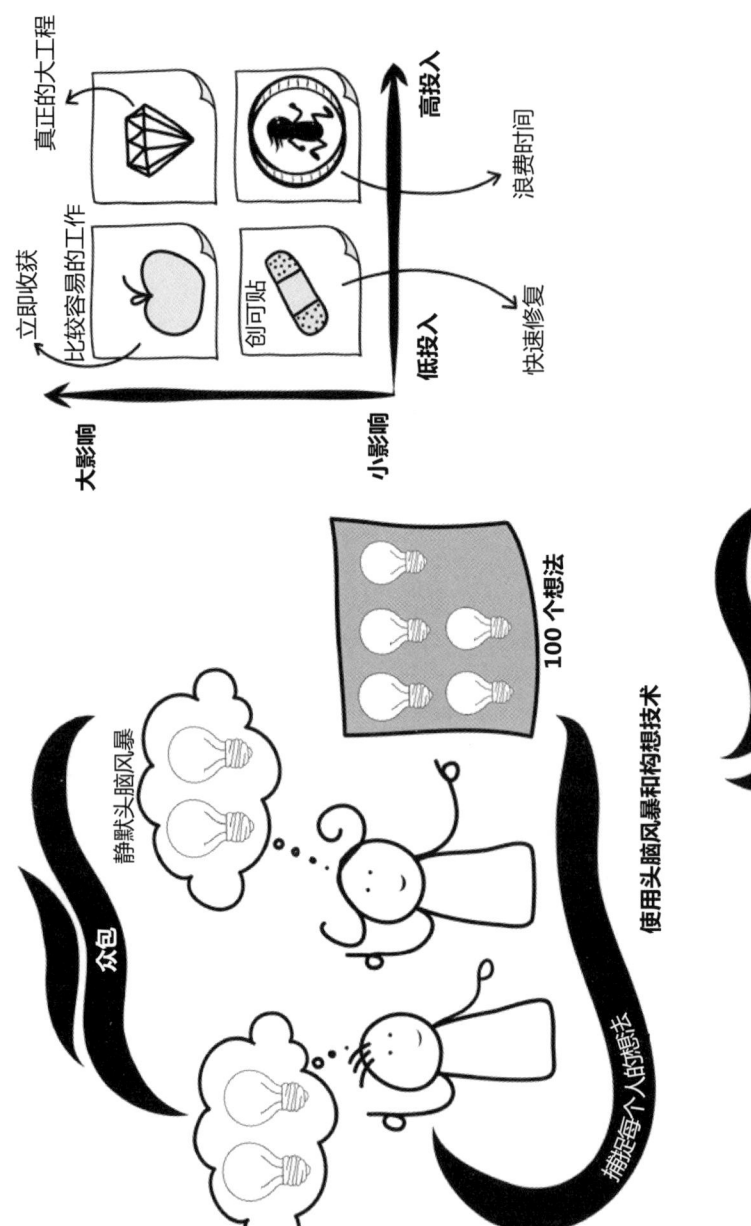

图 4.5 构想和评估可能的解决方案

表 4.5　原型制作方法

方法	提示
实体模型	使用临时的或廉价的材料，建立一个设计示例模型 举例：在纸上，为新的招聘申请流程创建网页设计的纸面原型，并通过一些指定的候选人进行测试
原型设计	使用临时的或廉价的材料，建立一个新服务或新产品模型 举例：为新的入职体验建立一个乐高模型，并在与用户进行交流的过程中，通过结构化的问题获得反馈
A/B 测试	同时测试两个（或者更多）备选方案，评估哪个方案可以获得最佳结果 举例：要求一支团队在绩效讨论中测试同行反馈，并将结果与常规绩效讨论且没有同行反馈的结果进行比较
服务表演	通过角色扮演来了解客户对产品及使用方式的体验 举例：团队在高层管理人员面前展示讨论企业内部职业发展的新方式，以获得他们的认同
弹出式服务或商店	建立一个弹出式的临时商店来调查市场和测试产品概念 举例：在办公室里设立一个弹出式支架，以便人们对一把符合人体工程学的新椅子进行测试
可视化	使用故事板或其他可视化的效果（如卡通）来描述客户对新的服务或新的产品的体验 举例：向团队和领导展示一个故事板，详细说明企业奖励的新方法
假门测试	创建一个假的产品供人们选择，从而测试人们对该产品的兴趣，如网页上的一个假按钮 举例：在公司内部网站上添加了一个假按钮，以查看有多少人希望抵消他们每天上下班路上 50% 的碳排放量，公司抵消另外的 50%。在员工选择点击按钮后，告诉他们这是一个测试。如果按钮点击次数过多，公司将为该举措制定一个综合的解决方案

（续表）

方法	提示
绿野仙踪测试	在没有数字化产品的情况下，测试用户界面逻辑，例如，演示一个软件会做什么，以及如何收集用户反馈 举例：在选定的员工面前，演示一个新的人力资源信息系统的界面
真实用户验证	例如，与真正的消费者一起测试食品，或者专注于一组人一起观看新的流媒体电视节目 举例：要求员工完成新的在线学习模块，并观察其反应
MVP	建立一个 MVP，包含该产品可以运行的最少特性 举例：在设计更高级的应用程序来支持操作流程之前，使用一个基本的同行反馈工具（使用 Excel 或免费在线反馈工具进行构建），来测试人们如何参与同行反馈对话和数据收集

举例　为了将构想制作成原型（见图 4.6），服务开发团队决定建立一个临时和低成本的新座位布局，提供充电插座和桌子，在两个机场中针对"女商人芭芭拉"测试这个想法。对于"父亲莫赫米德"，他们要求团队成员在某一天带孩子去上班，以评估他们喜欢哪种类型的儿童饮料和活动包，以及如何更好地向父母宣传这些饮料和活动包（所有这些工作都符合健康和安全政策）。

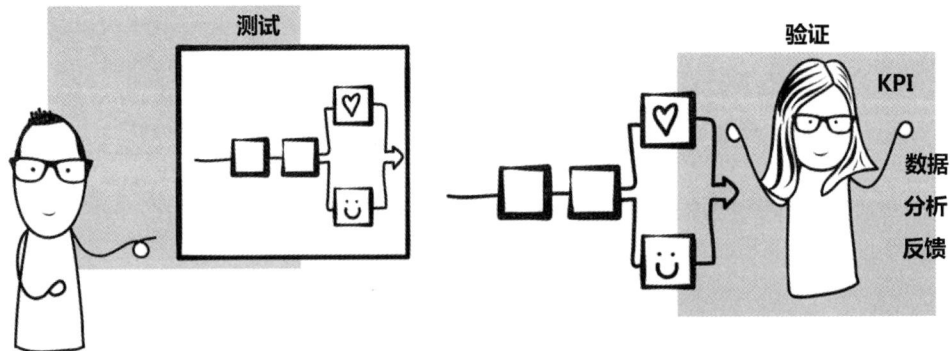

图 4.6　测试和验证

(7)测试

测试是像科学家一样思考，做好准备迎接一个想法的失败或者开展下一步的开发工作。我们正在通过真实的用户来验证 MVP，做出评估反馈，并根据度量指标和 KPI 做出反应。例如，我们的用户真的开心吗？我们的产品真的解决了用户的痛点吗？继续执行下去，还是停止执行？然后，我们使用收集到的反馈，将原型变成一个最小可爱产品（MLP）。用户反馈还可以帮助我们决定是否执行以下操作：

- 到此为止，不再开发解决方案；
- 进行新的试验；
- 开始针对现有的服务或产品，交付增量式的改进；
- 致力于一个全新的开发，特别是在设计全新的产品或服务时，通过增量式发布进行交付。

通常我们的测试方法反映了我们手头的资源。有时，因为时间或者成本的原因，我们找不到 20 位真正的用户来测试产品模型，或者我们无法邀请真正的用户到办公室来试用产品原型。所以，在计划一项测试活动时，我们可以思考一个重要的问题："为了检验我们的假设，我们能做的最简单或最小的事情是什么？"

当正确地进行验证时，所有的学习都将是明确的、结构化的和可衡量的。重要的是，我们不要在精神上依附于自己的想法，而是要找出证据来证明哪些想法有效、哪些想法无效，并向任何认知偏见进行挑战。

举例 对于"女商人芭芭拉"，在测试原型时，服务开发团队观察并记录了这种用户角色类型的不同行为，发现测试结果确实是销售了更多的咖啡，但用户也在新的站立式桌子旁工作了很长时间，占用了其他用户使用的空间。对于"父亲莫赫米德"，在测试原型时，服务开发团队为在办公室举行的儿童活动设置了可控的味觉测试和产品选择练习，发现孩子们喜欢果汁，但是，准备这样的活动会给机场咖啡馆带来过多的麻烦。现在，服务开发团队决定只将成功的原型转移到开发阶段，并开始就如何在咖啡馆中安装充电插座和站立式桌子构建一个待办事项列表，以便通过"女商人芭芭拉"进一步测试该解决方案；同时，在更大、更成熟的机场咖啡馆为"父亲莫赫米德"进行引入果汁的测试。

试验与试点 "是的，但是我们已经做过试点了。"通常，许多人力资源管理者会给出这样的回答，但是，试验和原型设计与执行试点有很大的不同。人力资源管理者所说的试点，往往意味着大量的时间和金钱的投入。

例如，在一个管理层人员能力发展的项目中，通常招标过程已经确定，高层管理人员已经到位，期望供应商能够完成交付。即使试点的反馈效果不好，人力资源管理者也不会终止这个项目，而是尽可能地进行调整和重新包装，以便能够如期交付。

对于重新设计绩效和奖励的项目，一支敏捷 HR 团队决定测试不同的反馈方式，以及绩效和奖励之间的关系。为此，他们要求不同的业务团队对某些解决方案进行试验。其中一个试验中的 App 工具可以帮助团队分享和讨论同行的反馈。最初，我们假设每个人都会喜欢这个解决方案，因为这个组织是一家技术企业。但实际情况是，团队不希望使用这个 App 作为反馈工具。实际上，他们不需要通过使用这个 App 来提供反馈。他们需要的是一个安全的空间，没有绩效评级和奖金数字，以便可以公开地向对方提供反馈。

过去，这个 App 反馈工具可能已经作为一项新的技术方法推送给了企业中的所有员工。这就导致许多绩效管理流程成了支持相应技术系统的直接产物，而对于反馈本身并没有帮助。使用设计思维的好处是，敏捷 HR 团队可以就此终止试验，公开讨论这个解决方案是如何失败的，然后利用所获得的信息来关注用户真正的问题和痛点。在这个案例中，我们可以看到奖金数字和评级对员工讨论绩效反馈的方式产生了负面影响。

4.3 结论

如前所述，设计思维在整个产品开发周期中都是有益的。现在，许多组织都将服务设计师、用户体验（UX）设计师和用户界面（UI）设计师视为至关重要的人才。然而，一些公司仍然将设计思维等同于随机试验，而不是遵循一个规范的流程。在这种情况下，企业通常没有根据试验文化给出设计思维的定义，如果没有在企业层面培养出试验文化，而只能在团队层面进行，那么往往就会导致团队成员在认知方面产生偏见，或者形成一边倒的共识。

一种常见的敏捷理念是"快速失败"，但我们相信一种更好的理念是"快速学习"。运用设计思维，确保试验保持增量式和小型化，我们就可以承受失败。在这种情况下，失败（或学习）被重新定义为成功，因为我们可以快速验证一个想法或路径是否值得追求。这样看来，设计思维应该可以为企业节省大量的时间和金钱，帮助团队快速发现如何让最终客户感到满意。设计思维是人力资源管理者的有力工具，可以帮助我们直接与员工和企业共同创造对用户友好的产品及解决方案。我们将在第 9 章中通过一个详细的指南来演示如何应用设计思维。

面向人力资源管理者的关键要点

- 我们鼓励你提高设计思维技能,打造以人为中心的产品或服务,从而丰富员工的体验。
- 跳转到第9章,在实例中探索如何在人力资源管理中运用设计思维。
- 设计思维是一种方法和工具的集合,可以在产品开发和交付周期的任何阶段使用。
- 设计思维有助于人力资源管理者专注于员工体验,验证产品理念和解决方案的业务价值和可行性。
- 设计思维能够指导人力资源管理者测试和验证产品或服务,以确保解决方案有助于员工在工作中表现得更加出色。

设计思维的资源与工具如下:

- 互动设计基础;
- 斯坦福大学设计学院(d.school);
- 英国设计委员会;
- d.school 训练营的工具包。

参考文献

Brown, T (2019) Design Thinking, *IDEO*.

Drucker, P (2017) The Peter F. Drucker Reader: Selected Articles from the Father of Modern Management Thinking, *Harvard Business Review Press*.

HubSpot (2020) Culture Code, *HubSpot*.

Liedtka, J (2018) Why Design Thinking Works, *Harvard Business Review*, September–October.

第 5 章
敏捷的工作方式

5.1 概述

在上一章中,我们探讨了团队如何通过在工作中运用设计思维来启动创新的过程。在遵循设计思维的步骤发现了一个可行的原型后,企业就可以进入完整的产品开发阶段了。

在本章中,我们将描述团队如何通过敏捷的工作方式开发和交付产品。本章内容是站在业务实施的角度对敏捷方法进行的基本介绍,是人力资源领域应用敏捷的先决条件。我们将借鉴数字化产品开发领域的例子,探索支撑敏捷实践的基本理论。

我们的目标是帮助你使用敏捷的语言,理解敏捷团队和组织以这种特定方式工作的原因。我们建议你在业务案例中进行探索,并考虑如何在自己的人力资源管理工作中采用敏捷的工作方式。这是一个完美的热身,然后你就可以探索本书敏捷 HR 工具包中所提供的案例了。

5.2 敏捷是否只是一种时尚

在第一次与敏捷团队会面时，我们会觉得自己踏入了一个平行的世界。在那里，人们以一种奇怪的方式工作，并对那些看似普通的活动使用复杂的术语。一些人力资源管理者已经注意到，这种语言会让人感觉疏远，并且经常将敏捷贴上"另一种时尚"或"某种主义"的标签，这些标签或许将在几年后消失。

然而，使用敏捷术语是有原因的，它可以将敏捷的工作方式与传统的瀑布式方法区分开来，并描述构成敏捷的结构化事件、工件和角色的可循环性质。敏捷术语还反映了开始采用敏捷工作方式的团队对明确性和纪律性，以及从利益干系人和最终客户那里获得持续反馈的热情。

5.3 敏捷的工作方式

为了将敏捷的工作方式带到生活中，我们将按照以下提纲对每一步做出解释：

（1）设定产品愿景；

（2）组建敏捷开发团队；

（3）发布计划和构建待办事项列表的工作；

（4）使用完成定义（DoD）；

（5）排定待办事项列表中各条目的优先级；

（6）自组织和透明化；

（7）在工作完成时达成一致；

（8）使用回顾和反馈来推动改进；

（9）适应变化；

（10）应用持续改进循环；

（11）对敏捷项目进行收尾。

此外，值得注意的是，我们通过使用"产品"这个术语来描述可交付成果。可交付成果可以是服务、概念、过程，或者这些术语的任何组合，这样就能更好地描述你所处的业务环境。

（1）设定产品愿景

假设组织已经进行了彻底的创新和设计工作，并且进行了商业论证，决定投资于全面的产品开发，下一步就是创建一个产品愿景。这应该是敏捷团队可以让最终客户喜欢上的产品。

伟大的产品愿景是大胆且独特的。它阐明了产品存在的原因，可以吸引最终客户、投资者和员工。它让团队成员更全面地了解自己在做什么，以及为什么要这样做。很少有公司分享它们的产品愿景，但是我们可以通过查看著名的营销标语来了解这个愿景可能是什么。例如，苹果公司在其网站指出了它们在最初开发产品时所做的承诺："突破智能手机的局限。欢迎使用第一款功能强大的 iPhone 手机（Apple，2020）。"

在复杂多变的开发过程中，需要一个强大的愿景来指导敏捷团队。这有助于团队专注于真正重要的事情，并忽略其他所有分散注意力的事情。

（2）组建敏捷开发团队

有了产品愿景，企业就可以组建一支具备必要的技术和能力的跨职能的开发团队，以此来设计和交付产品。当人力资源管理者支持组建敏捷开发团队时，以下这些问题可以提供有用的指导。

- 我们在开发什么？为什么要开发？
- 谁需要加入团队，从而确保从设计到实施的端到端交付？
- 产品发布后，由谁来维护和支持产品？他们是否应加入团队或以某种方式保持一致性？
- 我们的产品依赖于什么？什么依赖于我们的产品？
- 我们是否让其他业务领域的某些专家参与到某些开发步骤中？
- 我们的团队成员能否将百分之百的时间投入该项目，或者我们是否应该尝试以较低的工作量投入开展工作？
- 我们如何将不能全职加入团队，但对产品设计和交付至关重要的人员的能力包括在内？

组建敏捷开发团队的方式没有对错之分。然而，我们建议团队成员全职致力于项目工作，因此，敏捷不是日常工作的附加内容。

（3）发布计划和构建待办事项列表的工作

我们知道敏捷就是要为最终客户增量式地交付价值。一旦明确了目的和愿景，项目就可以被切分成可交付的产品增量，通常，大块的工作被称为"史诗"。要做到这一点，我们要考虑预期产品的哪些特性对最终客户最为有利，即使整个产品尚未完成，但是依靠它也可以交付一部分价值。另外，是否可以开始向最终客户销售产品的第一个版本，并在以后添加重要性较低的那些特性？

然后，敏捷团队将这些"史诗"放到一个最重要的计划中，创建一个待办事项列表。接下来，团队将每个"史诗"拆解成较小的工作，这些工作就是待办事项列表中的条目。

待办事项列表中包含团队交付产品所需的所有工作，这些工作是基于团队当前所获得的知识和信息被识别出来的。待办事项列表由交付整个产品可能需要的所有条目组成。最初，这些条目往往是概要的描述，但是随着项目的进展，这些工作描述会变得更加精确和详细。

接下来，团队要考虑哪些条目可以组合在一起，从而能为最终客户提供一部分价值。这个过程被称为发布计划，产品交付的每个版本或增量被称为发布。这构成了敏捷中的一个工作循环，发布计划的方法会根据团队所处行业或领域的不同而有所不同。

例如，一支电子商务团队的目标可能是每分钟都能够发布一个网络商店的更新的版本（见图 5.1）。更新这些小版本不需要做大量的准备，也不需要为用户提供新的信息，虽然团队可能修改了网站上的一些功能，但是用户可以继续在线上购物。同样，一天内更新几次招聘网站的页面，不会对任何候选人造成干扰。

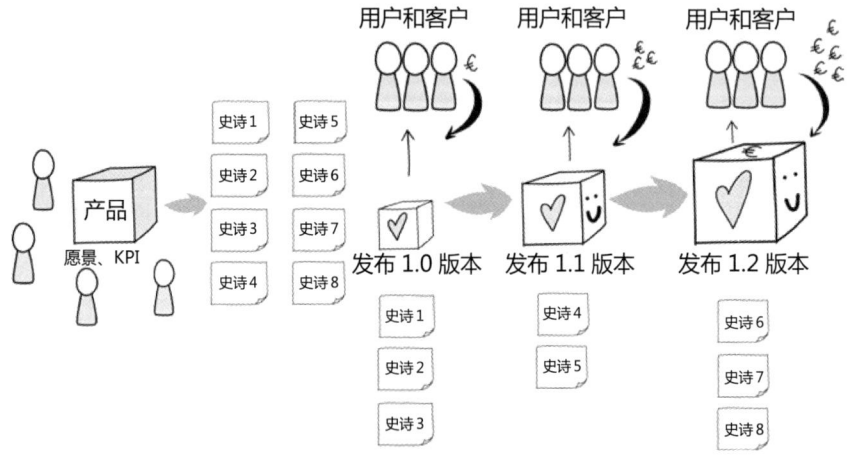

图 5.1　发布计划举例

然而，与网上商店的例子不同的是，并非所有的团队都可以连续发布产品增量。有些团队会将几个完成的增量合并到一个更大的版本中，然后一次性交付。

> **举例**
>
> 　　我们手机上的操作系统有一个版本号，我们会定期收到版本更新信息，以便访问新特性和修复缺陷。如果移动操作系统的开发团队每天甚至每小时都对手机进行更新，这将会激怒很多用户。同样，这种频繁发布的逻辑在开发招聘流程时也行不通。例如，你可以开发和测试一个较小的部分，但需要等到发布时，一次性对所有内容进行更新。这是因为，如果在一年内发布大量的招聘流程变更，可能会让管理者和团队发疯。

发布必须对最终客户和业务都有价值。例如，可以对发布进行定义和计划，从而增加用户数量、获得持续的收入。

> **举例**
>
> 　　一个很好的例子是为忠实的终端客户推出一款新的 App。一支团队在启动前，需要构建足够有价值和有用的特性，并进行重要的用户验证。此外，在发布前还需要开展大量的营销和支持工作。开发新的 App 的团队，可以选择在第一个版本中加入现有的忠实的终端客户所看重的核心特性。第二个版本的 App 可能具有为客户服务的聊天功能，第三个版本的 App 可能具有购物功能。或者，还可以根据特定用户组（如青少年）、客户群体（如中小型企业）或者地理位置（例如，在进行全球发布之前，先在一个地点进行发布）来对发布内容进行定义。

发布计划帮助团队创建一个战略性的产品路线图，而不是以在一次发布中实现整个产品为目标。敏捷开发团队擅长对每个版本进行商业论证和评估，首先交付的内容是收益最高或最重要的产品增量。

一支敏捷开发团队会聚焦在为公司和最终客户带来最大价值的产品特性上，从而避免在低价值的项目上浪费时间和精力。敏捷就是通过尽早和频繁地交付价值来让客户满意的。

（4）使用完成定义

使用完成定义（DoD）的方法可以确保团队始终与总体产品愿景和预期的最终客户价值保持一致，并与产品的总体需求和质量需求保持一致（见图5.2）。这使得敏捷开发团队在关注如何交付较小的工作时也能够保持对全局的关注。

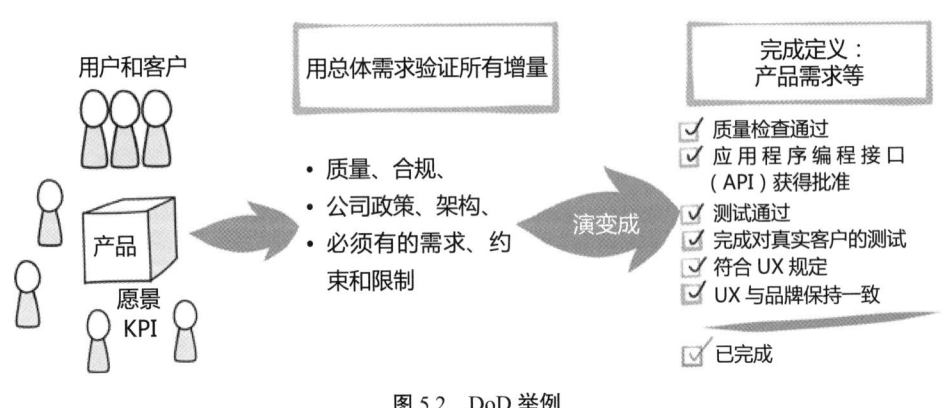

图 5.2　DoD 举例

团队完成的每一项工作都必须对照 DoD 进行检查，只有符合要求，才能标记为"完成"。DoD 可以包括任何有助于团队根据必要的公司政策和规章制度实现所规划的工作内容，以及在业务中对使用强制性工具的要求或实践的要求。

> **举例**
>
> 一支为忠实的终端客户开发新的 App 的团队，其 DoD 可能包括以下内容：
>
> - 需要符合通用数据保护条例（GDPR）——始终都要检查；
> - 兼容所有手机操作系统；
> - 与市场部批准的新品牌指南保持一致。

一旦产品的发布计划和 DoD 达成一致，敏捷开发团队就可以着手确定待办事项列表中各项工作的优先级了。

（5）排定待办事项列表中各条目的优先级

为了确定待办事项列表中各条目的优先级，团队需要以他们的发布计划为指导。优先级最高的是实现下一个版本所需的待办事项条目，不太重要的条目将保留在优先级较低的位置。敏捷开发团队应建立自己的优先级排序标准或方法，第 8 章中描述了我们最喜欢的一些方法。一旦确定了待办事项列表中各条目的优先级，团队将把重点放在优先级排在前面的条目上，并开始在更细颗粒度的任务级别上制订计划，这些任务将详细说明需要做什么工作才能完成这些条目。

如果你认为敏捷的工作方式缺乏规则或者充分的计划，那你就错了。实际上，敏捷是一种非常有纪律的工作方法。与瀑布式方法不同，敏捷开发团队执行大量的结构化的计划活动，这些计划是持续进行的，而不是在项目最开始时就制订详细的计划。敏捷计划在每个工作循环中进行，计划的结果就是基于所需的变化来更新待办事项列表。

这种迭代式的敏捷计划被称为待办事项列表梳理。待办事项列表梳理持续进行，或者是在约定的会议中进行，梳理活动需要团队重新排定各待办事项条目的优先级，引入一些新的待办事项条目，并针对高优先级的条目进行详细计划（见图 5.3）。

图 5.3　待办事项列表梳理和优先级排序

在本章的后半部分，我们将探讨团队如何通过待办事项列表梳理来适应变化。

任务级计划

在待办事项列表中，只对那些优先级更高的条目进行详细计划，并将其拆分到任务级别（见图 5.4）。因为敏捷开发团队认为变化会对项目产生影响，所以，那些低优先级的待办事项条目及其相应的任务可能是不需要的。如果预先把所有内容的细节都计划出来，就会浪费很多时间和精力。团队一旦将待办事项条目拆分成任务，并指定相应的任务负责人，那么每个人都应该为开发工作做好准备。

第二部分 定义敏捷 HR

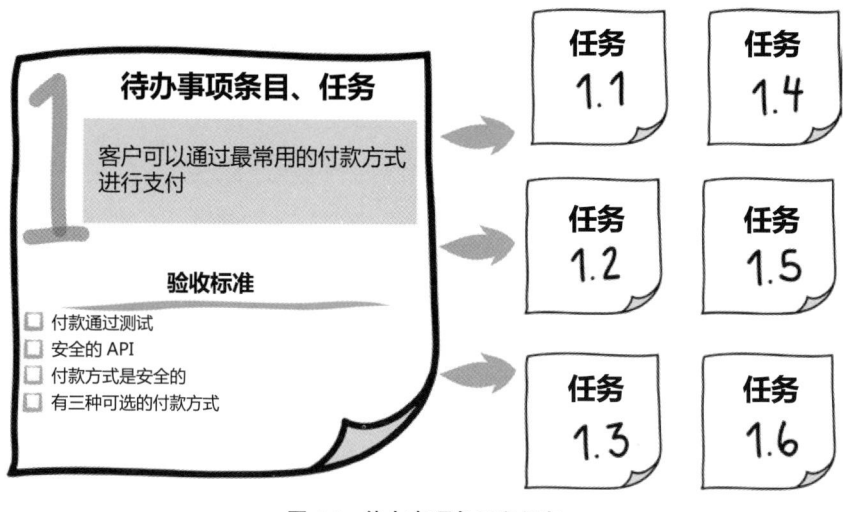

图 5.4 待办事项条目和任务

验收标准

我们都会有这样的经历：交付并没有按照计划或预期进行。通常，其根本原因是对需求的误解和规格说明书不清晰。敏捷开发团队有一种卓越的机制可以避免这些错误，它就是验收标准，我们可以将其添加到每个待办事项条目中。验收标准是对每个待办事项条目的要求，它们必须在团队完成一个待办事项条目之前被确定。这样可以帮助团队在针对每一个待办事项条目工作时，都能清楚地了解自己正在开发什么内容、为什么开发及如何将其关联到最重要的产品愿景上。验收标准是根据待办事项条目的级别制定的，而 DoD 是根据整个项目的级别制定的。

举例

回到上文所述的例子中，团队为忠诚的终端客户开发新的 App，他们可能希望在一次发布中包含购买的功能。所以，其中一个待办事项条目是在应用

> 程序中开发必要的支付选项。首先,团队同意将市场上最常用的三种支付方式包括在发布中。此外,团队同意,一旦他们测试银行平台的所有接口都是安全的,并且用户可以保存他们首选的支付选项,那么就可以认为这个工作条目已经完成。

(6)自组织和透明化

敏捷的工作方式是通过自组织和透明化实现的。敏捷开发团队中的每个人都应该知道项目的方向、人员的职责,以及下一步会有哪些待办事项条目。

自组织

团队成员共同商定谁应该做什么,以及如何设计和开发产品,而不需要经理指导这项工作。通过自组织和协作,敏捷开发团队可以执行所有工作,包括解决问题、做出决策和探索可能的行动或选择(见图5.5)。他们还直接针对最终客户进行测试和验证,并根据收集到的反馈来调整计划。

透明化

敏捷开发团队经常使用白板(如Scrum板或Kanban板)来可视化待办事项列表,并根据板面上的每一个标记栏(待办事项、未开始、进行中、已完成)来跟踪进度。敏捷开发团队将物理板挂在办公室的墙上,并使用便笺纸记录待办事项条目。另外,还有一些数字化工具,如Trello和Jira,可以通过虚拟的方式来支持团队。

每一列中的待办事项条目的进展情况如下:

- 从"待办事项"到"未开始"——当条目被拉入"未开始",对其进行详

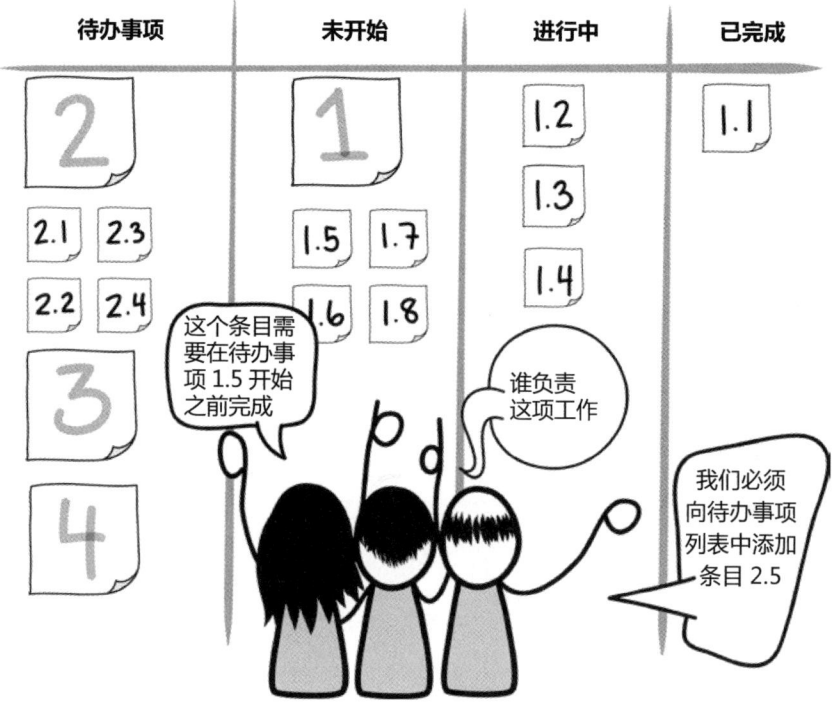

图 5.5 自组织的执行

细计划时；

- 从"未开始"到"进行中"——当团队开始实际处理条目时；
- 从"进行中"到"已完成"——当团队完成所有任务，确保其符合条目的验收标准，并对照 DoD 确定工作已完成时。

从优先级最高的待办事项条目开始，团队的目标是按照优先级顺序将每个条目移动到"已完成"一列。团队一次只关注有限的几个条目，以避免多任务并行和过载。下一个即将要做的条目会被详细地计划到任务级别，而低优先级的条目仍然在"待办事项"一列中等待，不需要对其进行详细计划。

拉动式工作系统

自组织和拉动式工作系统可能是指导敏捷工作方式最有力的原则。敏捷开发团队不会多任务并行,他们按照"完成后开始,开始后完成"的原则执行工作。团队在每个周期中投入一定数量的工作,或者根据他们的实际能力限制正在进行的工作(见图5.6)。只有当团队完成了前一个和更高优先级的条目后,他们才会拉入新的条目。没有人把工作推给团队,相反,他们会根据自己的技术和能力自行管理工作量和进度。

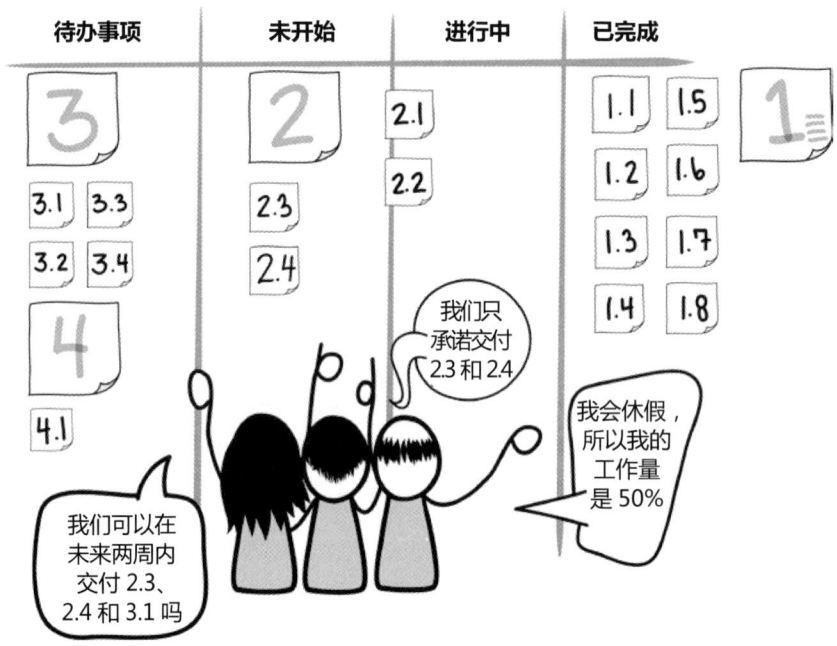

图 5.6　拉动式工作系统

(7)在工作完成时达成一致

如果每天都能看到进展,并将条目移动到"已完成"一列,这种体验是非常令人振奋的。要将待办事项条目标记为"已完成"(见图5.7),它必须满足以下条件:

- 满足待办事项条目的所有验收标准;
- 条目和交付物符合整个产品 DoD 的要求;
- 产品负责人(PO)接受这项工作(我们将在第 6 章中介绍产品负责人的角色)。

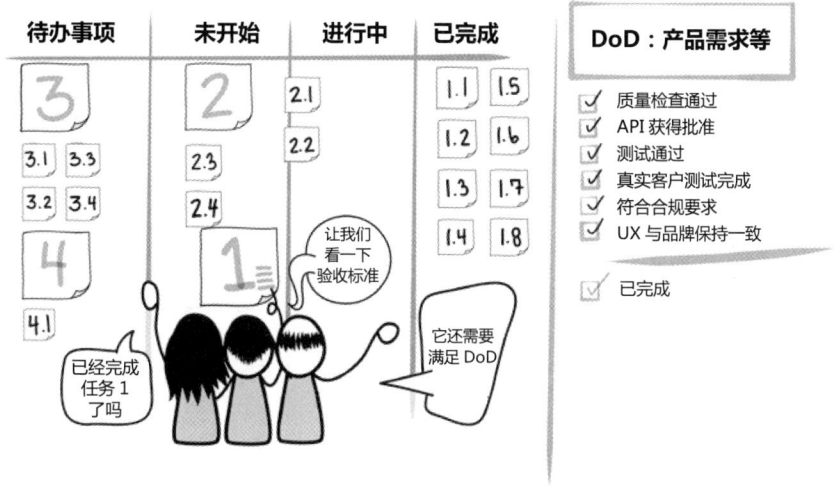

图 5.7 什么时候完成

如果不是彻底完成,那么就不能认为该项任务是已完成的状态。任何没有做到百分之百完成的任务,都被视为是未完成和无法向最终客户或企业交付的。这是一种有用的工作方式,可以防止人力资源管理者过快地跳转到下一项任务。

(8)使用回顾和反馈来推动改进

一旦产品增量准备就绪,团队将举行一次评审(也称为演示或展示),目的是评估已完成的工作。通过评审,团队可以收集关于产品的反馈和建议,使用这些信息来审视即将发布的版本,并澄清剩余的待办事项条目。评审通常涉及向最终客户或利益干系人展示工作成果,目的是验证和评估团队所创造的价值,以及团队是否正在朝着正确的方向前进(见图 5.8)。评审中,经常会有意外的发现，需要团队调整待办事项列表和总体产品愿景。一种常见的现象是，团队会意识到他们对用户的行为做出了很多假设，而这些假设在测试和验证阶段常常被证明是错误的。

图 5.8　通过评审进行测试和验证

> **举例**
>
> 　　回到之前的例子，团队为忠实的终端客户开发新的 App，评审会议上可能会将应用程序原型用纸制材料打印出来，并展示给利益干系人，以获得即时反馈，甚至在进行任何数字化开发前就得到反馈。随后可以演示客户服务聊天机器人功能的早期版本。

许多敏捷组织安排开放式演示，任何人都可以加入，并对开发的产品增量给予反馈。通常，完整的发布首先会展示给分析师和选定的最终客户，以便在向更多客户发布版本前获得他们的反馈。评审有助于持续改进产品。还有一些公司会为测试和评审产品的人员付费，以确保他们可以从真正的最终客户那里得到有价值的反馈（Razinski，2019）。

开发中的设计思维

值得注意的是，敏捷开发团队在开发工作中也使用设计思维来进行原型设计和测试，目的是建立快速反馈循环，并在特性级别上不断创新，这与产品的不同类型和细节有关。

> **举例**
>
> 为忠实的终端客户开发一款新的 App 的团队，可以测试网页上购物车按钮的五个不同位置，或者进行一轮快速的用户访谈，询问在进行开发工作时将 App 中的聊天机器人放在什么位置。

设计思维和验证工作与评审相结合，可以确保团队始终专注于创建一个令人喜欢的、可用的产品。

（9）适应变化

通过梳理待办事项列表，团队可以专注于交付价值，并移除浪费的条目。通过了解所有的依赖项、即将发布的版本、单个待办事项条目和特性，对待办事项列表进行梳理，可以帮助团队跟踪整个项目。通过频繁地对待办事项列表进行梳理，团队可以适应所有必要的和重要的变更。例如，对数字化产品开发团队来说，可以每周都进行待办事项列表梳理。我们发现人力资源团队通常是 2~3 周梳理一次待办事项列表。

待办事项列表的梳理是连续的，可以在项目周期内的任何时候进行。团队可以根据反馈、新需求或影响愿景的变更，对待办事项列表进行调整。调整内容如下。

- **澄清愿景或调转方向**。团队可能会从反馈中了解到，他们正在开发的产品或服务对最终客户来说没有价值，整个项目正朝着错误的方向发展。团队需要更新愿景，或者调转新的方向。
- **重新排定优先级**。如果提高了待办事项条目的优先级，或者识别出了其中重要的依赖关系，将会导致一个或多个条目的优先级需要重新调整。
- **添加或删除待办事项条目**。新的发现可能会导致向待办事项列表中添加当前认为重要的新条目，或者删除当前认为不必要的条目。
- **向待办事项条目中添加特性**。可以更加详细地计划将要执行的待办事项条目，或者将具体的特性添加到尚未完成的现有条目中。
- **从待办事项条目中删除特性**。可以从待办事项条目中删除一些没有价值的特性。
- **终止项目**。整个项目不值得再继续做下去。

预测进度

敏捷开发团队的目标是保持一个可持续的工作流，而不过度承诺和试图交付超出现实能力的东西。团队在每个周期内完成的工作量决定了他们的速度。通过了解开发速度和待办事项条目的剩余数量，团队可以估算出何时能够交付产品增量或何时发布（见图 5.9）。

图 5.9 基于速度的进展情况预测

敏捷开发团队的进展、速度和能力的透明性,使组织能够更好地对结果进行预测,预测是基于实时进展的真实状态,而不是假设。

(10)应用持续改进循环

让我们想象一下,一个组织每年都会在所有团队和事业单元中进行数千次的自组织的改进和调整。回顾可以形成敏捷反馈循环的基础,有助于建立学习型组织,这是人力资源管理者长期追求的目标。敏捷开发团队以持续改进而闻名,永无止境地追求比今天更好的明天,持续改进是敏捷理念的一个重要元素。除了改进产品(即"什么内容")之外,团队还致力于改进他们的工作方式(即"如何做"),如图 5.10 所示。

回顾是一个术语,用于表达团队探索如何持续改进绩效的事件。通过回顾,团队想要:

- 定义优势和成功；
- 清除妨碍团队绩效的绊脚石或障碍；
- 识别如何进一步提高绩效，避免任何浪费、非增值的工作；
- 提高协作效率；
- 就如何在公司内部处理依赖关系达成一致；
- 找出未解决的障碍，并在恰当的时机提出，从而让问题得以解决。

图 5.10　团队回顾

这意味着，敏捷开发团队正在持续地提升他们的绩效，通常，即使在很短的时间内，也会使团队的生产力得到提高。最好的敏捷组织具有规范化的回顾方法，从而可以确保这些回顾能够在企业的所有层级上定期发生。

（11）对敏捷项目进行收尾

一个敏捷项目应何时交付足以带来预期价值的产品？理解这一点是非常重要的。在这个阶段，基于为产品愿景制定的成功标准，开发项目应该结束。这种方法避免了处理非增值特性的长尾效应（见图 5.11）。

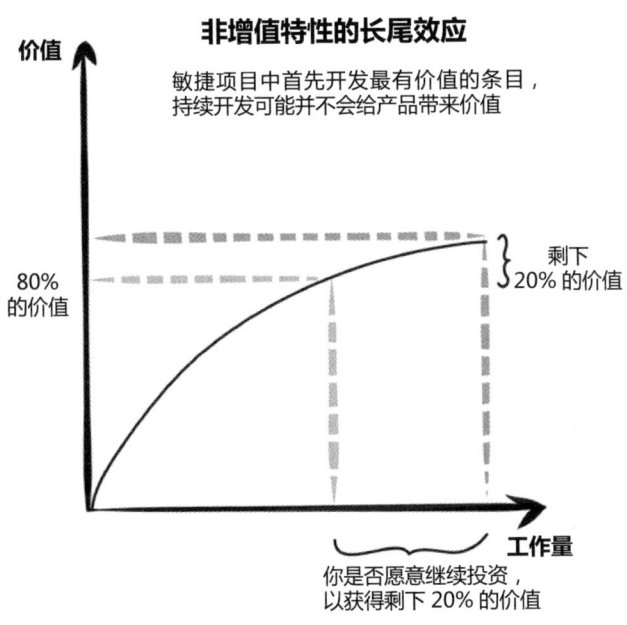

图 5.11　避免开发低价值的特性

在这个阶段，最终客户是满意的，产品被认为是足够好的，剩余的待办事项条目还没有完成。现在，添加任何低价值的特性、细节都是不明智的，而且会占用员工的时间。项目就此结束，发布的产品移交给负责持续支持和维护的运营团队。开发团队现在已经准备好继续前进，解决下一个业务问题，并开始投入另一个产品开发项目了。

如果一个组织能够清楚地了解何时结束项目或产品开发，那么将为他们带来潜在的巨大的效率的提升。人力资源管理者应该记住二八法则（帕累托法则），因为通常产品的 20% 的特性为最终客户和业务带来 80% 的价值。在做到这一点之后，把精力浪费在其他特性上可能是没有意义的。敏捷开发团队从不以完成整个待办事项列表中的条目为目标，因为他们知道最终客户并不总是需要包含所有特性的产品。当无法获得更多的最终客户价值时，我们就可以终止开发了。

5.4 结论

通过敏捷的工作方式，我们的目标是向最终客户尽早和频繁地交付价值切片。敏捷开发团队通过一个反馈循环来实现这一目标，反馈循环帮助他们不断地适应和改进。敏捷的工作方式是通过自组织和透明机制来实现的，这使得团队能够解决问题并更新他们的计划，从而直接响应最终客户的反馈。敏捷经常被误解为工作速度更快，但实际上它是关于适应和改进的速度。正是这种适应和改进，确保了敏捷组织能够以更快的速度向最终客户交付价值，并且只交付他们实际需要的产品或服务。

面向人力资源管理者的关键要点

- 敏捷的工作方式包括很多术语，一旦开始进行敏捷实践，你就会很快熟悉这些术语。
- 要想知道如何重新设计人力资源管理实践来支持敏捷，我们必须首先了解敏捷团队是如何工作的。
- 你可以将本章中介绍的大多数敏捷实践应用到自己的人力资源项目和团队中，如参加一个学习研讨会。

- 敏捷的工作方式可以大大提高人力资源团队的效率。通过将大型项目和员工举措分解为可发布的价值切片，可以在大规模启动前对其进行测试和验证。
- 人力资源团队也可以从应用"发布足够好"的概念中获得很多收益，通过逐步迭代可以持续地改进产品或服务，而不应试图一次性交付完美的产品或服务。

参考文献

Apple (2020) Webpage for Apple iPhone 11 Pro, *Apple*.

Razinski, S (2020) Get Paid to Test Products: 37 Ways to Become a Product Tester, *I'vetriedthat*.

第6章

Scrum 和 Kanban

6.1 概述

Scrum 和 Kanban 是可供人力资源管理者学习的最有用的两个敏捷框架。虽然我们有许多敏捷工具和技术可用，但是这两个框架非常有助于人力资源团队将敏捷理念的各个方面都融入生活。Scrum 和 Kanban 中包含的实践有可能通过帮助我们确定工作的优先级、设计并为内部客户提供价值，从而彻底改变人力资源管理的结果。人力资源团队也必须从组织设计的角度理解这些框架，这样才能更好地支持敏捷团队。只有组织内部使用相同的框架，我们才能真正理解员工对组织设计的需要，并创建支持敏捷工作方式的产品或服务。

在本章中，我们将介绍 Scrum 和 Kanban 的基础知识。这些信息为我们开始在人力资源领域中应用相关的实践奠定了基础，后续章节将对此进行详细论述。对任何刚开始接触敏捷的人来说，本章是必须掌握的基础知识，将来你可能还希望通过进一步的学习来补充其他相关的知识。

6.2 Scrum

Scrum 是最流行的敏捷框架之一，被称为"在一半时间内完成两倍工作的艺术"（Sutherland，2015）。Scrum 是设计产品或交付项目时使用的一个良好的框架。Scrum 始于软件开发，有一组明确定义的角色、事件和工件。大约 70% 的软件开发团队使用 Scrum（Sutherland，2019），它被认为是帮助团队管理不断变化的需求、实现跨团队协作，以及提高交付速度的最佳框架之一（VersionOne，2019）。自 Scrum 概念诞生以来，它已经进入了很多组织和行业，现在在教育（eduScrum，2020）、医疗（Jonnalagadda et al.，2019）、建筑（Streule et al.，2016）和制造业（Justice，2020）等都有应用。

> **他们怎么说**
>
> 我们刚刚在三周内完成了一项任务，而在过去，这通常需要九个月的时间。
>
> —— 一位来自人力资源部门 Scrum 团队的成员

Scrum 是在 20 世纪 90 年代由杰夫·萨瑟兰（Jeff Sutherland）和肯·施瓦伯（Ken Schwaber）共同创建的，他们也参与了《敏捷宣言》的签署（Schwaber and Sutherland，2017）。Scrum 以经验过程控制为基础，建立在检视、适应和透明化的价值观之上。

在 Scrum 中，团队在固定的时间盒（被称为冲刺，英文为 Sprint）内交付价值增量。在每个冲刺结束时，应该有一个可发布的产品增量供最终客户和利益干系人一起评审，以收集对所交付的价值的反馈。Scrum 框架包含三个角色、五个事件和三个工件。现在让我们详细看一下这些元素。

Scrum 的三个角色

开发团队

开发团队由一群人组成，他们拥有完成整个项目和向最终客户交付预期价值所需的所有技能。我们前面提到过，这是一支 T 型团队，拥有跨多个场景的广泛经验，以及在必要时深入研究特定技术的能力。例如，一支机械机器人开发团队可能包括一名设计师、一名机械工程师、一名电气工程师、几名软件开发人员、一名测试人员和一名制造专员。数据表明，一支稳定的开发团队更有可能持续改进，实现更快的速度，因此，建议所有团队成员在使用 Scrum 时都要全职工作（Sutherland et al., 2014）。

开发团队通过自组织来决定如何完成工作，并使用透明化且排好优先级顺序的待办事项列表来管理他们的工作。如果我们观察一支使用 Scrum 框架的团队是如何通过自组织和透明化的价值观开始共同学习和成长的，就会很有启发性。我们发现，这可能是一个相当迅速的转变，许多团队在开始的几个冲刺内就实现了较快的速度。但是，我们还是建议通过额外的教练工作来支持首次使用 Scrum 的团队。

产品负责人

将项目的愿景和目的转化为排定了优先级的待办事项列表，这是产品负责人（PO）的责任。PO 是待办事项列表的守护者，负责将正在开发的待办事项转化为产品价值。开发团队对如何做（How）负责，PO 对交付的内容（What）负责。PO 是一个聚焦于业务的角色。一个伟大的 PO 将对他们正在交付的产品充满热情。PO 通过与最终客户、利益干系人和开发团队进行持续的对话，来确定待办事项列表中各条目的优先级。所有添加到待办事项列表中的工作，都必须经过 PO 的批准。此外，为了确保 PO 和开发团队能够不断地评估团队的容量，并成功地跟踪交付完整产品的时间，任何非开发任务（如强制性的合规培训）也都应添加到待办事项列表中。这确保了 PO 和开发团队能够正确估计在每个冲刺结束时完成待办事项条目所需的时间。PO 使用这些信息来跟踪整个发布计划，以及管理利益干系人对何时可以交付产品的期望。

在每个冲刺结束时，PO 负责接收开发团队的可交付成果，并评估这些成果是否符合验收标准（参见第 5 章）。例如，PO 评估到目前为止完成的工作是否实现了项目愿景中所设定的价值。他们还要评估这项工作是否经过了用户的测试，是否符合质量的要求、合规性或安全标准。为了使 Scrum 框架有效地运行，PO 需要能够随时做出决策，而不必受限于来自领导小组或审批工作所带来的延迟。基于这个原因，业务经理或客户总监可以担任 PO，因为他们已经与最终客户建立了良好的关系，可以进行面向业务的优先级讨论，从而识别出开发团队要优先处理的最有价值的特性。

Scrum Master

如果 PO 被认为是待办事项列表的守护者，那么 Scrum Master 就被认为是 Scrum 框架的守护者，他会将自己的时间投入到指导开发团队中。这意味着，Scrum Master 可以扮演多个角色，有时会成为团队的教练、导师、培训师，甚至是保护者。Scrum Master 的主要职责是通过教练和引导，帮助团队持续提高绩效。他们还致力于消除障碍，使团队不断前进，以及保护团队免受外部的干扰。因此，Scrum Master 被认为是团队的仆人式领导。Scrum Master 可以参与范围广泛的活动，例如，将障碍升级汇报给高层利益干系人来处理，帮助协调跨团队的依赖关系，或者促进回顾，以帮助开发团队改进协作。

值得注意的是，Scrum 没有定义直线经理的角色。事实上，在传统方法中，由直线经理负责的职责和任务现在被划分为三个角色——PO、Scrum Master 和开发团队，这三个角色也对交付物负责。在组织中引入 Scrum 框架时，我们建议花时间与参与实施的人员一起了解现有直线经理的新期望，以及是否需要重新设计或删除某些角色。有关此主题的更多信息，参见第 15 章的内容。

Scrum 的五个事件

Scrum 框架列出了五个具有时间盒的事件。

冲刺（Sprint）

如上所述，冲刺是一个有时间盒限制的周期，团队的目标是交付一定数量的工作。冲刺是连续的，每个冲刺都需要遵循"计划—执行—检查—调整"的敏捷反馈循环。冲刺的时长可以是 1~4 周，这取决于团队正在开发的产品类型，以及适应变化所需的响应时间。例如，从事数字化产品开发的团队可能需要进行为期 1 周的冲刺，以跟上市场变化的步伐；而从事绩效管理项目的人力资源团队可能需要进行为期 4 周的冲刺，因为他们所开发的产品需要用更长的时间来测试不同的解决方案。

人们经常会问，一个冲刺应该持续多长时间。要想回答这个问题，就需要考虑以下多种因素。

- 交付潜在可发布产品增量的现实时间是多久？
- 最终客户和利益干系人反馈的首选频率是多少？
- 我们需要将速度提升到多快的程度？例如，较短的冲刺可能有助于通过加快持续改进的速度来提高绩效。

- 冲刺持续多长时间是有意义的呢？更短的冲刺意味着更少的开发时间。

冲刺计划

在每次冲刺之前，Scrum 团队都会聚集在一起计划他们的工作，并决定如何在限定的时间盒内交付可发布的产品增量。他们设定一个冲刺目标来指导工作，并澄清期望，以确保每个人都清楚在冲刺中要做什么。然后，团队从待办事项列表中选择条目，这就是他们在冲刺结束时要完成的工作。

每日 Scrum 会议

开发团队和 Scrum Master 每天都会召开一个 15 分钟的会议，用于跟踪冲刺目标的进展，并解决可能阻碍他们前进的任何障碍。PO 也可以参加这个会议。每日 Scrum 会议就像一个微观层面的计划会议，团队在其中跟踪任务、进展和障碍，并同步依赖关系。这样做的目的是快速检查，实时提出问题，并保持工作进展。

冲刺评审

在每个冲刺结束时，开发团队、PO 和 Scrum Master 聚集在一起，评审潜在的可发布产品增量。可以邀请利益干系人、发起人或用户参与评审会议，其目的是检查验收标准，并通过展示产品增量来收集最终客户和利益干系人的反馈。冲刺评审产生了一个重新排序的待办事项列表，并指明了下一个冲刺的重点。

他们怎么说

"天啊，我们要向重要人物展示一个未完成的产品。"

一支人力资源团队使用 Scrum 框架交付工作，其中一位团队成员在冲刺评审前这样说。

如果团队刚刚开始实施 Scrum，最好能够帮助利益干系人理解 MVP 的概念，并且告知他们在这个阶段将要评审的对象可能远远不够完美。如果利益干系人习惯于只看到最终完成的结果，那么这一点就尤为重要。我们发现，人力资源团队可能会害怕在评审阶段向人们展示一个未完成的产品，但是如果不这样做，我们又怎么知道自己已经走上了正确的道路呢？事实上，大多数人力资源团队很快就会发现，利益干系人愿意尽早给出反馈，这有助于他们感觉到自己正在与我们共同创建解决方案。

冲刺回顾

冲刺评审主要关注如何改进正在开发的产品，冲刺回顾则关注团队可以做什么来改进他们的工作方式。通常，冲刺回顾由 Scrum Master 引导，这是推动 Scrum 持续改进的关键机制。冲刺回顾中商定的改进措施通常涉及团队使用的流程和工具，以及团队关系和他们如何协作（Dingsoyret et al.，2018）。冲刺回顾中讨论的内容可能包括"让我们在每日 Scrum 会议中讨论问题，而不是发送电子邮件"或"在每一个冲刺中，让我们重新连接目标和愿景，以保持在正确的轨道上"。回顾是将敏捷反馈循环带到生活中的关键时刻，有助于推动一种学习文化，使我们努力让明天比今天更好。

Scrum 的三个工件

产品待办事项列表

这是团队交付项目或产品可能需要完成的所有事项的列表。产品愿景指导产品待办事项的优先级排序。

冲刺待办事项列表

冲刺待办事项列表呈现了团队承诺在下一个冲刺时间盒内要完成的工作。团队可以使用 Scrum 板对这项工作进行可视化和跟踪，每一个新的冲刺都会重置 Scrum 板。一旦确定了冲刺待办事项列表，就不应该做出新的承诺，所有新的工作都会被放到整个产品待办事项列表中，以便在后续的冲刺开始时进行评审。另外，如果一支团队过度承诺或者意识到他们选择了错误的优先级，他们仍然会完成当前的冲刺，然后通过评审和回顾来评估为什么会发生这种情况，以及如何从中学到相关的经验。

增量

这是在冲刺期间完成的所有工作的总和，本次冲刺中交付的价值将与以往冲刺中已经完成的工作结合在一起。

Scrum 是一个框架，而不是一本规则手册

为了让 Scrum 更好地工作，我们需要完全接受它，而不是仅仅采纳一部分不同的活动和角色。Scrum 框架就像一个生态系统，其中的每个元素相互关联、相互依赖。如果生态系统的任何一部分功能失调，整个系统就会退化，那么只能在绩效和质量上获得平庸的收益（Sutherland et al.，2009）。Scrum 框架建立在专注、开放、尊重、承诺和勇气等价值观的基础上，这些价值观是帮助团队检视工作情况和需要改进之处的重要指导原则。敏捷和 Scrum 社区中也有很多有用的参考资料和工具，可以帮助团队不断改进。

Scrum 不仅仅是一种管理项目的方法。有时，许多团队认为自己是在做 Scrum，但是往往忽略了其中的关键元素。例如，我们常常听说团队没有 PO，或

者认为 PO 和 Scrum Master 是同一人。在上述任何一种情况下，团队都会经常失败，这会对组织内成功采用 Scrum 和敏捷产生巨大的影响。我们可以通过以下这些问题分析团队的 Scrum 实施状况。

- 团队是否在每个冲刺结束时交付了一个潜在的可交付增量？
- PO 能否做出所有的产品决策，并快速响应客户需要？
- 团队是否有一个清晰的排定了优先级的待办事项列表？
- 团队是否得到保护而不受外界或竞争目标的干扰，他们能否将百分之百的时间聚焦在冲刺的工作上？
- 团队是否为 T 型团队，能够在不需要其他人帮助的情况下完成工作？
- 团队是否已减少对其他团队或职能的依赖，从而使团队不会因为那些依赖而不断受到影响或减速？
- 团队是否可以自组织，并自行决定如何完成工作？

如果你对 Scrum 还不熟悉，我们建议你完全遵照整个框架，并使用前几个冲刺练习如何让每个元素都能很好地工作。而且，只有当团队感到自信和可控时，才能使 Scrum 框架适应周围的工作环境。当人力资源团队第一次尝试 Scrum 时，这一点尤其重要。对人力资源管理者来说，连续冲刺的形式通常最适用于执行新产品设计创新的项目，而不是维持已有的流程或服务。然而，只有首先正确地遵循 Scrum 框架，我们才能知道如何通过修改框架来提高绩效。

6.3 Kanban

如果我们的工作内容在本质上是更加连续的，并且不容易在 Scrum 所描述的时间盒内进行冲刺，那么考虑将 Kanban 作为一个备选的框架加以使用。Kanban 支持一个持续的工作流，并着眼于帮助团队专注于最重要的事情和持续改进他们的工作方式，从而使其达到最优的效率。Kanban 方法遵循的原则是，在开始其他工作前，先完成当前的工作，并且持续评估团队的能力和正在进行的工作。为了做到这一点，团队使用 Kanban 板来可视化他们的工作，目的是减少一项工作（如待办事项条目）从开始到完成的时间。Kanban 方法持续关注最优的工作流，这意味着，它有助于消除工作系统中的浪费。

Kanban 起源于日本。20 世纪 70 年代，大野耐一（Taiichi Ohno）在实施精益原则和丰田生产系统时，创建了 Kanban（Ohno，1988）。21 世纪初，大卫·安德森（David J. Anderson）开始在软件开发中应用这些原则，并在 2010 年出版了《Kanban 方法》（*Kanban Method*）一书，它塑造了今天我们所看到的许多实践（Kanban University，2020）。

Kanban 板

虽然 Kanban 的核心是使用一块板来使工作透明化，并允许团队成员同时看到每一项工作的状态，但它没有规定任何具体的实践，而是允许团队形成自己的工作方式。总的来说，Kanban 框架有助于促进自组织和基于拉动的工作系统。这样做的目的是将正在进行的工作限制在一个商定的数量内，并且只允许在其他条目完成后才引入新的工作。这种方法有助于团队在尝试多任务并行时，不要过度投入或浪费时间。

通常，团队从基本的 Kanban 板（见图 6.1）开始，板面上展示的各列内容是待办事项、未开始、进行中、已完成。团队基于他们工作的不同方面和细微差别，可能会引入新的列、工作流或卡片系统。例如，一支人力资源团队可能会使用工作流来表示他们所支持的不同业务单元，或者使用不同颜色的卡片将紧急工作与日常工作区分开来。这些方法可以通过新的列来呈现，从而展示那些已经被详细评审过的工作，以及只是排定好优先级的工作，而这些工作往往来自业务中所有新的工作或请求，它们被放置到一个更大的列表中。这意味着，Kanban框架允许同时处理多个产品或服务的工作，并覆盖不同的客户群。基于这些原因，许多人力资源团队发现 Kanban 框架很有用，我们将在第 10 章中探讨更多的案例。

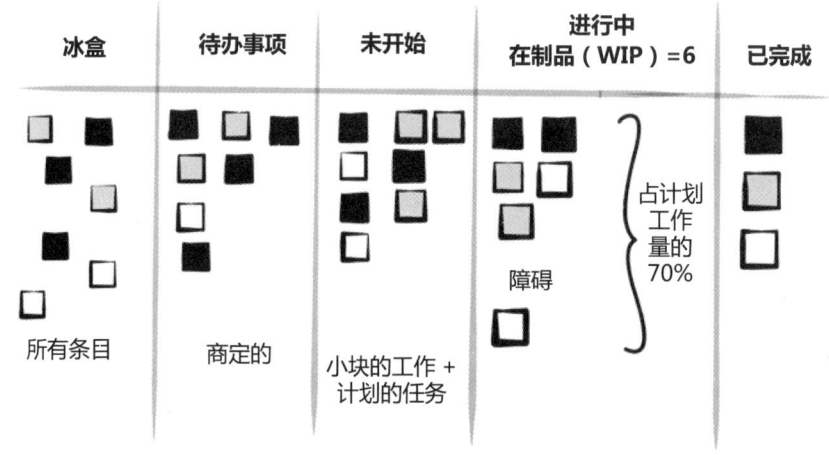

图 6.1　Kanban 举例

以下是一些有助于指导 Kanban 框架的核心原则。

- **可视化**：通过使用物理板或电子板来使所有工作可视化，并理解其依赖关系。
- **限制在制品（WIP）数量**：根据团队或组织的实际容量限制正在进行的工作，目的是减少系统的瓶颈或阻塞。通过限制 WIP 数量，可以确保首先完成最重要的工作，并且更容易从整体上看待这些工作的完成情况，从而实现最优效率（Kanban University，2020）。
- **管理流动**：包括使用度量指标和数据跟踪所有工作，以持续评估绩效（Kanban University，2020）。例如，一支团队可能会跟踪数据，包括工作从开始到结束所需的时间、工作量的大小、条目的数量、什么工作受到阻碍、为什么受到阻碍，以及紧急工作与日常工作的百分比。
- **商定工作方式**：有助于促进自组织的工作方式。例如，团队需要知道整个端到端流程的说明、每个阶段需要什么、如何为团队成员分配任务，以及如何处理新的紧急请求。团队还应该知道他们开展工作的约束条件，如预算或跨团队的依赖关系。此外，团队还应该商定哪些会议对于提升整个系统起到了重要的作用，如计划会议、每日站会，或者与最终客户和利益干系人进行的评审会议。
- **提升和演进**：通过遵循"从你所在的地方开始"的精益原则，对敏捷的工作方式进行提升和演进。团队应该持续评估他们的痛点，并迭代地执行改进措施。

6.4 结论

对想要改进敏捷工作方式的人力资源团队来说，Scrum 和 Kanban 框架都很有用。

Scrum 非常适合创新工作，可以帮助人力资源团队快速开发新产品或服务。当人力资源团队发布一部分产品或服务，并让内部客户参与定期的测试和验证活动时，Scrum 特别有用。Scrum 基于时间盒的事件，明确定义团队应该使用的角色和方法。在 Scrum 中，一个冲刺的所有工作都需要在时间盒的限定期限内完成，目的是交付一个潜在可发布的产品增量。只有在冲刺结束时，团队才会评估需要考虑哪些新的工作，以及将哪些优先级高的工作放到下一个冲刺完成。

Kanban 以工作可视化为中心，允许团队采用灵活的方法来管理他们的工作流。Kanban 框架通常适用于更连续的工作，如人力资源服务、运营或招聘。如果团队在整个业务中有许多依赖关系，或者需要等待其他领域的响应，那么就可以使用 Kanban。关键是要在任何一个时间点上都进行 WIP 数量限制，然后再探寻具体的方法，从而提高工作从开始到结束的流动速度和效率。通常，我们看到使用 Kanban 的团队也会利用一些 Scrum 事件（如评审和回顾）来进一步增强流动，并建立一个有效的工作节奏。

面向人力资源管理者的关键要点

- 真正了解如何使用 Scrum 或 Kanban 的唯一方法就是尝试一下。
- Scrum 和 Kanban 这两个框架都有助于将敏捷价值观和实践带到生活中，并且可以极大地帮助人力资源团队排定工作的优先级顺序，并对这些工作进行管理。
- Scrum 适用于新产品或服务的开发，而 Kanban 有助于那些更加连续的工作，如对人力资源服务的持续交付和维护。
- 有时，仅仅把工作可视化，并衡量需要多长时间能够完成这部分工作，就可以极大地提高人力资源团队的工作效率和工作流动。
- Scrum 和 Kanban 的关键是跨职能工作，并与内部客户进行合作。

参考文献

Dingsøyr, T et al. (2018) Learning in the large – an exploratory study of retrospectives in large-scale Agile development, In *Agile Processes in Software Engineering and Extreme Programming*, ed J Garbajosa, X Wang and A Aguiar, XP 2018, Lecture Notes in Business Information Processing, vol 314, Springer, Cham.

Jonnalagadda, K et al. (2019) How Agile Is Powering Healthcare Innovation, *Bain & Company*.

Kanban University (2020) Kanban: The Alternative Path to Agility, *Kanban University*.

Ohno, T (1988) *Toyota Production System: Beyond large-scale production*, Productivity Press, Portland, OR.

Schwaber, K and Sutherland, J (2017) *The Scrum Guide*, Scrum.org.

Streule, T et al. (2016) Implementation of Scrum in the construction industry, Creative Construction Conference 2016 (CCC 2016), 25–28 June.

Sutherland, J (2015) *Scrum: The art of doing twice the work in half the time*, Random House Business Books, London.

Sutherland, J (2019) *The Scrum Fieldbook: Faster performance. Better results. Starting now*, Random House, New York.

Sutherland, J, Downey, S and Granvik, B (2009) Shock therapy: a bootstrap for hyper-productive scrum, 2009 Agile Conference, pp 69–73, IEEE, doi: 10.1109/AGILE.2009.28.

Sutherland, J, Harrison, N and Riddle, J (2014) Teams that finish early accelerate faster: A pattern language for high performing scrum teams, 47th Hawaii International Conference on System Sciences, Waikoloa, HI, pp 4722–4728.

VersionOne (2019) 14th Annual State of AgileTM Report, *VersionOne*.

第三部分

支持人力资源管理的敏捷工具包

| 第 7 章 |

敏捷对人力资源管理的支持：概述

敏捷对人力资源管理的支持，是将敏捷的思维和工作方法应用到人力资源团队或项目中。这样一来，敏捷的工作循环可以使人力资源管理者成为可以增加价值的人，而不仅仅是事务性的服务提供者，他们能够帮助组织在变革时做出基于证据的决策，这就是我们一直期待发生的事情。敏捷反馈循环和增量式开发流程还能支持人力资源产品或服务的创新，并为人力资源团队提供一种快速向企业交付价值的方式。

为了支持你的学习，我们构建了一个面向人力资源的敏捷工具包，其中包含大量的实例、案例研究，以及可以在工作环境中应用的实践模板。

这个工具包围绕以下几个主题而构建。

- **价值和优先级排序**（参见第 8 章）：如何管理无休止的人力资源愿望清单，并为企业交付价值。

- **共同创造**（参见第 9 章）：如何在人力资源管理中应用设计思维，与员工一起构建伟大的以人为中心的产品或服务，而不是将现成的解决方案应用在他们身上。

- **敏捷团队和人力资源运营模型**（参见第 10 章）：敏捷的工作方式如何重

塑人力资源团队模型，并帮助我们提供更多端到端的员工体验。

- **像科学家一样思考**（参见第 11 章）：如何应用基于证据的方法，并做出数据驱动的决策。
- **持续改进**（参见第 12 章）：如何使用敏捷反馈循环来支持学习和提高绩效。

我们在使用整个工具包时，最重要的是要记住，敏捷对人力资源管理的支持，就是在有约束的条件下进行创新。在任何时候，人力资源管理者都要遵守组织的规章制度与合规性要求。人力资源团队不太可能按照自己的意愿获得理想化的预算、时间或容量，我们需要以务实的态度来对待项目和人员计划。然而，在过去，人力资源管理者往往更看重约束，而不是首先考虑设计让用户满意的产品或服务。为了克服这一障碍，我们提倡先考虑员工、再考虑流程，并鼓励所有人力资源管理者在工作中都遵循以人为中心的方法。

敏捷可以帮助人力资源管理者把内部客户（即员工）放在其所做的一切工作的核心位置上，结果将产生一个工作循环，它可以提升员工的绩效，增加员工的经验。我们希望这个工具包能够帮助你建立信心，从而持续提升人力资源管理能力。

第 8 章

敏捷 HR 工具包：价值和优先级排序

8.1 概述

虽然，CEO 们常说，员工是"最伟大的资产"，但是，对人力资源管理者来说，通常很难清楚地阐述如何通过开展人力资源管理实践和运营来体现企业的宗旨。尽管人力资源管理的核心目标是帮助企业通过员工获得竞争优势，但我们往往只能在实施流程中才能发挥自己的影响力，而在流程以外就无能为力了，这最终导致人力资源部门被视为一个成本中心，而不是一个推动业务增长的发动机。

敏捷可以使人力资源管理者的思考和行动更加具有战略性，一段时间以来，这一直是许多人力资源领导者的共同目标。大多数人力资源团队都会陷入无休止的待办任务清单和无数流程的泥沼中，但是，他们渴望成为一个能为组织增加价值的人。在本章中，我们将探讨人力资源管理者如何通过使用客户和业务价值的不同定义来排定工作优先级，从而构建一个战略性的工作组合。我们还将分享一些实用的工具，帮助人力资源管理者计划和安排每周向组织交付的内容，并解释他们应该将时间和精力投入何处及原因。我们的目标是帮助人力资源管理者超越那些令人困扰的、专业的、无休止的战略愿望清单，并融合员工和企业的基本元素，形成统一的语言，从而展示我们的影响力。

8.2 定义价值

如前所述，敏捷是一种思维方式和工作方法，它是围绕着向客户交付价值的理念而建立起来的。在人力资源管理中，可以在多个层面上对价值进行定义。

- **战略价值**。价值不仅体现在帮助企业实现其战略目标和向最终客户交付产品，而且体现在人力资源管理者为组织所创造的新的价值，其形式可以表现为通过高绩效团队、优秀的领导者和发展新的能力来获得竞争优势，以及对创造性和创新性人才所产生的影响。在过去，人力资源管理者经常需要依赖人力资源管理流程来展示其对业务的影响，如员工参加了多少场培训课程，或者记录了多少次绩效对话，而不是使用数据来展示人力资源的产品和解决方案如何直接为企业做出贡献。要做到这一点，人力资源管理者需要与企业的业务战略保持同步，并根据业务应该聚焦的领域做出积极的决策，从而提供更好的支持，以加速企业使命的完成。

HR 重点提示

对企业环境具有重要性和相关性的战略驱动因素如下：

- 业务增长；
- 企业规模的扩大或者缩小；
- 有意或计划的合并与收购；
- 市场上的首创者或者跟随者；
- 更多的销售，而不是节省成本；
- 为顶尖人才支付高额薪酬，而不是建立和发展一个基于人才池的文化。

例如，一家高增长的初创企业的驱动因素如下：

- 高增长的创业模式；
- 我们的目标是在第三轮和即将到来的投资中，赢得一个强大的支持者；
- 需要将现有员工人数翻一番，以推动增长；
- 总体目标是在最近的产品发布之后，扩大规模并增加市场份额。

在这种情况下，人力资源管理的一个战略重点是招聘、发掘和留住人才，人力资源管理者应该考虑如何奖励员工的贡献，并将他们与公司的股本潜力联系起来；另一个战略重点是创造良好的工作环境，让员工在努力工作的同时保持健康，并通过社区建设等方式培养员工的归属感。初创企业的人力资源团队认为，现在还不是进行员工敬业度调查的时候，应将重点放在小规模、短周期的调查上，从而获得可以立即产生行动和结果的反馈。

- **使能价值**。这就是我们为了帮助企业获得成功每天所做的事情。这一价值概念包括完成工作所必需的所有保健因素，如可靠的工资系统，或者供员工使用的符合人体工程学的椅子。重要的是，它还涉及消除流程中可能存在的浪费，这些浪费会给企业的其他部门带来负担，并严重影响部门员工的工作。例如，一个绩效管理流程需要使用冗长的文档进行记录，经理和员工要对大量的能力和行为进行评级。虽然这个流程的预期目标可能是更好地塑造一种年度绩效谈话的方式，但是如果通过工作中的实时绩效谈话就可以实现相同目标的话，那么在整个公司范围内执行这个流程就增加了成本并造成了浪费。事实上，大多数企业都存在一个有趣的现象：如果人力资源团队发现完成某项任务是一件痛苦的事，那么在整个企业范围内，它对员工来说也一定是一种痛苦！

HR 重点提示

有一项伟大的活动，那就是计算经理和员工完成所有人力资源管理流程（如绩效管理谈话和相关文档）所需的时间，然后将其转化为成本或投资。如果这项投资被认为是必要的，而且它能促进员工完成工作，那就太好了；然而，如果它不是必要的，实际上只是在从创造业务价值的员工那里窃取时间，那么这应该被视为人力资源的浪费。

- **目标驱动价值**。组织为了获得竞争优势而吸引人才，并围绕自己的产品建立一个忠实的客户群体，这就需要组织转变成"社会化企业"（Volini et al.，2019）。这种类型的组织可以将追求利润和履行社会使命（包括尊重环境、支持社会健康和社会平等）结合起来。作为一家社会化企业，不仅要开展一些履行企业社会责任的活动，还需要建立一个值得信赖的雇主品牌价值主张，使员工愿意为组织工作，因为这样可以使他们觉得自己与更广泛的社会目标联系在一起，并能通过工作为所在的社区做出积极的贡献。

HR 重点提示

德勤（Deloitte）在《2019 年全球人力资本趋势报告》（Volini et al., 2019）中强调，建立社会化企业的需求是一个重要的发展趋势。对组织来说，考虑这些因素的影响既有利于完善他们的整体战略和文化，也有利于人力资源管理者执行每一项员工举措。例如，通过列举出员工入职流程如何与组织的社会化目标和愿景相关联，我们能够制定出主要雇主品牌的价值主张，以提供给新员工甚至未来的应聘者。

- **员工价值**。为了建立一个目标驱动的品牌，需要理解工作中的人文因素和真正关怀员工的必要性。我们可以通过敏捷 HR 中"以人为中心"的方法来实现这一目标，这代表一种机遇，即人力资源管理者可以增加许多尚未发掘的价值。通常情况下，企业领导者缺乏人力资源管理方面的经验，他们不知道如何建立归属感文化，以及一种让员工对自己的工作和与同事协作感到兴奋的组织设计。这不仅意味着要在职场中使用一些激励或促进员工参与的工具，更是平等对待员工的体现。这种方法以"自我决定理论"为基础，该理论由赖安（Ryan）和德西（Deci）于 2000 年提出，并经丹尼尔·平克（Dan Pink）推广而流行，他使用了掌控力、自主性和使命感这三个主题词（Pink, 2011）。

> **HR 重点提示**
>
> 在任何情况下,我们都应考虑人性的影响。例如,一位敏捷 HR 管理者认为,当宣布对业务部门进行重组时,需要帮助领导者用以人为中心的方式进行思考。为了做到这一点,敏捷 HR 团队邀请领导参加一个会议,并要求他们根据重组中将要影响的主要用户群体创建用户画像。然后,他们对重组体验进行了预估,并评估了用户在重组过程中每个阶段会做什么、想什么和感受到什么。这个会议所得出的结果打开了领导的视野,他们随后制定了一个待办事项列表,从而确保那些从团队中转出的员工也可以得到适当的支持,并与仍旧留在团队中的员工进行良好的交谈。

- **最终客户价值**。人力资源管理者决不能忽视最终客户。虽然人力资源管理者自然而然地会把注意力集中在我们所认为的内部客户(即员工和领导者)身上,但是我们更需要评估我们的活动和解决方案如何影响组织的最终客户。例如,当人力资源管理者考虑重新设计入职计划和流程时,我们通常关注新员工的经验、他们与团队成员和经理的互动,以及他们需要准备多长时间才能正式开始工作。然而,这些新员工向最终客户交付产品的能力如何?通常情况下,我们甚至不让新员工直接与最终客户接触,因为他们还没有做好准备。但是,这样做是否总是正确的?我们是否还有其他办法让新员工立即与最终客户合作?我们如何确保新员工知道谁是我们的最终客户?最终客户的需要和痛点是什么?在营销和产品设计中所使用的客户角色类型是什么?如果我们能够将入职流程与最终客户的结果联系起来,如销售增长、在线参与或交付时间加快,我们就可以开始跟踪入职计划和流程对最终客户的直接影响。在我们的所有举措中，至关重要的一项是，将制定人力资源管理流程和人力资源管理实践联系起来，帮助我们的内部客户与最终客户取得更好的结果，从而提高业务绩效。

人力资源价值画布（见图 8.1）是一个一页纸的模板，有助于指导人力资源团队讨论和定义价值。

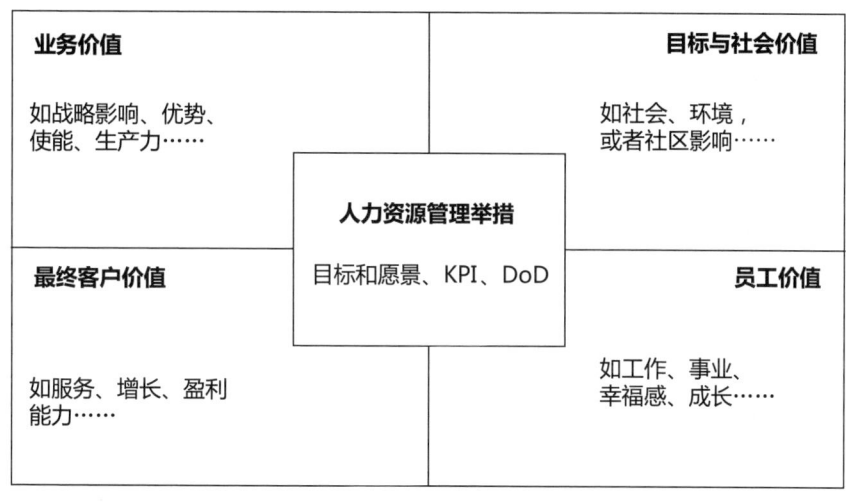

图 8.1　人力资源价值画布

最后，值得注意的是，所有这些价值驱动因素都需要与企业和更广泛的业务环境中所发生的事情结合起来进行权衡。为了能够实现价值，人力资源管理者可以向高层领导，以及他们的一些固定性思维发起挑战，这也是非常重要的。例如，领导们通常希望聚焦短期驱动因素，并与战略价值挂钩，但是这往往会以牺牲员工价值等因素作为代价。此外，人力资源管理者还可能需要创建一个长期的愿景和路线图，为目标驱动价值领域的一些举措提供服务。在这种情况下，当管理战略工作组合时，有必要评估如何在推进长期计划的同时也能实现短期目标。

8.3 建立战略工作组合

通常,当我们构建员工战略时,很难确定从何处开始入手。如果我们等到更大的企业战略制定好之后再开始,往往为时已晚,而且会产生一个被动的人力资源计划。此外,当我们制定组织使命和目标时,从最开始就要考虑员工的利益,这一点至关重要。人力资源管理者也不能只是简单地询问企业想要什么,然后再提供一些指导,如果是这样的话,员工战略最终就会过于简单化,缺乏在组织发展方面根据人力资源管理经验所提供的一些差异化因素。当然,人力资源管理者也不应该仅仅告诉企业什么是战略,更不能使用纯瀑布式方法,未经任何调研就把计划推向组织。

所有这些方法的局限性在于,企业倾向于将员工战略视为每年都要做的终局游戏和常规计划。相反,我们鼓励人力资源管理者采用敏捷方法,将形成战略的过程视为在更大的企业范围内进行的持续对话,我们不断地共同创造使命和目标。其目的是通过基于证据的方法,形成一个敏捷 HR 的战略工作组合,包括定期讨论和对业务优先级进行检查,以及对外部市场、人才趋势和最终客户信息进行评估。我们还应该在这些数据中加入定期收集的员工反馈,以及我们对组织发展的专业看法。

我们推荐以季度为单位执行以下关键步骤,以便与更广泛的业务部门就敏捷 HR 工作组合中的高层级事项的优先级达成共识,从而确保利益干系人认同主要的员工举措并做出承诺。然后,人力资源团队可以按照每周或每月的节奏,管理团队级别的待办事项和成果交付。

评估业务优先级

评估业务优先级有两种方式。一种方式是，人力资源管理者需要持续更新自己的全局视角，从而清晰地理解企业在下一个战略周期中所处的地位及工作优先级。在敏捷 HR 团队建立之后，人力资源领导或业务领导可以引导这些讨论，将所获得的信息带回团队。另一种方式是，让人力资源产品负责人这种新的角色在整个企业中开展相应的对话，是否设定产品负责人这个角色取决于团队所采取的工作模式。然而，值得注意的是，在一种有效的敏捷 HR 模式中，每个人都会在日常工作中寻找这些信息，持续地将其带回团队并进行讨论和评审。

这样做的目的是了解企业内部环境。参与对话的对象包括高层领导者、基层经理、客户代表、产品负责人，以及其他提供支持的团队（如项目管理办公室、技术与合规部门）。在对话过程中，可以参考以下问题。

- 我们的净推荐值（NPS）是多少？我们将重点关注哪些客户群体？
- 我们的增长目标是什么？
- 我们的产品线的健康状况如何？
- 有哪些与主要产品相关的发布、变更或生命周期决策将会对企业中新的战略周期产生影响？
- 资产负债表的表现如何？我们需要在哪里节约成本或做出新的投资？
- 有哪些大型的内部项目（如技术更新或合规流程变更）将在未来的战略周期内对企业产生影响？
- 我们规划了哪些组织变革？为什么对其进行规划？

在所有的对话中，要不断地评估工作优先级，并提出一些问题，例如，什么是最重要的举措？为什么？如果需要强制性地做出选择，应该先做什么？其中有一点至关重要，那就是人力资源管理者应掌握相关的信息，从而对待办事项的优先级排序做出指导，并能够清楚地说明为什么要做出某些特定的决策，以及哪些工作需要人力资源管理者现在就去做，哪些工作需要在另外的时间做（见图 8.2）。

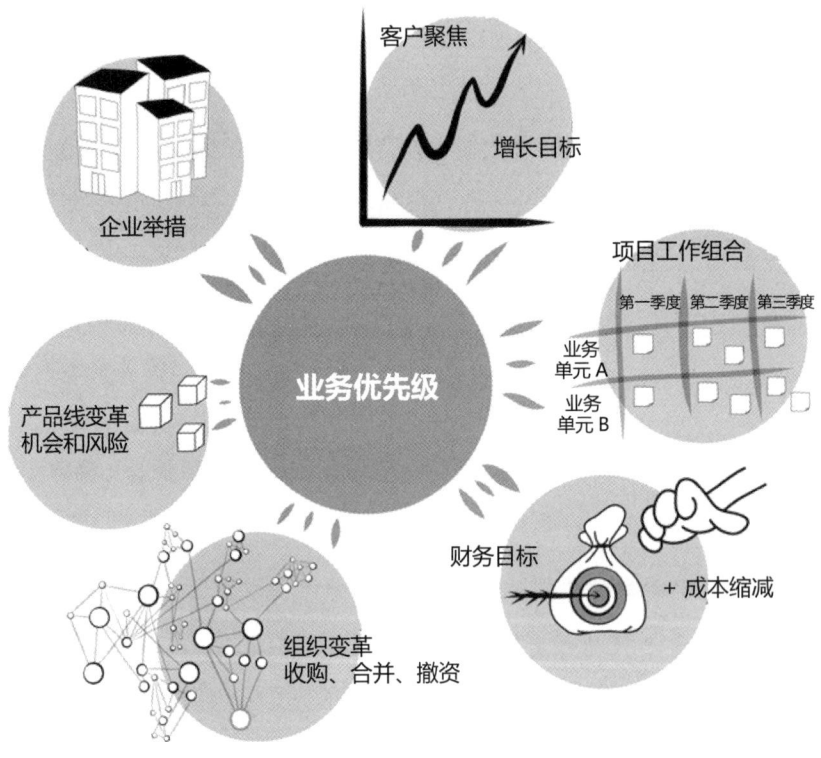

图 8.2　影响业务优先级的领域

员工和文化评估

人力资源部门要对内部和外部人才市场进行深入了解，并通过评审所有可用的内部员工数据来评估组织的健康状况，从而形成对当前员工和文化状况的看法（见图 8.3）。

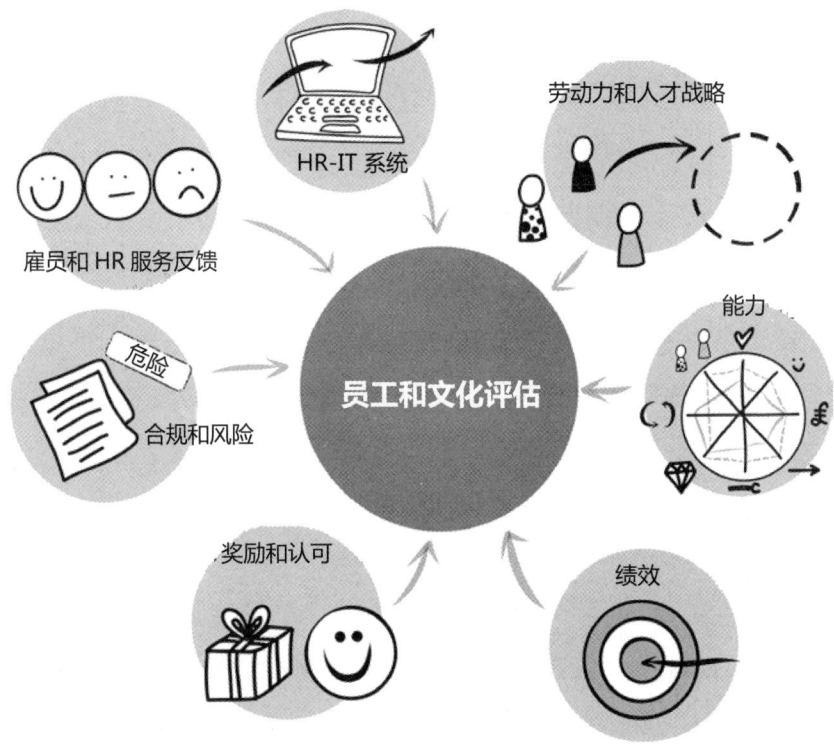

图 8.3　员工和文化的聚焦领域

一旦人力资源管理者掌握了有关业务优先级的信息，以及组织和员工的健康状况等信息，就可以对人力资源战略中的优势、劣势、机会和威胁进行 SWOT 分析[①]（见图8.4）。例如，评估可能涉及的领域包括人才获得、技能、员工净推荐值、奖励数据、多样性、包容性和员工品牌定位等。再次强调一下，优先级顺序在这里是至关重要的，人力资源管理者需要找出组织最大的痛点和核心优势，从而决定最重要的聚焦领域。请记住，我们永远不可能做完所有事情，有些东西是需要舍弃的。

---

① 由斯坦福研究院的阿尔伯特·汉弗莱（Albert Humphrey）在 20 世纪 60 年代创建。

业务优先级	⟷	员工和文化评估
优势		劣势
机会		威胁

资料来源：斯坦福研究院。

图 8.4　SWOT 分析举例

提供见解

企业要关注数据，因为数据与人力资源管理者的洞察力是同样重要的。在我们的行业中，员工分析和人力资源指标是快速发展的领域，我们鼓励人力资源管理者在这些领域多做一些投入，以提升自身的能力。对其他已经具备了这些技能的业务部门（如数据科学部门或财务部门）来说，我们可以与其合作。通过使用数据，我们可以得知当前的人力资源管理方式与传统的人力资源管理方式存在显著不同，在传统的人力资源报告中，管理层团队会评审以往的度量指标，如员工人数、缺勤水平和招聘统计数据。与之相反，当今的人力资源管理者所做的员工分析，是在识别业务挑战和潜在痛点的同时，产生可执行的想法和建议，并将其与企业战略联系起来。这样做的目的是探索如何将员工指标与业务活动关联起来，从而得知启动这些工作的原因。

例如，人力资源管理者可能会发现，在下一季度中，将会有 45 个角色受到技术变革的影响，需要进行能力的转变。我们先不要直接跳到解决方案中，而是要首先进行深入的分析。从总体上来说，先评估员工的技能是否可以胜任这些角色，如果需要采取不同的行动（如再培训、转换角色或进行裁员），需要花费多少时间、成本和精力？通常，我们无法通过一种通用的解决方案来处理不同场景中的问题。例如，人力资源管理者可能会发现，有 15 人已经具备了这些技能，可以很快进入新角色；有 10 人具备相似的技能，他们可以使用这些新技术；而另外 10 人可能需要接受再培训；最后，在剩下的员工中，有 5 人可能已经产生了跳槽的想法，对于另外 5 人，可能需要考虑裁员的方案。

然后，我们应该将这些发现与业务优先级综合起来考虑。人力资源部门在下一战略季度中，是否需要关注这个项目？如果是的话，需要首先考虑的最重要的因素是什么？为什么？如果人力资源部门在本季度不采取行动，会有什么风险？如果人力资源部门不具备这方面的能力，我们现在是否还能够在项目中开展某些工作，从而降低这些风险呢？

还有一点也很重要，我们需要看看敏捷如何帮助人力资源管理者管理风险，以及可以首先交付哪些价值。为此，我们需要在投入大量时间和金钱之前，迅速确定某些事情是否切实可行，并将较大的计划分解为更小、更易于管理的模块，以降低总体项目风险。

与利益干系人进行共创

如前所述，战略是一个双向的过程。我们建议通过上述步骤，形成一个关于组织的清晰的画面，然后邀请利益干系人和员工代表参与确定战略举措的优先级顺序。通常，首先在人力资源团队中执行时，可以使用下面介绍的一些优先级排序方法；然后，在与业务代表讨论优先级顺序时，可以很容易地找出差距和不同的观点（见图 8.5）。

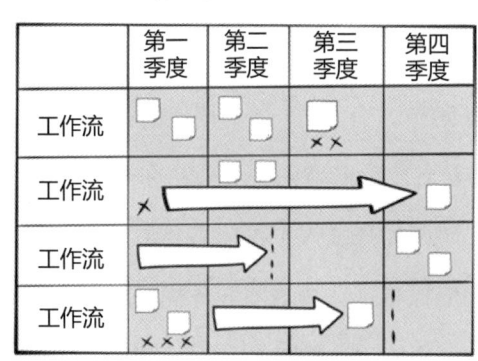

图 8.5　人力资源管理工作组合举例

在这一阶段，重新审视我们对价值的定义也很重要，要了解哪些举措会带来竞争优势或最终客户收益，而不是仅仅了解那些需要人力资源管理者完成的举措，如审计等。这些类型的讨论有助于人力资源管理者权衡那些不可协商的目标、战略目标和值得做的目标。正如我们将在下文中看到的那样，可能有必要对每个季度的价值进行排名，并制定一个评分系统来评估本季度的收入和支出。请注意，要时刻牢记每个季度从人力资源部门那里接收到的、需要发布的新产品和解决方案。经理或员工是否有时间和空间来改变行为或使用新的技术工具？如何将这项工作与其他的支持职能相连接，并且使我们的工作和发布可以同步进行？

他们怎么说

昨天，梅甘（Megan）对业务的概述给我留下了深刻的印象。在我和我的团队都没有任何参与的情况下，她就能清楚地表达出我们的战略和明年的重点。有这样一位人力资源合作伙伴如此支持我们并了解我们的业务，确实让人振奋。

> 一位人力资源业务合作伙伴在使用了上述业务优先级排序方法后，收到的来自业务主管的匿名回复。

最后，所有的这些内容都需要针对人力资源团队的真实能力和工作量进行评估。值得注意的是，我们永远无法以百分之百的工作量运营，我们建议使用接近70%的比例来设定工作量，还需要考虑假期、病假和业务紧急情况，以及所有那些计划之外和意想不到的事情，这将会影响我们工作流的可持续性。在这个讨论中，说"不"的力量是非常重要的，专注于做好一件事，比同时做多件事能为企业带来更多的价值。

应用优先级排序的工具

敏捷 HR 团队有许多种有用的优先级排序工具。下面是我们最喜欢的一些工具。

风险与价值网格

如图 8.6 所示，这个网格可以帮助人力资源团队识别和管理项目风险。通常，网格中所使用的风险定义包括举措失败的可能性（例如，越复杂的项目，其风险越高），以及举措不成功所带来的后果（例如，如果没有完成某些工作，就会增加企业的合规风险）。当使用这个网格时，人力资源团队通常会跳到那些被认为是低风险和高价值的举措上，因为它们更容易完成。这样做的代价通常是将高风险和高价值的举措留待以后执行，或者尝试通过大规模的工作实施来完成这些举措。作为一项补救措施，我们鼓励人力资源管理者首先评审高风险和高价值的内容，并将其分解为更小、更易于管理的工作模块。

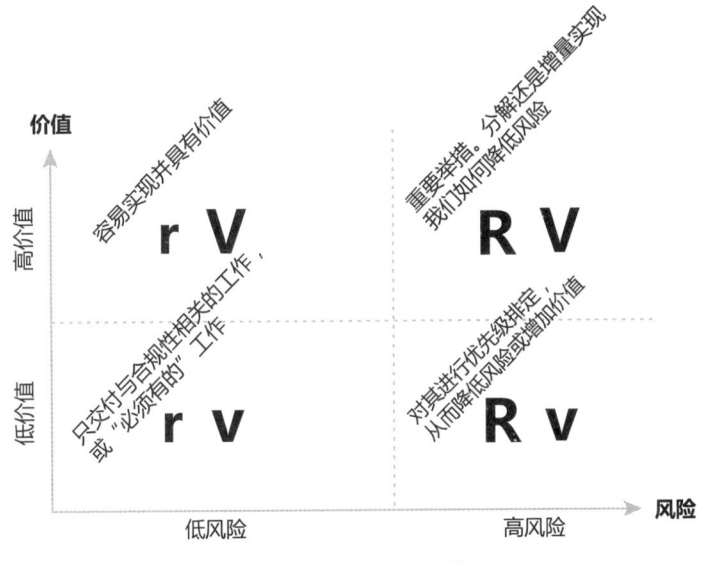

图 8.6 风险与价值网格

MoSCoW 方法

MoSCoW（见图 8.7）是一种非常好用的方法，适合对产品或服务所需要设计和交付的特性进行优先级排序（Richards，2007）。人力资源团队通过有效地利用它与利益干系人合作，可以在给定的预算或时间周期内，确定优先级顺序并决定聘用哪些角色。

使用 MoSCoW 方法，首先，应确定哪些特性是"必须有的"或不可协商的，必须具备这些特性，才能使产品或服务发挥作用；其次，确定"应该有的"特性，即可以让产品或服务可用或受欢迎的特性；再次，识别出"可能有的"特性，这将有助于我们取悦客户（然而，一般来说，我们不可能将所有特性都交付给客户）；最后，运用 MoSCoW 方法识别出"不会有的"特性，尽管以后随着需求的变更，这些特性需要进行定期评审，但是在当前阶段，人力资源团队需要说"不"。

第三部分　支持人力资源管理的敏捷 HR 工具包

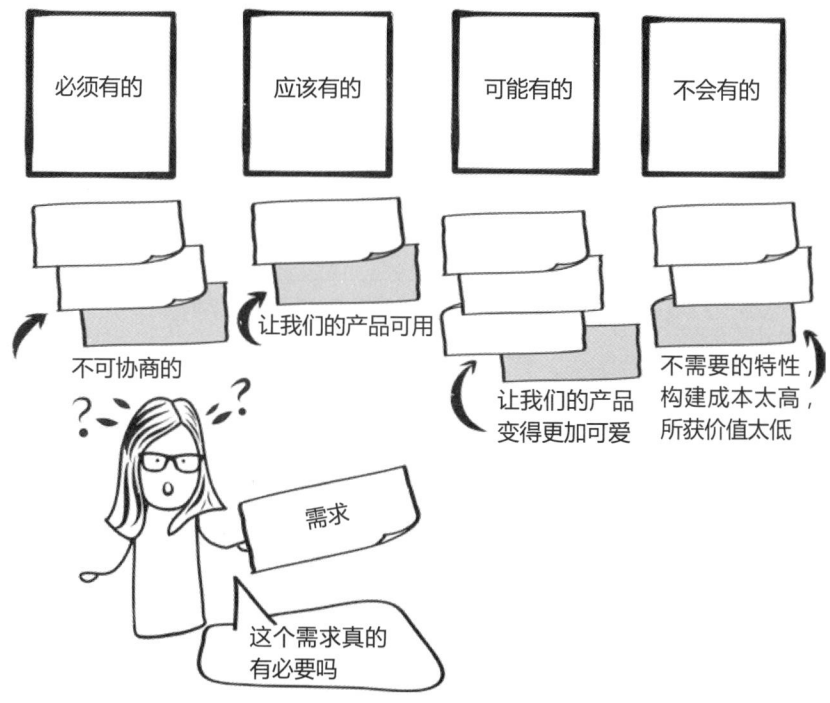

图 8.7　MoSCoW 方法

资料来源：动态系统开发方法（DSDM），1994 年。

他们怎么说

其实，产品管理的理念并不在与人力资源管理相关的图书里。这个理念是让你假设自己拥有一个产品，或者把人力资源管理流程看作一位员工必须购买的产品。这个理念需要你倾听自己的客户，这样才能帮助你开发出客户真正喜欢的产品。现在，很多这样的工作都要移交给人力资源部门了，并且在实践方面真的开始起作用了。

——乔希·伯尔辛，全球行业分析师

投入和影响网格

大多数人力资源团队认为这个网格（见图8.8）易于使用，并且是一种有效的方法，可以在有限的资源和生产能力下确定应该交付什么内容。在使用这个网格之前，很重要的一点是要清楚地定义投入和影响的含义，以及它们对于我们所处的组织环境意味着什么。

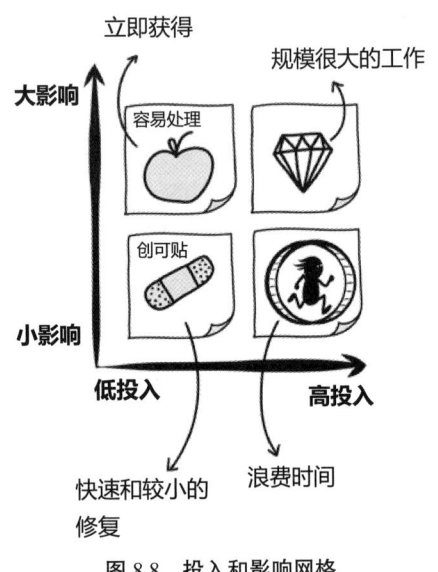

图 8.8　投入和影响网格

价值矩阵

当人力资源团队需要对不同举措的价值进行比较，并根据每项举措在整个组织中提供的总体价值来确定花费时间和精力的优先级顺序时，价值矩阵（见图8.9）是非常有用的。虽然对不同举措进行估算并不科学，但是它有助于使决策更加直观和系统化。请记住，价值驱动因素应该根据组织环境进行更新，并且要让这些因素及时地反映某个时刻的情况。

如何更加客观地讨论举措

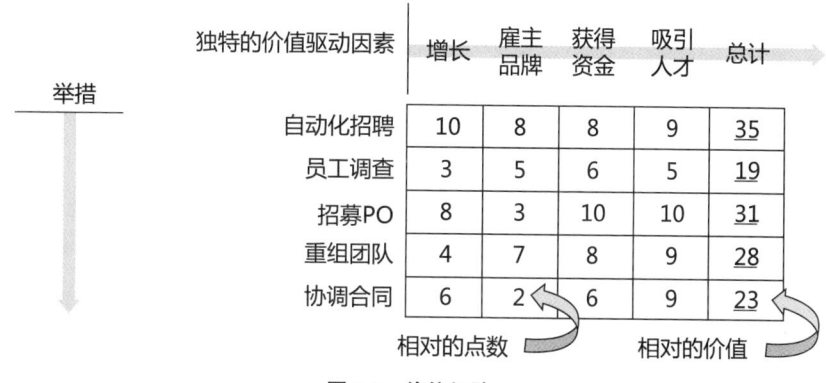

图 8.9 价值矩阵

强制排序

强制排序（见图 8.10）是一种有用的排序机制，可以采用协商一致的方法，或者邀请每个人对他们提出的举措进行排序，然后进行比较。

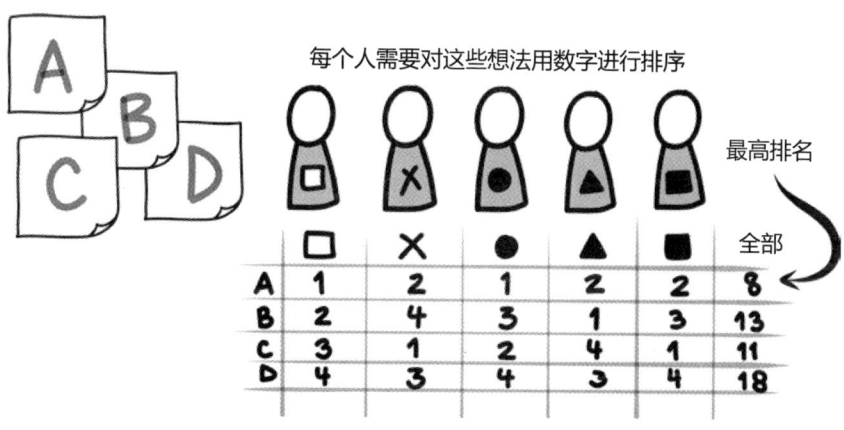

图 8.10 强制排序

气泡排序

气泡排序（见图 8.11）是一种最不客观的方法，它邀请人力资源团队将每个新条目与列表中已有的条目进行比较，通过讨论来对优先级排序达成一致。讨论中可以随时展示相关的证据，或者让人们通过直觉进行判断。

图 8.11　气泡排序

其他有用的优先级排序工具如下。

- 点投票——每个人获得相同数量的点，大家将这些点投注到他们认为最重要的条目上。
- 加权点投票——领域专家比其他人获得更多点数，然后再进行投票。
- 询问最高收入者的意见。通常我们不建议这样做，但有时从人力资源管理的视角来权衡他们的意见也是有用的。

觉察人性的因素

我们认为至关重要的一点是,在流程中,要始终保持对人性因素的觉察,将其作为一种安全保护,从而确保人力资源管理者所做的每件事都以人为中心。我们可以问以下问题。

- 在执行流程前,我们的战略是否支持员工?
- 在投入项目前,我们是否需要进一步探索具体举措中关于人性的体验(参见第9章)?
- 我们是否考虑了组织变革的道德和伦理的含义,以及对员工日常生活的影响?

我们认为,如果通过遵循基于证据的方法,并使用利益干系人和员工输入的信息来共同创建战略,那么人性的因素将得以体现。在这个阶段,有一种总是有用的方法,即扮演魔鬼代言人的角色,挑战你的思维。

围绕商定的优先级进行自组织

所有这些步骤的结果是一个清晰的路线图,说明人力资源管理者将提供什么和不提供什么,并有助于指导下一季度与更广泛的业务部门(更重要的是,在我们自己的团队内部)进行讨论,以此来排定工作优先级。例如,如果人力资源管理者需要立即采取行动来解决一个不可预见的问题,如社交媒体声誉危机,那么人力资源管理者必须非常清晰地知晓可以终止或者推迟哪些工作,从而全力投入解决社交媒体声誉危机的工作中(见图8.12)。

图 8.12 重新排定人力资源管理工作组合的优先级

8.4 处理待办事项列表

在战略层面上,员工举措和常规服务的工作可以根据业务价值进行优先级排序,并通过工作组合将其可视化。然后,可以将这个高层级的愿景直接反馈到团队级和基于项目的待办事项列表中,并由团队就如何完成日常工作做出决策。信息的透明化是采取这种工作方式的核心,正如我们在第 5 章中看到的,工作是由团队根据客户价值、技能和产能,从待办事项列表中拉动出来的。

现在,许多敏捷 HR 团队使用一个排定了优先级的待办事项列表来管理他们的工作,这让他们可以在更广泛的业务活动中赢得认可。通过共享和使用待办事项列表,高层级的利益干系人和员工都可以快速判断人力资源团队的定位和工作焦点。当人力资源管理活动与其他敏捷仪式（如内部客户演示和计划会议）相结合时，企业中的每个人都应该能够跟踪人力资源管理者所做的选择，可以看到人力资源管理者在何处及如何花费时间。

每一项人力资源管理举措还应清楚地说明何时完成工作，以及预期的结果是什么，最好用相关的度量指标和 KPI 加以规定。人力资源团队还应将主要的 KPI 与业务目标相结合，并确保这些指标基于成果，而不仅仅是基于活动。例如，我们将不再说"人力资源部门将在明年提供 5 个销售开发培训的项目"，取而代之的是，我们会说"我们设定了一个目标——将战略客户群增加 10%"。

DoD 也是一个有效开展对话的工具，可以用于与业务团队进行优先级排序。我们常常惊讶地发现，当我们与业务人员测试基本需求时，他们对我们的产品或服务的需求往往比我们提供的要少得多。人力资源部门常常希望设计出完美的产品，而企业却希望设计出可行的产品。敏捷 HR 管理者还需要拥抱敏捷反馈循环，以不断验证交付的价值，并重新评估正在进行的待办事项工作。一旦价值切片准备好了，就应该与利益干系人和用户一起进行评审，以确保工作确实完成了，并检查是否需要进行改进和更新。

通过处理待办事项列表的工作，人力资源部门变得更加专注和以行动为导向，我们把那些很宽泛的话题（如发展成长型思维或者培养未来领导者）转变成切实可行的任务，然后通过相关的验收标准和 DoD 对其进行评估。

8.5 结论

我们通过明确定义每一项员工举措和常规服务可以为组织提供的价值，然后根据这些价值来排定优先级，考虑人力资源管理者应该将时间和精力投入在何处。这样一来，我们就有机会将自己的职业改造成一个可以增值的职能，而不再是一个事务性的服务职能。我们鼓励你尝试使用本章中所讨论的工具和技术，并开始建立有效的方法，帮助我们将无休止的人力资源愿望清单转化为有目标的工作条目，从而为企业、员工和最终客户提供共享的价值。

面向人力资源管理者的关键要点

- 在战略层级上，员工举措和常规服务是基于价值的，并通过人力资源管理工作组合进行可视化呈现。
- 可以将人力资源管理工作组合直接输入团队层级和基于项目的待办事项列表中，由团队就如何完成日常工作做出决策。
- 针对人力资源管理工作组合中包含的员工举措和常规服务的价值，应该根据不同的价值驱动因素进行评估，这些因素包括战略价值、使能价值、目标驱动价值、员工价值和最终客户价值。
- 以下七个步骤将帮助人力资源团队确定其人力资源管理工作组合的优先级，并指导团队层级待办事项列表中的工作：
  - 评估业务的优先级；
  - 评估员工和文化风格；
  - 提供见解；
  - 与利益干系人共同创建待办事项列表；
  - 应用优先级排序的工具；
  - 觉察人性的因素；
  - 围绕商定的优先级进行自组织。

参考文献

Hellström, R (2020) Interview With Josh Bersin, Global Industry Analyst, 20 January.

Pink, D (2011) *Drive: The surprising truth about what motivates us*, Riverhead Books, New York.

Richards, K (2007) *Agile project management: Running PRINCE2 projects with DSDM Atern*, Office of Government Commerce. The Stationery Office, 31 July.

Ryan, R M and Deci E L (2000) Self-determination theory and the facilitation of intrinsic motivation, social development, and well-being, *American Psychologist*, 55 (1), p 68.

Volini, E et al. (2019) 2019 Global Human Capital Trends, Introduction: Leading the Social Enterprise – Reinvent With a Human Focus, *Deloitte*, 11 April.

| 第 9 章 |

敏捷 HR 工具包：共同创造

9.1 概述

共同创造是指将人力资源的产品或服务的设计，与更广泛的业务环境和解决方案真正融合在一起，并借鉴本书第 4 章中所讨论的设计思维和技术，以共创的方式帮助人力资源管理者和团队明确定义他们需要解决的业务挑战，并在完全致力于组织变革项目或服务设计之前对可能的解决方案进行测试。当人力资源管理者需要解决重大、复杂的工作环境问题，而这些问题的答案还不能够明确时（如多样性、包容性或幸福感等），共同创造尤其有用。共同创造也是一种有效的方式，可以超越预定义的人力资源管理流程（如绩效管理系统和能力框架），并重新思考设计人力资源管理实践和员工体验的方法。

在本章中，我们主要从设计思维的角度来看待共同创造，但值得注意的是，对敏捷 HR 团队来说，共同创造的过程可以发生在多个层面上。共同创造不仅有助于人力资源部门真正了解员工的体验，也有助于引导员工更成功地完成组织变革,因为人力资源部门确实与员工一起参与变革,共同测试和验证结果。人力资源部门不再通过变革来管理员工,而是与员工共同创造变革。此外,共同创造由来自业务部门的员工直接在人力资源团队中工作,通过一起努力来产生结果,我们将在第 10 章中进一步探讨这一话题。

> **他们怎么说**
>
> 敏捷不是答案,除非你知道问题所在。
>
> —— 特雷西·沃特斯,某大型媒体和电信公司的员工体验总监

9.2 人力资源管理中的设计思维

如果我们开始和员工谈论职场话题,如职业发展和薪水,那么很多答案都会受到个人动机和固有信念的影响。由这些观点所产生的一些意见或假设,与在商业环境中应该如何开展人力资源活动有关。设计思维有助于人力资源管理者超越这些相互竞争的观点,并考虑如何进行场景化的设计,这与我们所在组织的特定价值观相吻合。这些方法还使人力资源管理者能够对员工在工作中的真实经历产生同理心并真正了解他们的状况。

设计思维有助于人力资源管理者挑战根深蒂固的思维模式,并确保在进入解决方案模式前,对职场中的问题进行适当的调查。例如,公司的一项数据调查发现,在一个面向毕业生进行招聘的项目中,接收录用通知的毕业生和真正前来报到的毕业生人数相差悬殊。基于这种情况,一支人力资源团队开始对整个毕业生

招聘项目进行重新设计。然而，在设计新的招聘流程前，人力资源团队做了深入的用户研究和原型设计，并发现这个问题的解决方案仅仅需要毕业生在正式报到前，由经理给他们拨打一个电话。这个电话可以让毕业生感受到尊重和被需要，因此，他们更有可能按时报到。人力资源团队通过使用一种设计思维提前验证某个假设，能够创造一个简单、低成本的方案，从而也就不需要再设计一个全新的面向毕业生的招聘项目了。

为了运用设计思维，我们建议让员工参与到一个设定了时间限制的冲刺中，或者将这些步骤合并到一般的敏捷工作中。我们发现，设计冲刺方法对人力资源团队非常有用，他们需要将战略工作与常规工作分开，并能在投入更大的项目冲刺或产品开发工作前对想法进行快速的验证。设计冲刺有多种形式，可以是一个有针对性的为期 5 天的冲刺，也可以是持续几周的冲刺，这取决于项目的规模和团队成员所能够投入的时间。

例如，一家拥有超过 5 万名员工的全球性公司正在开展一个巨大的组织变革项目，目的是让大部分员工在数字化和客户咨询能力方面提升自己的技能，以便向最终客户提供新型产品。根据目前的项目进度，如果采用传统的分级决策、委员会会议，以及职能筒仓化的团队形式，至少需要 6 个月的时间来设计和商定工作的核心要素。人力资源部门的领导邀请了来自人力资源部门和业务部门的 12 名同事，进行了一个为期 6 天的设计冲刺，并与公司中一些选定的员工进行了几小时的沟通，以进行用户访谈、测试和反馈。这个小组遵循敏捷的方法，利用 6 天时间来探索业务，广泛研究用户体验，集思广益地讨论不同的想法，然后测试和验证可能的解决方案。在设计冲刺结束时，人力资源团队所取得的关键成果是产生了一系列的设计原则和一个核心的产品大纲，可以进入后续的开发工作，而这些开发工作也已经得到了董事会的批准。这意味着，他们基本上将 6 个月的工作快速执行了一遍,并且在很短的时间内对大部分业务场景进行了验证。

9.3 在入职场景中应用设计思维

现在,我们将展示在一家成功的中等规模的技术公司中,人力资源部门如何将设计思维应用到员工入职的流程中。这个项目是虚构的,但是它包含了我们在现实项目中遇到的一些情况。我们之所以选择入职的场景,是因为这是一种最常见的场景,人力资源管理者要想改进或重新设计员工体验,就需要与其他职能部门(如 IT 支持部、后勤部和信息部)协作,以实现端到端的内部客户旅程。我们将遵循第 4 章中所描述的步骤(这是我们为所有敏捷 HR 管理者推荐的步骤)来演示如何在每个阶段中使用不同的技术来定义问题,然后快速测试和验证解决方案。我们建议你在阅读的同时进行思考并做一些笔记,以更好地理解如何在自己的工作环境和角色中应用以下模板和工具。

我们将遵循图 9.1(参见第 4 章)中所展示的设计思维步骤。

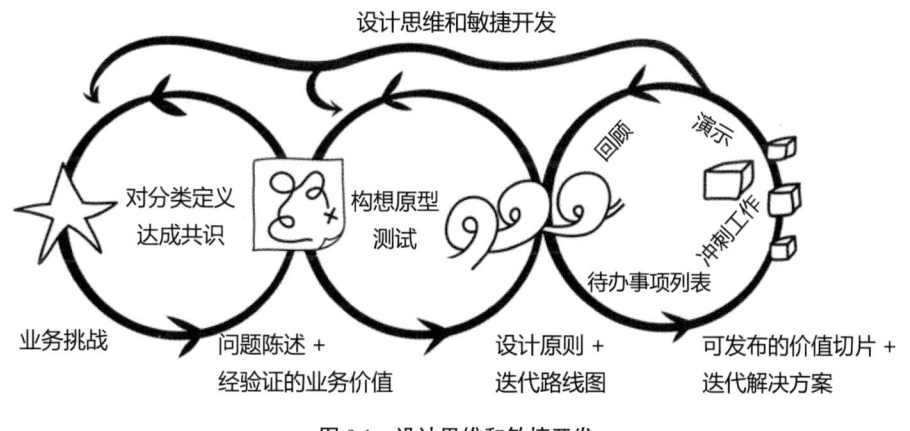

图 9.1 设计思维和敏捷开发

9.3.1 入职场景案例：背景

该入职项目将在一家中等规模的技术公司中进行。该公司目前处于高速增长时期，在过去 3 年中，其员工人数从 700 人增加到 1 500 人。大多数员工都在总部的同一地点办公，然而，该组织鼓励灵活的工作安排，而且几乎每周都会安排许多远程的工作。该公司的主要业务是为客户提供技术解决方案，并提供基于云的软件应用程序、客户关系管理（CRM）集成、商务网站管理、接入人工智能（AI）的小型数字化工具，以及移动应用程序。目前，该公司的人才战略是用高于市场平均水平的薪水来吸引优秀的人才。同时，该公司提供一系列福利来适应员工的多样性，并提供许多有吸引力的服务，如免费午餐和带宠物上班。该公司认识到了建立一个超越传统组织边界的人才社区的重要性，并鼓励员工组织聚会、举办技术工作坊和会议。员工的使命是通过伟大的技术解决方案为公司未来的发展做好准备。

9.3.2 入职场景案例：遵循设计思维的步骤

A. 业务挑战：首先，明白为什么要这么做。

B. 共情：深入了解员工体验。

C. 分类：发现重要时刻。

D. 定义：明确我们需要解决的问题是什么。

E. 构思：头脑风暴和挑战假设。

F. 原型：将优先的解决方案带到现实生活中，与真实用户一起测试。

G. 测试：弄清以下两个问题：它能让客户满意吗？我们将首先提供哪些价值？

现在，我们将按照从 A 到 G 的顺序，完成每一个步骤。

A. 入职案例：业务挑战

在这一步中，我们将：

（1）通过一种基于证据的方法来识别问题；

（2）通过使用一套模板来概述业务挑战；

（3）获得资金赞助，为后续的设计冲刺做准备。

（1）识别问题

在公司最近的一次员工职业脉搏调查报告中，重点强调了新员工入职体验的问题。有些员工在入职时并不知道企业对自己的期望，而另一些员工则感觉很挫败，因为他们找不到合适的资源，也没有在企业中建立起自己的人际关系，并且觉得自己在入职最初的几个月完全没有发挥出自己的潜力。

还有一些数据显示，有 20% 的新员工在入职前 6 个月内离职，而且这一比例居高不下。如果考虑到严峻的人才市场和高薪的吸引力，这确实是一个风险。针对这个问题，员工分析团队称，新员工离职率降低了企业寻找人才战略的投资回报率（ROI），因为新员工需要 6~9 个月才能达到较高的绩效水平，所以对企业而言，招聘成本和已经支出的工资都没有得到回报。也有一些证据表明，某些新员工已经流向了一些关键的竞争对手那里。

此外，最终客户的净推荐值（NPS）显示，一些特定的客户项目受到了新员工过早离职和频繁流动的影响。团队绩效和速度也会因此受到负面影响，因为团队的现有成员需要花时间招聘和指导新员工，这是企业的另一种间接成本。这种情况引起了回顾会议上的一些负面的讨论，一些老员工表示不想再参与新员工的招聘活动。

敏捷 HR 团队认为，企业在新入职人员的管理上存在一些潜在的问题，并建议使用一个设计冲刺来进一步调查这些问题。

（2）概述业务挑战

目的：让敏捷 HR 团队认识到他们所面临的业务挑战，并与业务利益干系人和高层领导者一起讨论。

如表 9.1 所示，业务挑战模板可以用于捕获业务挑战的信息，并阐明如果我们解决了这些问题，将会给业务、最终客户和员工带来哪些价值。

表 9.1　业务挑战模板

业务挑战		
声明问题并概述其对业务的影响（包含成本、风险和失去的机会）		
业务价值 如果问题得以解决，所能实现的战略业务价值	最终客户价值 如果问题得以解决，所能交付给最终客户的价值	员工价值 如果问题得以解决，所能带给员工的价值
指标 如何进行度量	指标 如何进行度量	指标 如何进行度量

现在，让我们看看如何将业务挑战模板应用到入职场景的案例中（见表 9.2）。

表 9.2　在入职场景的案例中使用业务挑战模板

业务挑战		
我们所提供的入职体验无法让新员工满意，也无法留住新员工 目前，较高的新员工流失率对业务成功产生了负面影响，表现为最终客户的 NPS 得分很低，也未能实现人才获取战略的投资回报率 通过将新员工流失率减少 50%，企业将节省大约 130 万美元的薪金损失、间接和直接的招聘成本，以及花在入职流程上的费用，同时也能对改善团队绩效有所帮助		
业务价值 可以实现人才获取战略的投资回报率，还可以减少新员工实现最佳绩效所需的时间，从而对业务成果产生积极的影响	最终客户价值 一个卓越的入职流程，可以通过保持预期的交付成果和绩效水平，以及鼓励对于创新的新构思，从而让最终客户感到满意	员工价值 新员工感到获得了支持，他们能够并愿意立即为提升团队绩效做出贡献；老员工也很支持入职流程，并将其视为自己职业发展的一种体验和对团队绩效的重要贡献

（续表）

指标	指标	指标
招聘质量、客户反馈、绩效反馈、入职反馈，以及团队反馈	预测的准确性（团队必须能够估算出办理入职流程的速度及其对自己工作的影响）、最终客户反馈、产品团队反馈	新员工保留、新员工反馈，以及老员工推荐的应聘人员的数量

（3）获得资金赞助

敏捷 HR 团队获得资金赞助，以便能够进行一个较短周期、目标明确的设计冲刺，从而讨论他们所面临的业务挑战。企业同意由人力资源部门、IT 部门和后勤部门，以及最近新招聘的一名敏捷教练，共同组成一支临时团队来执行设计冲刺。团队还将确定一个专职的 Scrum Master 和一个专职的 PO，如果项目在实施设计冲刺后进入了产品开发的下一个阶段，那么这两个角色仍将继续发挥作用。

HR 重点提示

共同创造的提示：业务挑战

- 虽然人力资源管理者可能会非常熟悉上述的入职场景，但是，请记住，每一项业务挑战都具有独特性，它们是处于不同场景中的。虽然我们可能会想到一些很好的即时解决方案，但是，首先探索事实和收集数据是至关重要的。
- 还有一点也很重要，就是要把企业中的人才和文化举措与业务指标联系起来，以获得必要的资金投入和赞助款项。例如，我们不应该只局限于通过调查问卷来获得简单的分析和回应，而是要以此为基础，对问题及其对业务成功的影响做出明确的概述。

- 为了能在谈判桌上占有一席之地，我们需要像科学家一样思考，并采用基于证据的方法，通过员工数据、业务指标和市场研究来丰富我们的专业观点（参见第 11 章）。
- 共同创造有助于人力资源部门了解企业领导者和团队痛点的方案，并使我们能够识别出通过人才和文化举措，组织可以在哪些方面获得竞争优势。

B. 入职案例：共情

接下来，我们需要深入研究用户体验，并从多个角度对问题进行探索。

在这一步中，我们将：

（1）通过"以人为中心"的提问来进行用户访谈；

（2）通过使用一套模板来构建用户画像；

（3）通过使用一套模板来绘制员工体验地图；

（4）对早期离职人员进行研究，探索他们离职的原因；

（5）观察、评估员工的行为。

（1）进行用户访谈

通过开展团队讨论并进行头脑风暴，识别出一系列"以人为中心"的用户访谈问题，向 25 位真实用户询问他们的入职体验。这些用户包括最近入职的新员工、老员工，以及像 Scrum Master 和业务领导者这样的角色。访谈的目的是探索用户的想法、情绪和动机，从而确定痛点、重要时刻，以及员工为什么会做出某些选择或者以某些特定的方式行事。

访谈新员工的问题举例如下。

- 你在公司的第一天/第一周/第一个月中，发生了什么？
- 你现在的感觉怎么样？
- 这些感觉背后的驱动因素是什么？
- 你刚加入公司时，对你影响最大的是什么？
- 为什么会这样？
- 当你第一次接触要一起工作的新团队时，你找到了哪些资源和关系？
- 你从团队成员或伙伴那里得到了哪些对你产生重大影响的支持？

(2) 构建用户画像

通过一些初步的用户研究，团队确定了五种关键的用户类型，并针对入职流程为这些用户创建了用户画像，通过与内部客户代表一起测试他们在现实场景中的行为，进一步验证了这五种用户画像。

图9.2所示的模板可以用于获取用户画像的基本信息。

现在，让我们看看如何在这个入职案例中使用用户画像的基本信息。图9.3呈现了新员工Sonia的用户画像。

图9.4展现了老员工Stefan的用户画像。

用户画像的基本信息

目标	挫折
2个个人目标：他们想成为谁	2项挑战、障碍和痛点
属性	**需要**
3个描述个人特征的关键词	2个在生活中需要的东西：什么是最本质的东西

人物背景
迷你的生活故事

姓名
虚构一个姓名

职业
具体描述出来

年龄
数字，而不是一个范围区间

个人名言
1个简短的陈述可以让人更好地了解这个用户形象

图9.2　用户画像模板

用户画像的基本信息

目标	挫折
30岁时拥有自己的家，35岁时成为一名导演	规则对她来说没有意义，无聊和重复，不公平
属性	**需要**
善于交际、工作勤奋、价值驱动	对团队有归属感，要感觉到她的工作是与众不同的

人物背景
去年搬家到伦敦，现在她和Gary合租了一套房子。Sonia在上一家公司任职期间，完成了为期两年的研究生课程学习。现在，她对自己职业生涯的第一次大变动感到兴奋

姓名
Sonia

职业
用户体验设计师

年龄
26岁

个人名言
生命短暂，要活得精彩

图9.3　Sonia的用户画像

	用户画像的基本信息	
	目标 以培养卓越的团队而闻名，成为一名敏捷转型教练	**挫折** 不能成为团队成员，来自高层领导者的微观管理
姓名 Stefan	**属性** 善于交际的人、伟大的倾听者和指导者	**需要** 对组织目标有所贡献，每天的工作都有所不同
职业 Scrum Master	**人物背景** 现在，Stefan 已经担任 Scrum Master 三年了，并准备好进入他的下一个角色。在这段时间里，他收到了一些很好的反馈，他帮助入职的新员工很好地融入整个组织的不同团队	
年龄 35 岁		
个人名言 敏捷是一种生活方式		

图 9.4　Stefan 的用户画像

（3）绘制员工体验地图

为了进一步调查用户体验，团队根据从用户访谈中收集到的反馈信息，绘制了五个员工入职旅程的用户画像。团队还邀请了一组代表每种用户类型的员工来验证这些研究结果。

图 9.5 所示的模板可以用于绘制员工体验地图。

	步骤 1	步骤 2	步骤 3	步骤 4	步骤 5
将员工体验/旅程的步骤映射到一个具体的用户画像或流程中					
添加该用户做了什么					
想到了什么					
感觉到了什么					

图 9.5　员工体验地图绘制模板

> **HR 重点提示**
>
> 当你使用上述模板时，请遵循以下步骤。
>
> **第一步：画出流程或旅程的步骤**。例如，新员工在入职第一周，将其在工作场所中所做的事情记录下来。例如，"该员工在入职第一天第一个到达公司，在前台等待了 1 小时，因为该员工的信息在系统中没有被正确地记录"。
>
> 第二步：在记录旅程中的每个步骤后，使用模板中的记录框 ——**"做了什么""想到了什么""感觉到了什么"**，来探索用户角色的体验，具体包括以下内容。
>
> 记录该用户在旅程中的每一步都**"做了什么"**。这需要对用户行为进行描述。例如，在步骤 1 中，用户"在前台等待着"。
>
> 一旦所有的行为步骤都记录完成了，就以问题的形式，描述该用户在旅程的每个步骤中都**"想到了什么"**。例如，对于步骤 1，用户想到"为什么公司不知道我今天要来办理入职手续"。
>
> 一旦所有的思考步骤都填写完成了，就描述出该用户在旅程的每个步骤中都**"感受到了什么"**。例如，对于步骤 1，用户感到"失望和沮丧"。
>
> 一旦完成以上所有步骤，我们就可以评估该用户在员工入职流程中的完整体验。我们还建议分别记录员工的见解和想法，以便在最后进行回顾评审。

（4）对早期离职人员进行研究

人力资源团队联系了 10 名在入职 6 个月内就离职的员工，以便了解他们的想法和面临的挑战，从而了解他们为什么会离职。为了让研究工作尽量保持简单，团队通过 LinkedIn 社交平台联系到了这些人，并通过视频或电话对这 10 人进行了访谈。

（5）观察

最后，为了进一步验证那些预先持有的观点的正确性。一些参与设计冲刺的团队成员花了一天时间来观察新员工的行为，并根据既定标准将他们的发现记录下来。

HR 重点提示

共同创造的提示：共情

- 请记住，当我们研究用户体验时，我们在寻找痛点、关键时刻，以及需要为员工和企业解决的问题。

- 我们同时也强调那些做得出色的工作，这样我们才能在此优势的基础上再接再厉。

- 用户画像是人力资源管理者可以使用的一种有效的工具，因为用户画像帮助我们打破了"员工"和"经理"的分类标准，可以了解不同的员工群体，这样我们就可以开始对我们的产品或服务进行个性化设计。

- 在使用用户画像时，许多人力资源管理者担心无法捕捉到员工所有不同和独特的方面，但是，我们发现通过识别出 8~10 个用户角色，就可以满足最重要的员工或用户的需要。

- 用户画像使人力资源团队能够捕捉到不同员工群体之间的主要差异和相似之处，并决定应该首先实现哪些特性，而其他特性可能需要在后续的迭代中再加以实现。

- 通过覆盖不同民族、文化、宗教和体能的群体，确保用户画像能够反映出良好的多样性，以便从多个角度来测试员工体验。

- 我们建议你与员工面谈，以测试和验证所有的用户画像。这样做可以通过向员工展示用户画像，并询问："如果我们满足这些用户角色中所设定的需要，你的需要能否得到满足？"请注意，要找到百分之百匹配的用户画像是不可能的。
- 现在，许多敏捷 HR 团队使用一个用户画像库来指导他们所有的项目工作，并不断检查人力资源管理流程和系统的设计。
- 一旦我们了解了当前的员工旅程和体验，人力资源团队就可以使用相同的技术，基于新的设计，绘制出一个理想的员工旅程和体验。
- 上面列出的方法并不是新方法，大多数营销和设计团队已经使用过这些技术了。
- 人力资源管理者要想理解并共同创造出色的员工体验，良好的共情能力是必不可少的。我们鼓励人力资源管理者通过在企业的其他部门或消费市场中寻找案例，来取得更多的收获。

在共情步骤结束时，人力资源管理者应该对问题有更深入的了解，并清楚如何在整个企业中形成不同的员工体验。

C. 入职案例：分类

现在，我们需要对收集到的所有信息进行分类。

在这一步中，我们将：

（1）整理用户研究，并确定模式；

（2）发现重要时刻，以帮助我们排定问题的优先级，确定需要最先解决的问题。

(1) 整理用户研究

团队采用渗透和分组的方法,将所有相关信息都贴在墙上,然后通过讨论得出相关的主题和模式。主要的发现包括以下几点。

- 我们假设新员工需要接受一天的入职培训,这样就可以从不同的部门负责人那里了解公司的概况。但是,大多数新员工认为这样做并没有用,而且这些信息常常会被淹没。
- 我们假设公司内部网站是新员工寻找资源的主要工具。但是,很多新员工觉得这些网站上的信息并不直观,他们更倾向于直接向在职员工询问,以获得帮助。
- 设计冲刺团队还发现组织通常采用的方法是在新员工入职前 6 个月内,让他们在 3 支不同的团队中进行轮岗,这样有助于新员工更深入地了解组织中的各项工作。但是,这样做在很大程度上扰乱了刚刚建立起来的团队关系。
- 一个积极的发现是,公司让新员工建立与组织愿景和目标强烈的文化连接,设计冲刺团队发现这种现象从招聘阶段就开始了,新员工会变得更加强大,即使是那些在早期离职的员工,也仍然相信公司的使命。
- 另一个发现是,我们假设新员工是一张"白纸",需要接受教育和指导,而许多新员工认为他们从以前的角色中获得了丰富的经验和知识,但是,这些经验和知识往往没有得到重视,有时,在最初的几个月里也没有被发现。

(2) 发现重要时刻

为了发现入职体验中每个用户画像的重要时刻,设计冲刺团队回顾了他们之前记录的旅程步骤（见图 9.5），并使用圆点贴投票的方法，让每个人在他们认为对用户画像最重要的时刻（或特定的旅程步骤）投出 3 张圆点贴（可以将这 3 张票全部投给旅程中的某一时刻，也可以投给多个不同的时刻）。通过这种方法可以识别出以下几个重要时刻。

- 对新员工 Sonia 来说，重要时刻如下。
  - 第二天，Sonia 被告知她的笔记本电脑还有一周才能到位，而且因为她的团队所在的区域没有足够多空闲的办公桌，她需要在另一个地方办公几天。
  - 在第二周结束时，Sonia 开始觉得她以前的经历没有得到其他团队成员的认可，而原本她可以做出更多的贡献。
- 对老员工 Stefan 来说，重要时刻如下。
  - 在第四周结束时，一名新员工轮换到一支不同的团队，而此时这名新员工刚刚开始在自己的新角色中展示出不错的能力，并准备要为团队目标做出贡献。
  - 在第一周结束时，Stefan 有一个机会来指导新员工，并进一步提高自己的辅导和教练技能。

HR 重点提示

共同创造的提示：分类

- 我们在这里要做的是，在整个员工体验中找出最重要的问题，这些问题可能会影响业务成果和员工行为。
- 一定要使用定量和定性的数据来分析所有相关的主题和模式。

> - 在分类步骤中，我们需要使用批判性思维来挑战任何在设计冲刺开始时所做出的假设，并真正沉浸在我们所面临的问题的现实环境中。

分类是一个关键的步骤，它允许人力资源团队做出基于证据的决策，并清楚地证明为什么应该将精力和时间聚焦到具体的组织变革项目上。

D. 入职案例：定义

现在，我们已经对研究和发现的问题进行了分类。接下来，我们就需要清楚地定义问题，并开始对关注的领域进行优先级排序。

在这一步骤中，我们将：

（1）制定问题陈述，并验证业务价值；

（2）商定设计原则，用其指导未来的开发工作。

（1）制定问题陈述

根据到目前为止所有的调查结果和初始业务挑战中概述的指标，设计冲刺团队制定了一系列问题陈述（见表9.3），以展示并与业务利益干系人和高层领导者进行讨论。

表 9.3 问题陈述模板

用户	用户需要	令人惊讶的观点
对用户/用户画像进行命名	描述他们需要什么	令人惊讶的原因 —— 他们为什么在工作和生活中有这些需要

针对入职场景的案例，设计冲刺团队缩小了问题的范围，聚焦在对企业产生最大潜在影响的问题上。

现在，让我们看看如何将问题陈述模板应用于入职场景的这个案例中（见表9.4）。

表 9.4 在入职场景的案例中应用问题陈述模板

客户	客户需要	令人惊讶的观点
新员工 Sonia	使能：从第一天开始配备正确的工具 战略：资深的团队成员能够重视她加入团队以前的经验和技能	这样一来，Sonia 就能在工作中立即让最终客户感到满意 通过团队反馈、绩效指标和最终客户的 NPS 来衡量
老员工 Stefan	使能：通过培养新员工来提升他的个人技能 战略：当有新员工加入时，在一个月内打造高绩效团队	从培养他人中获得乐趣，并庆祝团队的出色成果 通过团队速度、团队反馈、绩效指标和最终客户的 NPS 来衡量

（2）商定设计原则

设计冲刺团队还根据用户研究中确定的主题，以及从业务利益干系人那里收到的反馈制定了三个设计原则，这些设计原则可以用于指导所有未来的开发工作：

- 培养信任氛围；
- 建立一个社区；
- 使员工能够立即为团队绩效做出贡献。

HR 重点提示

共同创造的提示：定义

- 人力资源部门很容易发现企业有许多问题需要解决，但是企业很少能解决所有问题，所以，"定义"这一步骤可以帮助人力资源部门确定问题的优先级顺序，识别出应该首先解决的问题。

- 我们建议在进入下一步骤（构思）前，与用户（在以上案例中包括内部用户和外部用户）确认问题的陈述，以确保我们已经成功地捕捉到他们的需要。
- 在制定问题陈述时，请记住，可以借鉴第 4 章中所描述的相关技术。

在进入下一步骤（构思）前，至关重要的一点是，人力资源管理者要在本步骤（定义）中对企业要解决的问题进行优先级排序，并识别出最重要的问题。一旦解决了这些问题，就能够实现大部分的价值，这样我们就可以把精力和能量聚焦到正确的领域中。

E. 入职案例：构思

现在，我们已经确定了企业需要解决的最重要的问题。接下来，我们需要通过积极和交互式的构想来探索所有可能的解决方案。

在这一步骤中，我们将：

（1）进行头脑风暴，思考问题的各个方面；

（2）评估构思，使用"影响力与工作量网格"模板；

（3）识别价值切片，评估首先要在何处做出怎样的原型和测试。

（1）头脑风暴

设计冲刺团队组织了一场构思会议，并鼓励拓展性的思维方式。他们邀请了一些典型的最终用户参与讨论，并在办公室开辟了一个用于发挥创意的工作空间。团队从进行头脑风暴开始，在相互分享和讨论前，他们都将自己的想法写在记事贴上。团队还要求每个人首先在没有预算限制的情况下提出构思，然后在只有很少预算的情况下再提出构思。

（2）评估构思

一旦团队进行了充分的头脑风暴，他们就需要专注于最好的想法，进入原型阶段。团队可以使用"影响力与工作量网格"模板（见图9.6）来对构思进行评估。

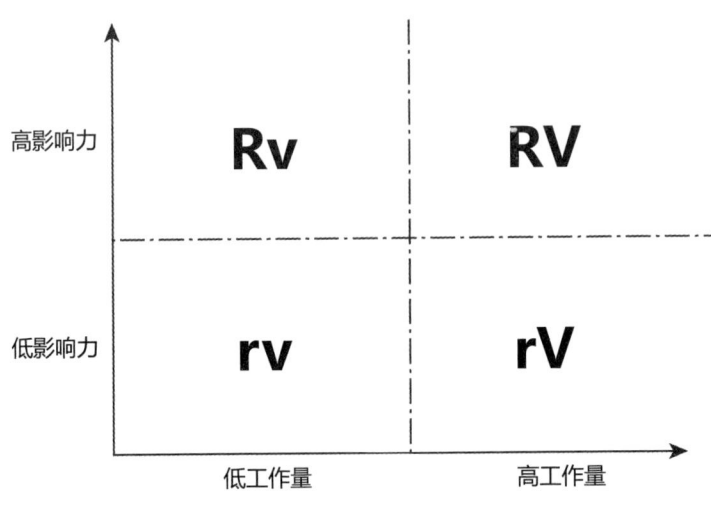

图9.6 "影响力与工作量网格"模板

现在，让我们来看看如何在入职场景案例中应用"影响力与工作量网格"模板（见图9.7）。

通过相关的讨论，团队对以下想法进行了优先级排序，并将其作为原型。

- 高影响力和高工作量：设计和采购新的入职工具包，以便让新员工入职第一天时就能收到。
- 高影响力和高工作量：每季度组织一次新员工展示日，让新员工分享他们的知识和技能，谈论个人的兴趣和激情，并与老员工建立联系。老员工可以在一些领域提供支持，从而使新员工能够进一步提高自身的能力。

- 高影响力和低工作量：新员工承诺在轮换工作岗位前，在一支团队中工作 3 个月。
- 高影响力和低工作量：在入职前，新员工与自己未来的同事（Buddy）一起喝咖啡。

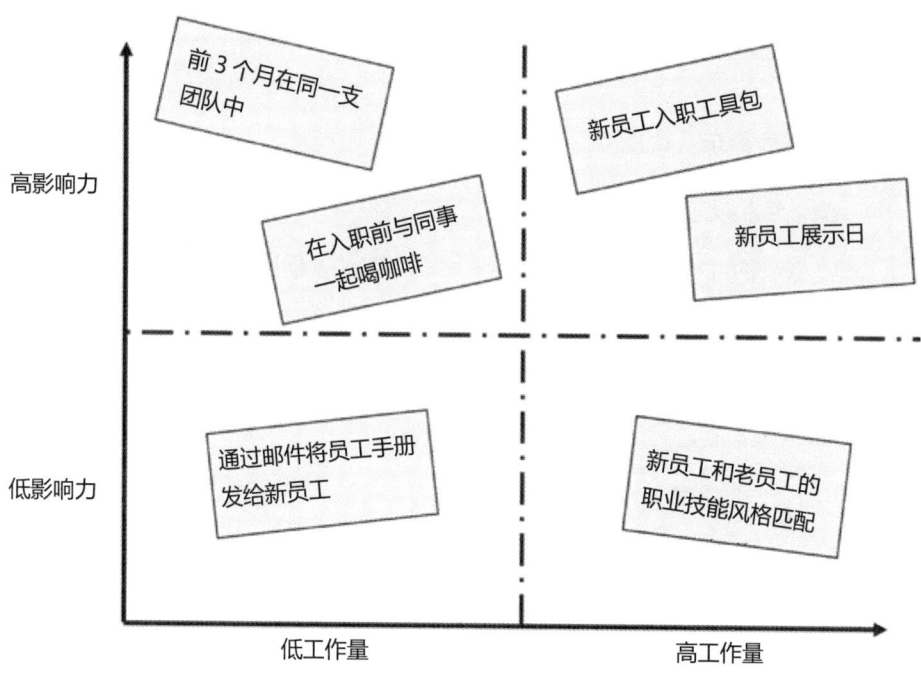

图 9.7　影响力与工作量网格：入职案例

（3）识别价值切片

设计冲刺团队也开始探索，需要基于所能提供的最大价值及如工作量、资源和可用时间等因素，来决定从何处开始设计原型是最恰当的。例如，他们探索了是否只需要关注公司中的某个角色，而不是直接为公司制定解决方案的原型。团队经过大量的讨论，并回顾了业务挑战中的初始指标，决定首先为产品开发领域的入职人员设计解决方案的原型，因为这对最终客户的潜在影响力是最大的，而且这是公司中成长最快的一个部门。他们还决定，在执行具体的团队工作前，首先制定一个新员工入职工具包的原型，这样就可以让新员工在入职后立即开始工作。

HR 重点提示

共同创造的提示：构思

- 通常，我们发现人力资源管理者对解决方案考虑过多，倾向于推出那些经过集中设计的大型项目。然而，有时那些简单且成本低廉的项目反而会带来巨大的成果。
- 我们鼓励人力资源管理者开展有创意的讨论，邀请企业中不同部门的人员都参与到创意讨论中，一起开展头脑风暴。
- 实现这一步骤的一种好方法是举办一场黑客马拉松活动，由志愿者组成的团队在规定的时间（如 1 天）内，对他们的最佳想法进行原型设计和测试。
- 在构思时，约束很重要。有时，我们想通过不受限制的思考来拓展思维；而有时也需要引入预算和时间等参数来鼓励人们思考现实的实施方案。
- 请记住，你可以使用第 4 章中所描述的构思步骤中的优先级排序技术。

构思应该是一个有趣且充满活力的步骤，有助于人力资源管理者把问题分解成可实现的价值切片，然后再集成到一个可能的解决方案上，从而产出原型。

F. 入职案例：原型

现在，我们有了一些很好的构思，但它们在现实中会起作用吗？为了找到答案，我们开始进行原型设计。

在这一步骤中，我们将使用第 4 章中所提供的相关方法构建原型。

原型设计要实用，设计将反映出我们可以有多少用户，以及其他相关因素，如时间、工作量和预算等。基于这些限制，团队决定创建两个原型，它们可以被快速构建，几乎不需要任何成本，并能够立即展示。此外，还有两个更加复杂的原型，需要企业中更多的部门给出更多的承诺，以此来进行设计和测试。

- **模型 / 新员工入职工具包** —— 他们将纸壳板进行切割，结合其他材料制作了一个工具包的模型，向利益干系人和用户进行演示。他们还编制了一份关于成本、采购需求，以及包装设计要素的报告。在制作这些模型的时候，他们意识到所有东西（包括笔记本电脑）都可以装进背包，这也是在新员工入职第一天把它送到其手中的一种很好的方法。团队想知道是否可以在新员工入职前就把它快递到新员工的手中，并把这个方案作为一个备选方案。

- **弹出式商店 / 新员工展示日** —— 公司要求上一季度入职的新员工自行组织并主持展示会议，与团队成员、PO 和 Scrum Master 分享他们的经验和技能。

- **故事板 / 新员工在开始轮岗的前 3 个月内承诺在同一团队中工作** —— 他们通过将新员工在入职后 3 个月内的工作经历呈现在故事板上，来向用户和利益干系人进行一个简短的展示。

- **真实的用户验证 / 在入职前新员工与自己未来的同事（Buddy）进行咖啡会议** —— 他们还在未来的 1 个月内组织并计划召开了 5 次咖啡会议，让新员工与自己未来的同事（Buddy）一起交流。

> **HR 重点提示**
>
> **共同创造的提示：原型**
>
> - 不使用幻灯片，而使用有形且真实的材料，将构思展示给用户。这可能有些困难，因为人力资源部门的很多方案都跟体验和行为改变相关，而不是一种实体的产品。
> - 我们发现可以把原型中的角色扮演或故事板呈现很好地用于人力资源的设计冲刺中，因为这样有助于把解决方案放到相应的场景中。
> - 确保我们明确地定义和记录我们想要通过构建原型来进行测试的这些假设。
> - 原型设计实际上可以帮助我们发现某些做法是否可行，正如上述案例中，团队发现新员工入职工具包中的所有物品都可以放进同一背包中。
> - 我们鼓励人力资源管理者构建多个原型，可以在同一时间在企业的不同部门中进行测试。
> - 请记住，对于这些原型的呈现方式，我们应该感到有些尴尬；如果没有，我们可能在后面就来不及测试了。这样做不是为了追求尽善尽美。这只是一个原型！

通常，当涉及原型设计时，"少"就是"多"。我们总是为敏捷 HR 团队感到惊讶，赞叹他们将设计方法带入生活中，产生了创新的方法。

G. 入职案例：测试

现在，我们需要对原型进行测试。值得注意的是，测试是一个独特的步骤，与原型不同。它需要我们像科学家一样思考，评估解决方案的影响。

第三部分　支持人力资源管理的敏捷 HR 工具包

在这一步骤中，我们将对照设定的标准和假设来测试原型。

设计冲刺团队对以上列出的每个原型进行测试，并根据业务价值、最终客户价值及员工价值这三个方面进行评估。团队还设定了一个假设来测试每个原型。根据用户反馈和利益干系人的输入，他们对以下事项做出决策。

- **高员工价值 / 新员工入职包** —— 需要测试的假设是，新员工可以在入职第一天使用合适的设备立即开始工作。员工喜欢这种方式！尽管高层领导者希望限制成本，制定具体的预算，但还是决定开展此项工作，团队应花一周的时间研究如何采购和组装必要的设备。然后，团队打算在产品开发部门试用 3 个月，并进一步评估结果。

- **高业务价值 / 新员工见面会** —— 需要测试的假设是，新员工与公司之间的联系更加紧密。这被认为是一个巨大的成功，新员工热衷于给新同事留下一个充满活力的良好印象。在见面会上，新员工还通过即兴表演来对组织及其文化的发展理念和建设做出反馈，获得了很多赞许，并且进行了几场辩论。人力资源部门从这次活动中得到的收获是，对新员工来说，这应该是一次自我组织的活动，每次活动的形式都是开放的。然而，应该鼓励更多的团队成员（不是来自新员工所在的团队）及高层领导者参加见面会。见面会最多持续 1.5 小时，并预留一些餐饮的预算。

- **混合的最终客户价值 / 新员工在开始轮岗的前 3 个月内承诺在同一团队中工作** —— 需要测试的假设是新员工在一支固定的团队中工作，可以更快地达到最佳绩效。尽管参加原型测试的用户看到了这种方式对于组织变革的好处，但他们也注意到由于工作需求的影响，需要根据项目和最终客户的需要来调动人员。因此，设计冲刺团队被要求对其他可能的解决方案进行构思和原型设计，这些解决方案可以帮助业务团队与新员工建立关系，并使新员工能够处理自己的开发工作，而不是依赖 Scrum Master 的帮助。

- **中等员工价值和业务价值 / 在入职前新员工与自己未来的同事（Buddy）进行咖啡会议** ——需要测试的假设是，新员工最好在入职第一天就可以立即开始工作，而咖啡会议被认为是很容易实现的。而在实际的咖啡会议上，设计冲刺团队发现，可以直接把新员工的联系方式告诉他们未来的同事（Buddy），让他直接安排会议即可。所有利益干系人都同意施行这一举措，因为这是一种可以快速取得胜利的方法，然后他们可以按照待办事项的优先级顺序，转向新员工入职工具包的工作中。

HR 重点提示

共同创造的提示：测试

- 重要的是要记住，没有产品能在与真正用户的首次接触中存活下来，它必须做好准备去迎接测试的失败。

- 当我们测试原型并相应地调整设计时，我们需要意识到我们正在向用户和利益干系人索取他们的宝贵时间。许多解决方案可以让我们用一种简单而廉价的方法进行测试，我们应该在确保解决方案所产生的潜在影响值得投入时间时，再邀请大量的人员参与测试。

- 测试就是要验证 MVP，一旦进入开发阶段，我们就可以进一步实施产品开发工作。

- 一定要用不同的用户组合来对原型进行测试（用户不需要太多，但至少有几人能够代表不同的用户类型），并寻求极端观点来挑战固有思维，因为极端

> 用户的反馈将有助于进一步开发解决方案，并将其转化为 MLP。
> - 用户和设计师都通过测试来了解潜在解决方案的实际情况，有一些最佳解决方案来自人们对现实场景中进行的验证的讨论。
> - 根据假设、指标，以及在业务挑战和问题陈述阶段建立的标准进行测试和验证。

在测试步骤结束时，人力资源部门需要知道方案是否通过。

9.4 结论

一些人力资源管理者担心这种设计思维会导致耗时过度，但我们应该记住，在耗费大量资源前对想法进行测试，将在未来为我们节省大量的时间、金钱。共同创造的真正力量来自人力资源部门与员工和利益干系人在共同构建解决方案时建立起来的伙伴关系，以及人力资源产品或服务使内部客户感到满意。有很多优秀的设计思维工具可供我们使用（参见第 4 章），我们鼓励你进一步发展这些技术，并将其中的一些方法添加到你的敏捷 HR 工具箱中。

面向人力资源管理者的关键要点

- 共同创造出现在多个层级上。
- 共同创造是使用设计思维的技术来真正理解员工体验、快速构建原型和测试解决方案。它有助于人力资源部门指导员工更成功地完成组织变革，

- 因为他们能够测试并验证决策。它还涉及企业中其他领域的员工，他们直接参与到敏捷 HR 团队中，或者作为用户来测试和验证解决方案。
- 设计思维有助于人力资源管理者挑战根深蒂固的思维模式，确保在进入开发环节前，对工作环境中的问题都进行了适当的调查。
- 我们建议让员工参与到带有时间限制的设计冲刺中，执行本章中所描述的设计思维的步骤。
- 设计思维不仅是一种有效的工作方式，也是一种激发人力资源团队活力的有效方法。
- 请记住，制作原型和执行测试与运行一个试点是不同的，我们需要做好准备，从测试中吸取失败的教训和总结成功的经验。

参考文献

Dank, N (2019) Interview with Tracey Waters, Director of People Experience at Sky, and Agile HR Pioneer [Blog], *The Agile HR Community*, 29 July.

| 第 10 章 |

敏捷 HR 工具包：
敏捷团队和敏捷 HR 运营模型

10.1 概述

当我们要进行人力资源的职能转型时，很重要的一点是要找到一种最适合我们所处环境的工作模式，这种模式要能反映我们的团队规模、组成、组织的价值观，以及员工的不同类型。在本章中，我们将探讨不同的敏捷 HR 运营模式，来帮助和指导人力资源管理者，同时提供实施的思路。如前所述，我们要把人力资源运营看作一场进化的旅程，而不是一个结构化的实施过程，并将团队开发周期中的每个阶段作为一个试验和学习的机会，这一点是至关重要的。显然，我们并不能保证在第一次就一定把事情做对，即使是实施转型多年的敏捷 HR 团队，他们仍然需要对如何开展协作和提高绩效的新方法进行验证。

人力资源运营模式向敏捷进行演变，对我们来说确实令人兴奋。它预示着我们能够将与企业的伙伴关系和协作方式提升到一个新的水平，因为正如第 9 章中所讨论的那样，现在我们可以与员工共同进行组织变革，而不是将我们的流程和产品实施方案强加到员工身上。在本章中，我们还将探讨如何让来自企业其他部门的员工与我们一起协作，成为敏捷 HR 团队的积极成员，以及如何重塑运营模式。

在敏捷实施中，我们非常强调客户体验，这也可以让一些人力资源职能部门去探索如何为企业内部员工建立端到端的服务体系。这种方法类似于如何围绕端到端的价值流来设计企业的组织结构，其目的是将产品从概念的形成到最终交付到客户手中。人力资源管理方式演变的一个关键是，探索如何能够提供一项更加紧密的服务，将我们的工作与其他职能，如财务、市场、IT 支持和后勤保障等部门相结合。这将诞生一种新的工作方式，它有可能对组织内部的整个后台支持的理念带来巨大的转变。

10.2 尤里奇模型的终结

在过去 20 年里，尤里奇模型一直是职能设计和人力资源结构的代名词。戴维·尤里奇（Dave Ulrich）受到 20 世纪 90 年代中期企业战略驱动，以及通过将战略工作与行政工作分离来实现竞争优势的启发，编著了《人力资源冠军》（*Human Resource Champions*）一书，从人力资源管理的角度阐述了需要实现的愿景。从那时起，尤里奇方法中的结构化表述引导大多数人力资源部门建立起一个带有三根支柱的模型，即面向业务的战略性人力资源业务合作伙伴（HRBP）、人力资源专家中心，以及监督保障企业运营的共享服务（这项职能甚至是可以外包的）。

在效率和标准化目标的推动下，尤里奇模型帮助人力资源部门从提供基本的人事和行政职能转型成为提供更加有效的业务合作伙伴职能的部门，他们可以在人才吸引、人才发展和人才管理等方面发挥作用。然而，问题在于这种模式并没有让人力资源管理者成为真正的战略合作伙伴。现在，正如尤里奇本人所倡导的那样，人力资源管理者需要通过帮助企业塑造未来的发展方向和能力来为组织增加价值（Ulrich，2018）。

尤里奇模型对人力资源管理的影响是有限的，其主要原因是HRBP的瓶颈问题（Roper，2016），这个瓶颈问题发生在向组织交付产品或服务时。首先，由于企业认为人力资源专家中心并不是面向客户的，因此人力资源部门在设计解决方案时往往与业务领域有隔阂。而且，虽然要由HRBP来实施这些解决方案，但是他们通常不参与实际的设计，也没有与业务部门相匹配的专业知识水平。这种交付模式还会导致在公司范围内推出大量新的人力资源产品，有时需要几个月的时间来开发，在进入产品开发前，并没有与最终客户进行验证。

其次，由于HRBP通常与业务部门的组织结构保持一致，并与个人的职能相联系，因此他们往往会因为要实时地处理管理问题，而不是能够解决那些更大、更复杂的战略问题而感到挫败。在许多具有人力资源行政管理和咨询背景的HRBP身上，这种情况体现得更加明显。这就意味着具有这种背景的HRBP是无法超越运营思维限制的，也无法制定出可以获得成功的战略。

这些问题的根源大多可以归结为人力资源的运营模式是由一些特定主题负责人制定的，例如，只负责招聘或只负责选拔人才、只负责培养通才或只负责培养专才，每个人所负责的内容都是整体战略议程的一部分。更糟糕的是，有时这种组织结构的筒仓使负责不同工作的人力资源管理者认为自己应该只负责这些特定的主题，或者需要与一些高层管理者建立特殊的关系，这样做滋长了不良心态，甚至有些人力资源管理者要求其他人力资源管理者"不要涉足我的地盘"。

尤里奇模型中不同的支柱之间出现了脱节,其影响在共享服务领域中表现得很明显。这些人力资源团队管理着大部分人力资源管理流程和系统,但是对流程和系统进行重新设计的权力却掌握在人力资源专家中心的手里。这就意味着共享服务领域的人力资源管理者往往无法决定自己需要交付的产品。此外,事实上,共享服务是面向客户的,因此,当涉及人力资源产品或服务时,通常会收到来自经理和员工的大部分反馈,这些反馈说明了在哪些方面需要改进。然而,由于这种反馈通常不是以系统化的方式进行跟踪的,因此他们缺乏相应的数据,从而无法与流程负责人进行合作,也就不能执行流程上的改进方案。

有趣的是,无论人力资源团队的规模或职能目标如何,尤里奇模型几乎成为所有人力资源团队的标杆或最佳实践。例如,即使是一支只有不到10人的小型人力资源团队也会复制这种模式,而不是让团队拥有一种与尤里奇模型不同的模式。这种情况往往导致每个人所做的工作仅仅是为了完成自己所负责的项目(尽管通常需要团队中每个人都为自己的项目做出贡献),最终的结果就会变成虽然做了很多工作,但是整体的进展却很缓慢。

好消息是,敏捷 HR 的出现代表了人力资源领域尤里奇模型筒仓的终结。与敏捷团队的工作方式相同,敏捷 HR 团队以多项技能、多种职能的形式组建,将不同的人力资源管理者和主题负责人聚集在一起。现在,人力资源管理者会从全局角度出发解决业务问题,而不是交由许多专项主题负责人组成的项目组来解决。此外,敏捷 HR 团队不会因为在团队中已经预设了相关的角色或者已经有一个专家中心了,就把一些任务按照角色划分"推给"相应的成员。相反,工作是基于价值和团队成员的能力来定义的,而且是由团队成员自己"拉动"任务并执行的。

10.3 敏捷 HR 的工作节奏

敏捷 HR 团队工作的另一个基本要素是他们需要遵循一个新的节奏。到目前为止，人力资源管理者的工作基本上是以年度为周期的，有时以半年或季度为周期。我们的许多流程，如绩效、奖励和职业发展，也都是按照年度进行的，而且与组织敏捷性所需的更短的业务周期是脱节的。正如第 5 章中所描述的，敏捷反馈循环鼓励使用更短的时间周期，并要求人力资源团队至少每月进行一次检查并重新制订计划，许多团队的工作周期甚至为一周或两周。

那么，是否意味着敏捷 HR 团队需要设置与敏捷软件开发团队相同的节奏或者相同的组织结构？答案是否定的。相反，我们倾向于看到敏捷 HR 团队采用适应性的方法，从而能够更好地适应人力资源管理工作。例如，通常，敏捷 HR 团队使用 Kanban 来可视化和管理日常任务，因为人力资源管理者总是有一些确定需要完成的常规工作（BAU）。在大多数情况下，可以将 Kanban 与短周期的冲刺相结合，使用 Scrum 和设计思维来对战略性的员工举措进行创新、制定原型，并进行交付。敏捷 HR 团队也召开每日站会，但这些通常更像是每天例行的工作检查，而不是集中在一个特定的项目或冲刺中来讨论工作内容。虽然我们建议一次只关注一个战略项目，但是敏捷 HR 团队往往会同时跨多个项目工作；而软件开发中的敏捷团队倾向于只关注一个产品的持续开发，所以，从这一点上来看，敏捷 HR 管理中采取的方法与软件开发中的方法有所不同。

10.4 优先级和透明性

正如我们所知，敏捷要求人力资源领导者和团队要比以往任何时候都更加严格地进行工作优先级排序和计划。例如，特雷西·沃特斯是一家大型媒体和电信公司的员工体验总监（Dank，2019a），她感觉自己正在敏捷 HR 领导者这个角色上采用更为精确和严谨的方法。特雷西谈到需要注意的使命和目标，以及需要以什么样的顺序发布什么样的内容。为了做到这一点，她经常与团队中的 PO 和 Scrum Master 一起工作，确保思想的严谨性和方向的清晰性。正如特雷西所说，不能只让我们冲刺，每一项工作在被提交到待办事项列表前，都要有一个明确的价值定义。

在另一个敏捷 HR 的例子中，一家公司的人力资源团队正在谈论对工作优先级排序说"不"的力量，以及要想真正实现价值，必须明确什么是人力资源团队不应该做的事情，而不是像以前那样什么都做（Dank，2019b）。通常，这对人力资源团队来说是非常具有挑战性的，因为人力资源团队总是希望让每名员工都开心，最后总是对愿望清单上的每一件事都说"是"。

保持工作的透明性，对人力资源团队来说也是一个很大的变化，因为他们接受了敏捷。到目前为止，很多人力资源管理工作都被认为是保密的，甚至在某些组织中，人力资源管理者的工位会设有安全门，要想进入这扇门，就需要申请受控的权限。尽管我们不提倡公开分享工作环境投诉和员工抱怨的细节，但是人力资源管理者的大多数工作内容是可以公开进行的，也可以在企业范围内进行公开分享。如果工作内容特别敏感，那么我们建议在 Kanban 或 Scrum 板上对任务名称使用特殊的代码来表示。通过分享我们正在执行的工作，人力资源部门将更好地被大家所接受，而不是被视为一个神秘的、受抱怨驱动的职能部门。

10.5 敏捷 HR 发布计划

我们已经认识到，发布计划是需要根据人力资源部门的特定需要对敏捷实践进行适应性调整的另一个领域。人力资源管理与敏捷软件开发的主要区别在于，一个组织中的人力资源管理实践和系统只需要在一年内更新少数几次即可，而软件开发中许多敏捷团队的目标是每天或每周发布更新。其原因是人力资源产品发布通常需要大量的沟通，需要对员工进行培训，并且通常与期望的行为改变相关联，这自然需要一段时间才能实现。例如，人力资源部门不能每月都发布一次绩效管理流程的更新，因为员工需要时间来适应新的沟通和反馈方式。当然，对于人力资源部门发布的一些数字化产品，如内部网页或外部招聘网站，可以频繁地更新，但大多数产品需要遵循一个有计划、有管理的发布节奏。

人力资源部门需要考虑其发布对其他业务部门的工作能力所产生的影响。在某些场景下，如果人力资源部门在进行流程改变或系统更新时，同时引入其他一些支持系统和功能，可能会使情况变得更糟糕。企业领导者经常说，他们不能完成"真正的工作"，因为他们将大多数时间用于执行后台团队发布的指令或流程。为了确保业务部门对人力资源产品的清晰性和协调性，人力资源部门在发布计划时，需要与其他支持团队同步，如内部沟通部门、合规部门和 IT 支持部门。同样重要的是，人力资源部门的发布要与业务周期保持一致，不要在业务团队高工作负荷时给他们带去过度的负担，例如，在预期最终客户销售额较高的时期，或某些团队朝着设定的截止日期冲刺时。虽然这种更需要进行协调的发布计划的方法与人力资源管理者以前的工作方式有很大的不同，但这种方法是有效的，可以确保与组织中广泛采用的工作模式保持一致。

10.6 新角色和新技能

随着新的工作方式的引入，我们需要在敏捷 HR 团队中设定新的角色和技能。首先要考虑的是 T 型人才和团队的影响（参见第 5 章）。敏捷 HR 团队是指那些拥有广泛组织经验和人力资源管理经验的员工，他们可以跨越一系列不同的业务挑战，并能发展自己的专长，充分展示自己的经验、兴趣和技能。

例如，一些团队成员开始发展自己的技能，如软件编程，他们以前必须从其他地方获取这些技能，如果这些技能可以长期存在于团队中，那么团队的交付速度就可以提升。此外，敏捷 HR 团队正在招聘具有不同背景的人员，如市场营销或平面设计，以便进一步培养 T 型人才。然而，在敏捷 HR 团队中，没有必要永远保持这些特定的技能。相反，一些人力资源部门正在建立一个专家社区，以备不时之需（Ingham，2019）。这个社区中的人员可能来自公司的其他部门，也可能包括自由职业者和外部的一些领域专家。我们可以组建一支团队，邀请行业内的领域专家加入一个带有固定时间盒的冲刺，比如邀请设计思维专家帮助我们引领一个关于职业发展的设计冲刺，或者邀请市场营销专家帮助我们引领一个内部的沟通项目。

随着敏捷 HR 团队的发展，我们开始看到很多人力资源管理者担任 PO、Scrum Master 或敏捷教练的角色。事实上，有人力资源管理经验的人往往也能在企业中的其他部门成为优秀的 Scrum Master 或敏捷教练，因为他们具备良好的人际交往技能和影响行为改变的能力。例如，HRBP 所执行的辅导和团队发展方面的工作，与 Scrum Master 是一致的。我们还看到一些 HRBP 成了敏捷教练，并且在敏捷转型的组织设计和发展方面发挥着领导作用。

案例研究

　　这个关于人力资源管理者如何发展敏捷技能和角色的案例是关于某公司的员工体验团队的。这支团队中的成员以前是 HRBP，现在他们是一支共同工作的敏捷团队，覆盖了组织中更广泛的业务范围，而不仅仅是作为企业中一个服务于个体员工的职能部门。他们发现，他们能够通过合作提供更多的价值，从而对整个组织产生更大的影响。这一结果帮助他们中的一些人克服了最初的担忧，即失去与他们以前密切合作的高层领导者和团队的信任关系。相反，他们发现，他们现在在整个企业中建立了更多的信任关系，虽然他们并不是每天都与员工在一起紧密工作，但是相比以前，他们有了更多的交流机会，同时也对业务有了更全面的了解。这支团队中还有一位成员是完全没有人力资源管理经验的，他以前是技术部门的工程经理。他们发现，他是团队宝贵的资产，虽然在某些特定的人力资源领域，他的表现不如那些有人力资源管理经验的成员，但是他帮助团队加速了敏捷实践。该公司的敏捷模型中还有一个有趣的地方，那就是他们并没有立即实现这种组织结构，而是反思了多年的迭代和测试经验。这个案例研究表明，很重要的一点是要将敏捷 HR 运营模式的设计视为涌现式的改变，团队需要随着时间的推移来发现适合自己的方法。

资料来源：Dank（2019b）。

10.7 交付端到端的员工体验

在实施敏捷时,要聚焦在以客户为中心的工作上,这样做会对敏捷 HR 团队及其运营模式产生影响。市场品牌需要展示客户使用产品的旅程,并将其匹配到企业中产品或服务的端到端价值链中,与其相似,敏捷 HR 管理者着眼于如何基于员工的旅程,提供一项经过协调和相互关联的服务。例如,我们如何与 IT、财务和信息部门建立联系,为员工创造无缝的体验,不仅能够丰富员工的工作经验,而且能够帮助员工完成他们的工作。

这一趋势导致许多人力资源团队开始使用"员工体验部",而不是"人力资源部"作为自己部门的名称。现在一些社交媒体甚至提出了一个术语,即"PX"(People Experience),用来表明它源于用户体验(User Experience,UX)。这一变化与通过组织的文化和员工品牌来实现竞争优势有关。这些趋势使一些敏捷 HR 团队将员工体验视为他们的整体产品,他们为了服务好自己的内部客户而不断对产品进行改进,发布一些特性,并对其进行更新,覆盖了从员工入职流程到人才发展战略,再到奖励、员工福利和企业社会责任等领域。

例如,一家英国银行已经将其为企业设计的最终客户旅程的方法应用到了人力资源管理领域中,其目的是提供更多端到端的员工体验。目前,该组织已经制定出了 11 个员工旅程,应用了设计思维和敏捷的工作方法来探索员工所经历的痛点,并重新设计后台的人力资源管理流程,以改进整个员工旅程。员工旅程中不仅包括绩效和职业发展,也包括诸如旅行和费用报销等员工体验,这些体验涉及财务等其他支持部门所使用的流程,要与人力资源管理流程保持一致(Dank,2019c)。

> **他们怎么说**
>
> 在过去几年中，我注意到一件事，是我在乔希·伯尔辛学院中发现的，那就是关于人力资源管理曾经被设计成一种"垂直领域"的职业——人力资源管理者是薪酬专家、招聘人员，或者是学习与发展专家，又或者是业务伙伴。但是，在敏捷组织中，这些角色已经变得完全模糊了，大家共同向业务部门交付设计方案。现在，你必须理解"水平领域"，这就是 T 型人才的专业发展模式。人力资源管理者可以做更多有趣的事情，学习新的东西，同时也必须学会如何作为专业人才库中的一员来参与工作。人力资源管理者要从日常工作或常规角色中抽身出来，参与跨职能的项目团队的工作，就像他们在参与业务部门的工作一样。
>
> ——乔希·伯尔辛，全球行业分析师

10.8 创建敏捷 HR 团队所面临的挑战

- **常规工作与战略工作**。通常，人力资源管理者需要管理运营和常规工作，如招聘合同或者季度薪资审查等；同时，人力资源管理者还要交付战略性的业务项目，如重新设计绩效管理框架或者建立新的领导力发展计划。敏捷 HR 团队专注于执行战略工作时，经常因为受到常规工作的负面影响而感到挫败，这种情况并不少见。为了克服这一障碍，我们鼓励团队使用 Kanban 板，并将常规工作和战略工作进行可视化的呈现，以便更好地管理团队的工作量和投入的时间。有些团队一开始只是在战略工作中使用敏捷方法，而让常规工作保持以前的运行方式，但是随着时间的推移，可能会产生工作量的问题，尤其是如果没有将常规工作与战略工作同时呈现在同一 Kanban 板时，这种情况将更加明显。图 10.3 提供了一些建议，可以帮助团队为每位成员分配执行常规工作和战略工作的时间，这对于刚开始采用敏捷工作方式的小型人力资源团队来说尤其有用。

- **敏捷处于常规工作之外**。大多数人力资源团队都是从将敏捷应用于项目开始的，通常会创建临时的敏捷 HR 团队，其中也可能包括来自业务部门的人员。然而，如果团队成员没有从他们现有的日常工作中得到充分的释放，那么执行敏捷的感觉就会像是在他们的常规工作之外需要额外花时间完成的事情。我们建议团队成员承诺对一个敏捷项目的投入时间至少要达到总工作时长的 70%，并尽量减少跨多个敏捷项目工作的成员的人数。这就是为什么要执行短周期、有目标感的冲刺，团队成员只需要全力投入 1~2 周的时间，或者在每周固定的一些日子里（如每周二和周四）聚集在一起工作，成为一支有凝聚力的团队。

- **是否执行 Scrum**。与敏捷软件开发团队不同，人力资源领域中没有与特定产品直接相关的工作的持续流动。因此，在人力资源领域中，什么时间或在什么情况下可以使用 Scrum 并不明确。一般来说，人力资源管理者可以将 Scrum 应用到一个项目或员工举措中，但是，这可能只是一个很短的时间段，他们也许会发现 Kanban 是一种更好的选择。当考虑在人力资源部内部应用 Scrum 时，需要考虑以下问题。
  ○ 我们在开发什么？为什么？
  ○ 从开始工作到发布完成，谁需要加入团队中来实现端到端的交付？

- 一旦产品或解决方案发布后，谁将对其进行维护和支持？他们是否也应该加入团队（强烈推荐）？
- 在测试解决方案时，如何让用户真正地参与进来？
- 是否需要全职的团队成员，或者他们是否可以将一定比例的时间用于执行冲刺？
- 其他业务领域之间的依赖关系是什么？是否只需要让一些人参与到某些特定的冲刺中？例如，是否应该让合规部门和法律部门参与到专门制定解决方案策略的冲刺中？或者是否需要在制定最终产品品牌策略的冲刺中邀请市场营销人员参与进来？
- 人力资源管理者能否承诺每周工作5天，或者是否应该承诺每周工作2~3天，以便可以同时完成其他工作？

● **开始执行敏捷项目与承诺组织结构的改变。** 通常，在一些项目中开始采用敏捷的工作方式，意味着那些没有执行敏捷的项目团队还在保持原来的工作方式。这会使气氛变得紧张，特别是对那些采用传统工作方式的人力资源管理者和团队来说。很重要的一点是，我们需要为敏捷项目的成功做好准备，并考虑相关因素带来的影响，如依赖关系、管理汇报关系、现有的KPI，以及相互竞争的责任。人力资源管理者需要考虑如何在人力资源内部从结构上支持敏捷，并准备好改变整个运营模式，以确保敏捷的成功。

10.9 敏捷 HR 运营模式

使用 Kanban

如图 10.1 所示,大多数敏捷 HR 团队都使用 Kanban 方法来对他们的工作进行可视化呈现和优先级排序。如前所述,Kanban 方法有助于人力资源管理者实现可持续的工作流动,其目的是限制在制品(WIP)数量,并帮助人力资源管理者管理利益干系人的期望,以确定在任何一个时间点上可以交付的内容。例如,图 10.1 将 WIP 设置为 6 个工作项,只有当"正在做"一列中的某一工作项被移动到"已完成"一列后,才能将新的工作项移动进入"正在做"一列。Kanban 是一种出色的工作方法,可以使人力资源管理者对常规工作和战略工作同时进行可视化呈现及管理。通常,我们采用 Kanban 方法时,会借鉴 Scrum 框架的实践,比如每周或每月的团队回顾,以及向利益干系人和团队成员的展示,从而推动项目持续改进。此外,如果有什么东西被阻塞了,团队可以决定是否需要终止其他工作来立即解决当前的阻塞问题,这在敏捷中被称为"群聚"(Swarm)。

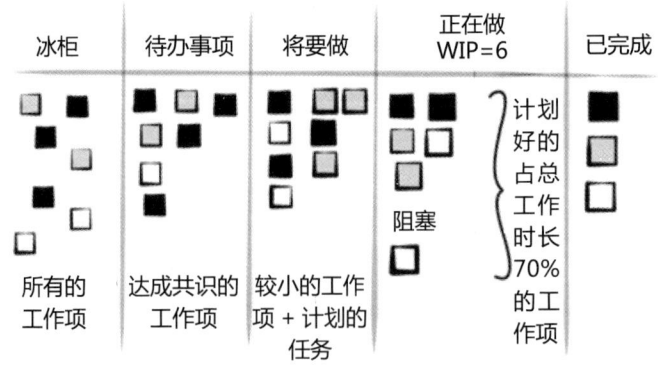

图 10.1　Kanban 板举例

图 10.2 展示了一支团队如何将工作流添加到 Kanban 板中，通过将常规工作进行可视化呈现，并将其从战略工作中分离出来，从而更好地理解如何分配工作量和时间。

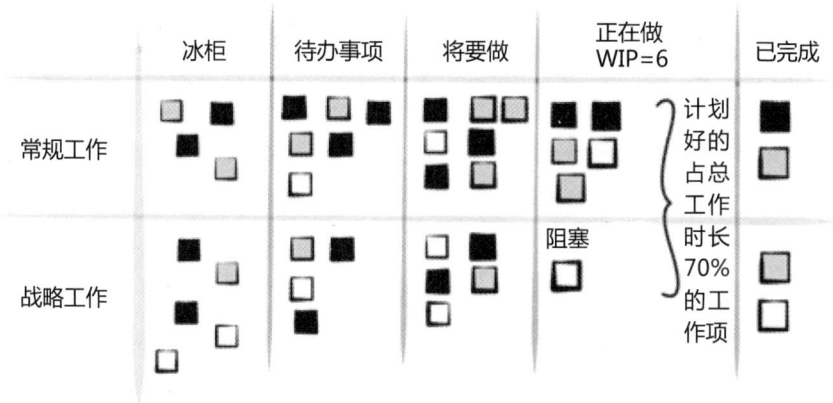

图 10.2　具有战略工作流和常规工作流的 Kanban 板

交付常规工作和战略工作

图 10.3 展示的是开始执行敏捷的有效方法，这种方法对规模较小的人力资源团队来说特别有效。这种方法有助于将常规工作与战略工作明确分开，并将团队中每个人的工作量分配到这两类工作中。刚开始的时候，大多数团队都会抛开常规工作和日常运行的工作，并引入敏捷的节奏和仪式，如对战略工作的回顾和客户演示。我们鼓励所有团队研究如何管理和可视化常规工作，理想情况是，随着时间的推移，将这两类工作结合起来，从而更好地了解对工作量和不同技能的要求，并跟踪团队的绩效。

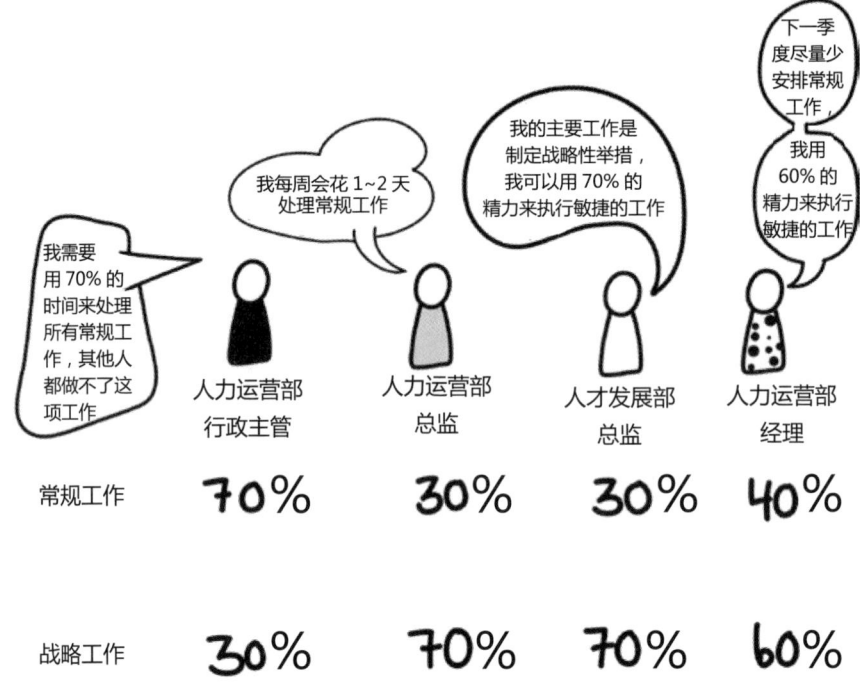

图 10.3 常规工作和战略工作的占比

由临时人员组成的项目小分队

如图 10.4 所示,由临时人员组成项目小分队是一种很好的方法,可以在组织建立长期的敏捷 HR 运营模式之前,开始尝试将敏捷应用于员工举措项目中。其主要思想是,根据利益干系人的反馈和价值评估(参见第 8 章)来商定并预先确定人力资源项目的战略清单。然后,来自整个人力资源部门的不同人员(如人力资源业务合作伙伴,薪酬和福利、学习和发展等不同职能的人员)组成一支临时的敏捷 HR 团队,与其他部门的人员进行合作,采用敏捷的工作方法在一个有时间限定的周期内交付战略项目。虽然我们鼓励人力资源团队邀请业务部门的人员参与,但这不是强制性的,它取决于企业内部的组织结构设置和敏捷的成熟度

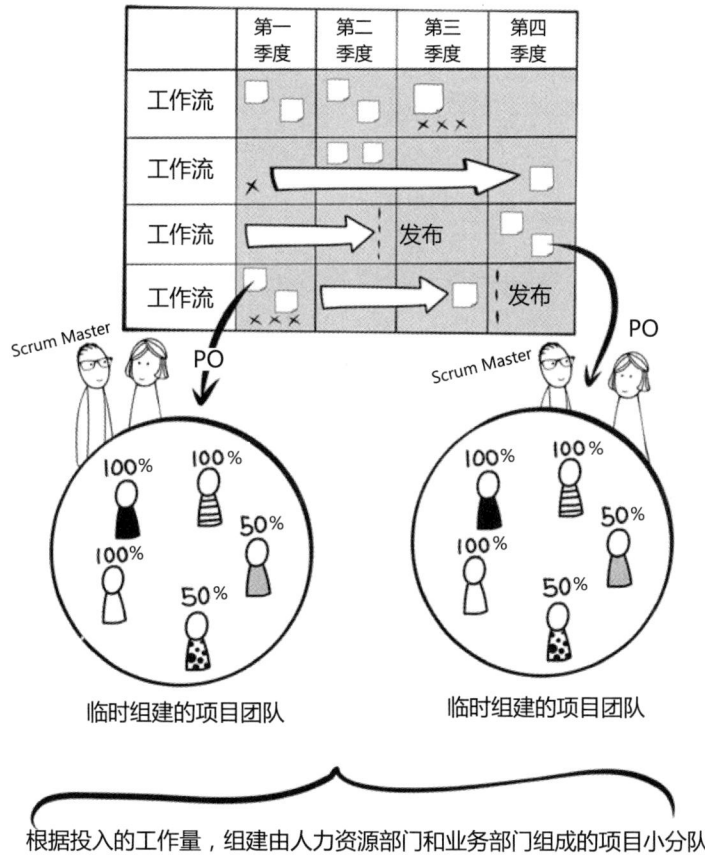

根据投入的工作量，组建由人力资源部门和业务部门组成的项目小分队

图 10.4　由临时人员组成的项目小分队

水平。

此外，还可以将这个模型与 Kanban 板结合使用，用于管理人力资源管理者的所有工作，包括由临时人员组成的项目小分队所交付的战略性工作。例如，可以组建一个由临时人员组成的小分队，对一些诸如多样性、包容性或职业发展等主题进行设计冲刺。Kanban 板上保留的常规工作由人力资源团队中不属于该特定小分队的其他人员完成，或者将人力资源团队成员的工作量按照一定的百分比进行分配，将一部分时间投入到由临时人员组成的小分队的工作中，另一部分时间用于处理常规工作。

执行设计冲刺的敏捷 HR 团队

如图 10.5 所示，这是一种很有用的方法，可以将敏捷思维和工作方式引入人力资源和更广泛的业务中。我们还看到，对刚开始进行敏捷转型的更大、更传统的组织来说，这种方法非常有效。

在这个模型中，一支临时的敏捷 HR 团队由来自不同业务领域的人员和人力资源管理者组成，从而可以加速组织中转型项目和员工举措的实施。这些项目和举措常常以黑客马拉松方式进行，并带有时间盒属性的周期，如一个为期 5 天的时间盒。一般来说，我们称之为一个设计冲刺，其目的是对一些关键概念或解决方案进行快速原型化和验证，然后人力资源团队就可以在常规工作中开展这些工作，从而服务于组织中的不同员工。

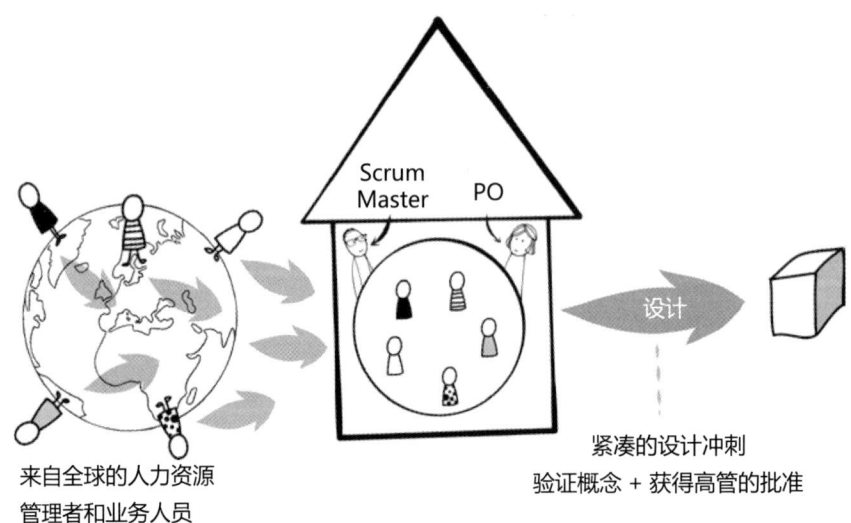

图 10.5　执行设计冲刺的敏捷 HR 团队

这种设计冲刺方法的一个关键要素是让高层领导者作为用户和内部客户来提供输入和反馈。这样做是为了确保概念或解决方案已经获得批准，并且在冲刺后，可以把成果纳入标准项目或常规工作，而不需要再准备其他的委员会建议或评审文件。这种方法可以帮助非敏捷公司对大型、复杂的工作环境中的问题快速制定出解决方案，并克服这些类型的组织中由于层级审批所造成的延迟。我们已经看到这种模式在一家大型跨国公司中运作得非常有效，该公司通过设计冲刺加速了一个复杂的组织变革项目，并重新培养了员工所需的技能。

员工体验小分队

当人力资源管理者应用了敏捷工作方式一段时间后，常常会出现这种模型，如图 10.6 所示。该模型是由员工体验小分队组成的，他们是自给自足的敏捷 HR 团队，可以为整个企业或组织提供端到端的解决方案。例如，在较大的组织中，员工体验小分队可能会为特定的用户群提供产品和解决方案，或者他们可能需要

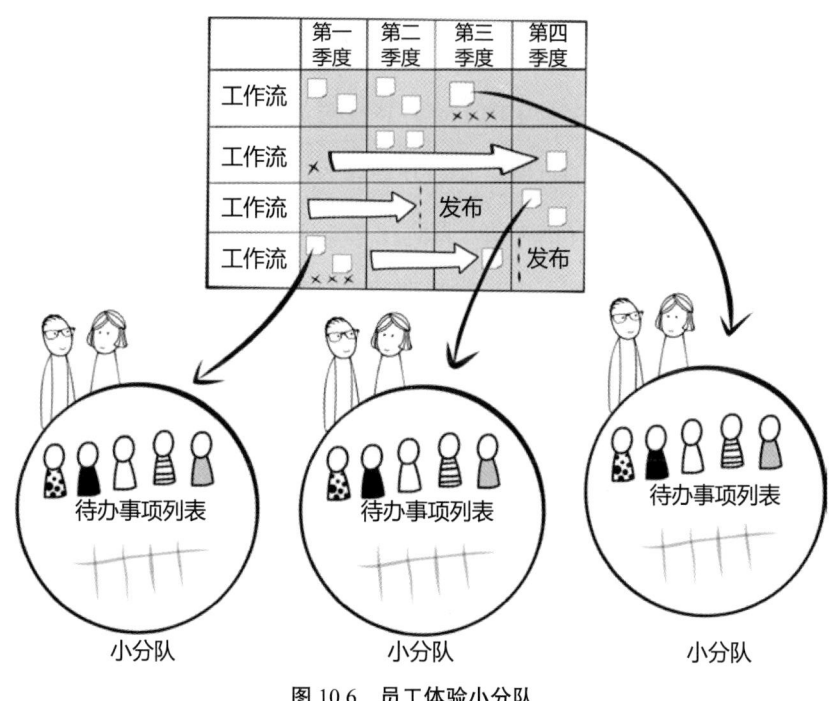

图 10.6　员工体验小分队

与企业中的不同部门（如产品价值链、子品牌或职能领域）协调一致。

这些小分队的工作聚焦在员工的整体体验上，通常涵盖所有与人力资源管理相关的主题，如奖励、人才、认可、学习和发展等。有时，他们可能会与一支独立的人力资源运营团队一起工作，负责行政管理和系统维护工作（理想情况下，人力资源运营小分队也会采用敏捷方法来管理工作流和交付价值）。一般来说，每个小分队中大约有5人，他们代表着各种技能的组合，从人力资源专家到人力资源业务合作伙伴，他们经常邀请外部专家或其他业务部门的人员加入特定的冲刺，或者为某些特定的工作做出贡献。如果可能的话，要让这些一直承担小分队工作的团队成员定期在不同的小分队之间进行轮岗，以便发展他们新的技能和经验。

这些小分队使用 Kanban 板来综合管理常规工作和战略工作，理想情况下，团队中有一名 PO 和一名 Scrum Master。为了确保良好的治理和协调，这些小分队会设置一个战略工作组合来保证待办事项列表的对齐，以及跨组织交付内容的一致性。例如，对于工作组合中的工作，将针对员工体验小分队所交付的工作设定战略优先级，进行总体的价值定义，并管理为公司特定部门而设计的不同解决方案之间的依赖关系或潜在的冲突。除此之外，工作组合还将确保如果所有的员工价值都得到了验证，那么可以将这些产品或服务的设计方式推广到更广泛的业务中。我们还鼓励这些小分队在可能的情况下共同参加敏捷活动。定期的工作组合会议、发布计划会议和回顾会议，都是对敏捷特别有帮助的活动。

将员工体验或文化作为一种产品

如图 10.7 所示，它是基于员工体验或组织文化的概念，代表了敏捷 HR 团队不断更新并交付给内部客户的产品。虽然一些人力资源团队由于规模的原因，只能在较小的范围内完成这项工作，但是图 10.7 展示了一个可以实现的较大的人力资源职能的案例。

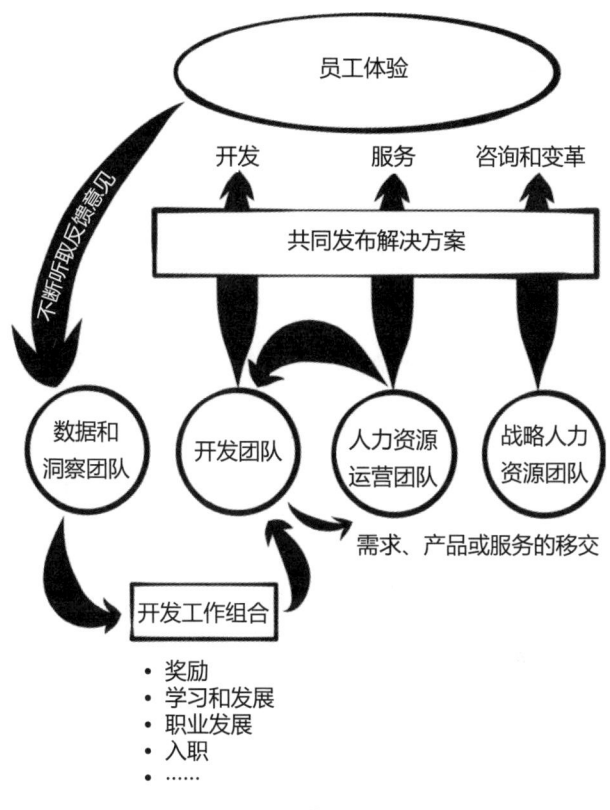

图 10.7 将员工体验作为一种产品

作为一个产品模型，员工体验是建立在四个主要组成部分基础上的，并反映出了相应的组织结构，体现了一个组织在拥抱敏捷时所涉及的广泛的业务领域。第一个组成部分是由开发团队组成的，开发团队是具备多种技能的敏捷 HR 团队，负责特定的主题，如绩效、职业发展和奖励等。这些主题也被称为整体产品的特性，反映了一个战略性的、排定了优先级的工作组合，并且一旦交付了某种价值或战略优先级发生了变化，这些主题就会周期性地发生变化。例如，为了响应业务中新的战略需求，负责员工入职的开发团队可能会暂停工作，转而启动一支新的特性团队，如聚焦在员工多样性和包容性的相关工作上。

开发团队由人力资源内部具有不同技能的人员，以及来自业务部门中可以临时参与开发的人员共同组成。通常，团队使用 Scrum 框架进行协作，并且有一名 PO 和一名 Scrum Master 或敏捷教练。在这个模型中，至关重要的一点是协调和对齐开发团队的交付成果，以及管理发布计划和共同的依赖关系。

第二个组成部分是一支洞察团队，这支团队不断听取组织的意见，以评估员工的反馈，并对员工趋势进行研究。这支团队跟踪开发团队所交付的价值的影响，并记录将要产生的需求，以及需要关注的改进领域。

第三个组成部分是一支人力资源运营团队，他们负责对开发团队所提供的产品或服务进行维护，并对企业中用于支持日常人力资源管理工作的一般基础设施进行维护。这支团队还要以工作组合为基础，提供开发团队所需改进的流程。来自人力资源运营团队的反馈信息（需要开发哪些产品或服务及相关的原因）是至关重要的，因为一旦发布了这些产品或服务，人力资源运营团队将负责维护这些解决方案。

第四个组成部分是一支人力资源战略团队，可以包含人力资源业务合作伙伴，以及敏捷教练，这些角色在整个组织范围内开展工作。这支团队为企业提供持续的指导和建议，并不断汇报组织的战略需求，以及当前正在发生的事情。

一个人的敏捷 HR 团队

正如我们所知，一个人的敏捷 HR 团队通常存在于小型组织中，或者可能是因为某个特定的地点或品牌，需要在全球或母公司之外独立运营。如图 10.8 所示,在这些情况下,我们鼓励人力资源管理者运用敏捷思维,并使用 Kanban 板来管理他们的工作。对于与战略相关的工作,可以交由临时的敏捷 HR 团队来完成,这些团队由企业中的业务人员组成,或者由与企业某个业务领域相关的领导团队组成。通常,加入临时敏捷 HR 团队的人员都会为工作分配一定比例的时间,而这个唯一的人力资源管理者则作为这支临时团队的 PO。在可能的情况下,我们鼓励人力资源管理者也可以获得来自企业其他部门或外部人才(如 Scrum Master 或敏捷教练)的支持。

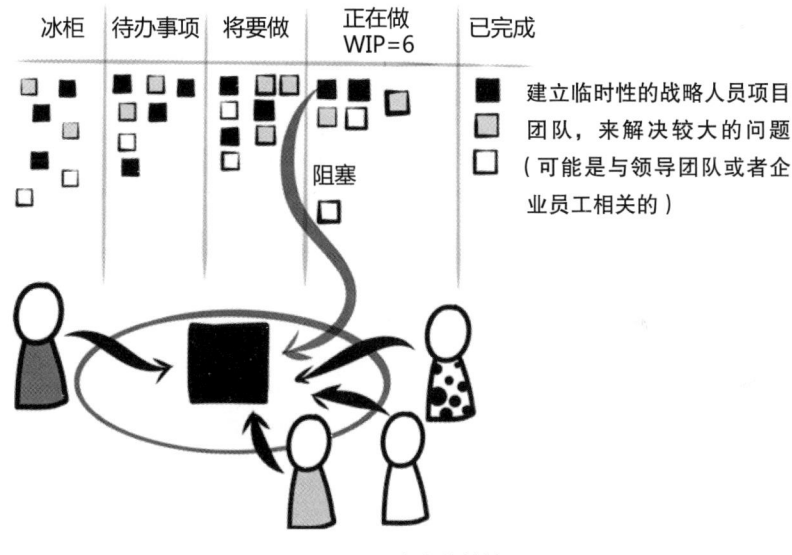

图 10.8 一个人的敏捷 HR 团队

没有人力资源

我们没有理由认为,人力资源职能或者人力资源团队必须永久存在,特别是在那些最初通过敏捷的工作方式建立和发展起来的组织,如技术初创团队和社区化团队(我们将在第 15 章中讨论此内容)。我们还发现,很多新成立的公司也都采用这样的方式来管理员工，尤其是当它们的规模较小时。但是，一旦它们成长起来并扩大规模后，它们可能会形成一个敏捷 HR 小分队或者员工体验小分队。

在图 10.9 所示的模型中，人力资源的运营要素通常是外包出去的，人力资源往往涵盖许多行政管理任务，如发送新员工合同或者跟踪员工休假情况，这些工作可以由业务团队自行处理，也能够使用各种技术工具来支持。其次，通过利益干系人的反馈和价值的定义，形成了一个人力资源举措的战略工作组合。来自不同业务部门的不同人员自愿组成一支临时的敏捷 HR 团队，以便在这个工作组合中交付不同的项目。通常，团队采用 Scrum 框架，理想情况下，有一名 PO 和一名 Scrum Master 或敏捷教练。在大多数情况下，团队成员都会自愿抽出一部分时间，在执行项目工作的同时继续开展他们的"每日工作"。

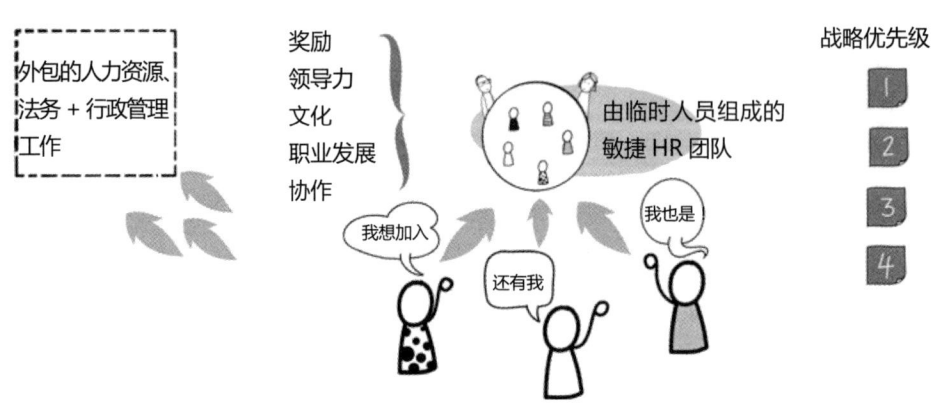

图 10.9　临时的敏捷 HR 团队

10.10 结论

敏捷 HR 运营模式的演变，反映了人力资源团队以不同的方法进行试验，目的是找到适合自己的独特风格。这样做的好处是，敏捷思维指导着我们经历这次冒险，帮助人力资源团队通过反馈循环和增量开发的方法学习及成长。刚开始的时候，如果觉得问题不确定，或者没有得到所有的答案，这些都是正常的。我们只需要真正作为一支自组织团队开始执行，许多障碍和不确定性问题都可以逐步得到解决。然而，我们鼓励所有人力资源团队按照敏捷的方式工作，以寻求支持，并利用目前在行业中存在的强大的敏捷教练的资源。

面向人力资源管理者的关键要点

- 本章中探讨的模型应该始终被视为一个起点，而不是需要遵循的蓝图，我们鼓励所有敏捷 HR 团队找到一种适合其组织环境和业务需要的工作方式。
- 处理这种新兴变革的最佳方式是将其视为一个共同试验和学习的机会。
- 令人兴奋的是，敏捷 HR 可以通过邀请人力资源管理者建立多技能和 T 型人才的团队，这预示着尤里奇模式和传统人力资源筒仓的终结。
- 许多敏捷 HR 运营模式都在探索如何提供更多的端到端员工体验，以及如何使服务于企业中的其他部门（如合规部门、IT 支持和内部沟通部门）在工作优选级上保持协调一致。
- 尽管敏捷 HR 团队找到自己的工作风格和方式很重要，但是所有团队的共同要素（包括新的敏捷节奏、价值的优先级排序、工作透明化，以及人力资源角色和技能的演变）更加重要。

参考文献

Dank, N (2019a) Interview WithTraceyWaters, Director of People Experience at Sky, and Agile HR Pioneer [Blog], *The Agile HR Community*, 29 July.

Dank, N (2019b) Sky Betting & Gaming Agile HR Transformation-Why They're Loving the Results, *The Agile HR Community*, 5 December.

Dank, N (2019c) Interview with Jennie Jarmen, Group People Lab Product Owner at Lloyds Banking Group, 15 November.

Ingham, J (2019) Beyond the Ulrich Model-HR in the People-Centric Organisation, *HR Magazine*, 1 November.

Hellström, R (2020) Interview with Josh Bersin, Global Industry Analyst, 20 January.

Roper, J (2016) Is the Ulrich Model Still Valid？ *HR Magazine*, 22 August.

Ulrich, D (1996) *Human Resource Champions: The next agenda for adding value and delivering results*, Harvard Business Review Press, Brighton, MA.

Ulrich, D (2018) Agility: The New Response to Dynamic Change, *LinkedIn Pulse*, 23 May.

| 第 11 章 |

敏捷 HR 工具包：
像科学家一样思考

11.1 概述

像科学家一样思考就是把基于证据的实践应用到人力资源工作中，并实时地做出可靠的商业决策。正如我们所知，敏捷的计划、执行、检查、调整的反馈循环，可以通过直接与最终客户进行测试和验证，来帮助其不断推动基于数据的决策。这样做的目的是在实施规模化敏捷前，先弄清楚某些过程是否有效。到目前为止，本书中提到的所有方法，如试验、原型设计和回顾，都采用了这种基于证据的方法。

过去，人力资源部门往往因为缺乏数据和工具而无法给出清晰的观点，也不能有效地为业务讨论做出贡献。有时，我们太容易受到最新潮流或快速解决问题的想法的影响，经常凭借个人经验做出工作决策。鉴于现代组织中日益增加的复杂性和信息量，采用基于证据的方法的必要性越来越明显。此外，如果我们能够恰当地探索手边的证据,而不是简单地做我们以前做过的事情,或者(更糟糕的是)一次又一次地推迟决策,那么我们就更有可能解决问题,从而使生活变得更加轻松一些。

令人兴奋的是,基于证据的工作方式让人力资源的工作也变得更加容易了。随着员工分析的深入和技术的进步,人力资源管理者现在可以收集和评估不同类型的有价值的数据源,为其决策提供信息。当人力资源管理者将这些信息与敏捷的工作方式结合起来时,就可以证明他们在业务决策中的地位。为了帮助你更好地开展这场旅程,我们现在将探索如何开始像科学家一样思考,并开始在我们的工作中采用更多基于证据的方法。

11.2 基于证据的实践

> **他们怎么说**
>
> 如果你不喜欢电子表格,也不喜欢统计数据和分析,你就不能真正地在人力资源领域开展工作。
>
> —— 乔希·伯尔辛,全球行业分析师

一段时间以来,即使没有敏捷工作方式的直接影响,基于证据的实践也已经在人力资源领域中积聚了一些势头。现在,英国人力资源领域的领先机构特许人事发展协会(Chartered Institute of Personnel and Development,CIPD)已经将基于证据的实践能力作为人力资源管理者发展的核心能力。之所以要开展基于证据的实践，其背后的关键驱动因素是对时间、金钱和精力进行优化的需求，还有对加强人力资源专业的商业信誉的需求。

正如 CIPD 解释的那样，基于证据的工作仍然需要人力资源管理者将他们的经验应用到组织设计和开发中。然而，人力资源管理者还需要收集员工和组织的数据、利益干系人的反馈，以及来自科学和学术领域的研究成果（CIPD，2019）。最重要的是，人力资源管理者应该进行批判性的思考，衡量所获得的数据的有效性和可信度，将观点与事实分开，并识别其中存在的任何个人或商业利益。这意味着，不仅要调查更多的人，获取更多的数据，还要调查人力资源管理者已经拥有的数据，并在设计人力资源产品或服务时，应用敏捷反馈循环。

基于证据的工作方式还有助于人力资源管理者更好地管理利益干系人的意见和期望，更不用说那些收入最高的人的意见了。例如，如果一个项目是基于某种想法或假设而进行的，那么若收益没有实现，就很难做出是否需要改变方向或结束项目的后续决定。相反，如果项目是基于证据的，人们采用敏捷的工作方式，那么就更容易调转方向，因为最初的决定是基于当时已知的信息而做出的。并且，随着时间的推移，我们做出改变是因为获得了比最初更多的信息，那么在这个决策的过程中，也就不会有人受到伤害。

随着员工分析技术的发展，基于证据的实践对人力资源管理的重要性也在不断提升。事实上，一些更大的组织已经聘请了数据科学家团队，在人力资源部门推动这种新的方法，而那些没有聘请数据科学家的组织，在通过他们的合作伙伴或者使用一些带有数据分析功能的技术工具，来构建这种基于数据的能力（Bersin，2020）。

到目前为止，阻碍人力资源管理者开展更多基于证据的实践的工作方式的障碍如下。

- 目前，缺乏处理不同数据来源的能力和经验，以及解释证据、与高级分析人员一起工作的能力和经验。
- 由于在数据隐私、数据安全和数据伦理方面缺乏经验，因此人力资源管理者不愿意开展与数据相关的工作。
- 在如何建立一个有效的商业论证，以及如何将员工数据与公司业绩和市场结果联系起来等方面，还有待改进。
- 当面对一个商业问题时，我们更愿意接受影响人力资源和组织心理学领域中一些虚幻、时尚的，以及看似是真理的观点，而不是遵循科学的方法。

11.3 入门提示

现在，让我们来探索一些基于证据实践的基本要素，以及我们该如何将这种思维应用到敏捷 HR 的工作中。

应用整体视图

过去，人力资源管理者倾向于依靠某个主要指标（如员工敬业度调查的结果）来提出某些措施或验证某个决策。然而，现在我们鼓励人力资源管理者利用广泛的数据[1]来构建更加全面的视图，从而解决业务问题。

---

[1] 这些数据不一定非要是指标和数字，还可以包括学术研究和利益干系人的反馈。

定义一个假说

敏捷工作方式的一个重要原理是测试一个假设或想法。为了科学地做到这一点，我们必须建立一个清晰的、可测试的假设，用于表述我们认为会发生什么，以及为什么会发生。例如，如果人力资源管理者提前查看应聘者的背景，那么组织就可以通过衡量团队或经理所批准的录用人员的比例来寻找更好的候选人。一旦我们建立了一个适当、有根据、有记录的假设，就可以系统化地对结果进行测量，并跟踪任何意外的结果。

规划研究方法

当人力资源管理者在为想要询问的业务问题收集证据和数据时，规划研究方法是很重要的。有时，这也可能包括找到那些最初看起来很难得到的信息。例如，大多数公司不能使用员工个人的医疗保健数据。然而，公司通常有可能得到匿名数据，并开始对这些数据进行汇总和研究，而不是单独列出某个人的数据。同样，我们需要了解不同类型的决策需要不同程度的可靠性和准确性，这取决于解决方案的潜在影响，当然，也取决于与之相关的出错风险（Burns et al.，2011）。

理解相关性和因果关系

令人惊讶的是，很少有人力资源管理者了解因果关系和相关性之间的区别。例如，当数据显示一个国家的巧克力消费水平与这个国家获得诺贝尔奖项具有相关性时（Messerli，2012），那么假设"吃巧克力会带来更多的诺贝尔奖"（因果关系）就是错误的。如果员工敬业度调查结果与公司的财务业绩具有相关性，那么我们不能直接得出结论，认为二者之间存在直接的因果关系（Levenson，

2015）。为了证明这一点，我们需要使用额外的数据，并探索不同的因素。

建立伙伴关系

大多数人力资源管理者都理解定性研究和定量研究方法之间的区别，并希望利用这两种方法来传达他们的观点。然而，为了将工作推进到下一步，并采用数学方法，如统计、概率和抽样，一种有效的方法是与数据科学家或分析专家进行合作。当专家谈论样本规模、数据质量、算法和预测值时，人力资源管理者可以更加清楚地表达员工和组织的需要，并提出必要的棘手问题来构建一个连贯的商业论证。有效使用数据的关键是提出正确的问题。这是数据科学的主要出发点，需要有人在数据科学家、业务、人力资源实践，以及员工数据之间充当翻译。

使用对照组和随机分组

对照组和随机研究方法是在敏捷产品开发中非常常见的方法和有效工具，可以帮助评估一项人力资源举措的影响。例如，为了有效地调查"活动 X 是否影响了活动 Y"，我们需要研究那些不仅参与过活动 X，而且参与过其他活动的小组，同时也需要研究那些没有参与过其他活动的小组。我们可以将参与者随机分配到不同的小组中，从而进一步消除认知偏见。一个现实的举例是，目前在工作环境中的正念和冥想所产生的影响被肆意放大。许多研究只是对正念和冥想本身进行研究，而没有将其与其他活动（如锻炼或喝咖啡）进行比较，而且往往无法将不同的干预措施随机分配到不同的小组中，来进一步验证或推翻他们的假设（Van Dam et al.，2018）。

回到源头

当阅读有关大众科学,以及人类和组织心理学等领域的信息时,我们建议在紧跟潮流或者利用信息支持职场决策前,首先对信息来源的可信度进行评估。现在,社交媒体可以很容易地散布一些与科学有关的发现,但是往往缺乏实质性研究或科学验证。学习有效地阅读研究报告是一项出色的技能。第一,阅读摘要;第二,阅读最后的结论部分;第三,寻找信息来确认数据的准确性和有效性;第四,寻找同行评审,列出研究方法及进一步的建议。如果这份报告是有意义的,那么再深入地进行研究。

挑战偏见

许多研究人员(更不用说外行人了)都倾向于坚守偏见,并沉醉于那些支持他们的假设或观点的证据。学会减少认知偏见的影响是至关重要的,有些偏见可能会让我们陷入困境。偏见的另一个例子是对算法的厌恶,如果一种算法有错误,我们就会开始怀疑它的可信度。一旦一种算法或预测运作良好,它就可以大大加快工作中的实践,因为它比人脑运作得更快、更稳定。然而,如果某件事让一个人怀疑它的有效性,那么这个人可能就会拒绝使用该算法。所以,人力资源管理者需要习惯使用算法来评估正在使用的数据和正在做出的决策。

不要重新发明轮子

世界各地的研究人员正在分享他们关于组织所面临的关键业务问题的发现。例如,使用优化工作时间表的算法或预测员工流动率的方法,都能很容易找到解决方案(Talarico and Duque,2015)。在开始分析前,若先找到一篇指导文献来阅读参考，可以节省很多时间。

从已有的人力资源数据开始

人力资源团队在开始进行员工分析前，通常会先开展大量与数据清理有关的活动。然而，正如我们所知，敏捷 HR 方法并不是从可用的数据开始的，而是从需要解决的人力资源问题开始的。此外，一旦人力资源管理者知道了确切的问题，就可以评估已经拥有的数据的有效性。如果试图先清理所有的员工数据，并且准备马上要提供的服务，那么就会降低人力资源管理者的工作效率。

通过数量来识别商业论证

一支人力资源团队不需要通过接触成千上万名员工，就可以获得基于证据的实践或员工分析的好处。相反，评估事件的数量通常更有用，如销售事务和客户服务的接触点。例如，一家电影院想要探究能否通过客服人员的性格特征和行为，来预测电影开始放映前的零食销售的数据。该研究发现了某些性格特征与更高的销售数据之间的联系。据此，他们改变了售票渠道，结果是单个客户的利润增加了 1.2%（Kruse，2013）。如果人力资源管理者开始通过员工分析，对企业的每一笔交易都能产生积极的影响，那么由此带来的整体收益将是巨大的。

学习人工智能（AI）的基础知识

为了确保 AI 在工作环境中的使用符合伦理道德且使用方法清晰，我们要做的重要工作是让这项技术基于人类主导的算法和规则的流程，而不是让机器来做决定。例如，人力资源部门需要清楚地证明和记录为什么聘用这个人而不是聘用另一个人,并确保 AI 决策不包含任何偏见,或者不会导致不公平的待遇。

> **HR 重点提示**
>
> 如果发现了相关性,那么人力资源团队就可以开始探索所其做出的预测是否可能发生。例如,某家百货商店的一支人力资源团队想要通过人员分析来确定两件事。
>
> 1. 能否准确地预测客户流量,从而影响员工的排班日程?
> 2. 能否证明在某段时间内,商店内客服人员的数量与客户可能购买的产品数量之间存在因果关系?
>
> 通过与数据科学家合作,并使用科学文献中现成的开源算法(Kabak et al., 2008; Talarico and Duque,2015),人力资源团队可以预测客户流量,并确定最佳的员工数量,从而使商店在某段时间内,有可能增加产品销售的数量。

11.4 基于证据讲故事

学会使用业务语言,采用一种叙述故事的方式,将业务人员与公司业绩和最终客户的购买结果联系起来,这是人力资源管理者的一项关键技能,有助于建立基于证据的工作方式。应用这项技能的目的不是展示员工指标或者人力资源报告,而是探索人类行为和组织设计与业务结果之间的关系。为了使这种工作方式更加有效,最好根据个体领导者所在的业务领域,以及他们的员工、终端客户和运营人员,来对调查结果做特定处理,而不是只给出基于公司平均水平的数据。

现在，让我们来看一些人力资源管理者讲故事的例子，目的是通过数据构建一个使用业务语言叙述的故事，从而更好地指导工作中的决策。

HR 重点提示

让我们通过下面的举例来比较向业务领导者展示观点的不同方式。

站在人力资源管理者的角度叙述

在未来两年内，将有 35 名维修技师退休。我们应该想一想一起来做些什么。

站在业务的角度叙述

我们将有 35 名维修技师在未来两年内退休。

1. 我们已经调查了这种情况存在的能力风险，30% 的退休人员在维修领域所具备的技能是在市场上很难找到的，这将影响 X 产品和 Y 产品的售后服务。

2. 通过进一步的研究，以及与团队管理者的讨论，我们估计这种情况所产生影响是，X 产品和 Y 产品的服务水平可能会下降 20%。

3. 这也可能直接影响我们与其中一个战略客户的服务协议，并将产生金融制裁或者需要重新进行合同谈判的风险。

4. 我们建议采取两种途径来降低这些风险。

a. 我们已经确定了 7 个人，他们只需要通过适度的培训，就可以在未来 6 个月内获得 X 产品和 Y 产品的执业资格。

b. 我们还确定了两种从外部招聘人才的方式，以填补潜在的人员能力缺口。

5. 现在让我们一起探讨下一步需要做什么。

虽然我们永远不会知道未来的确切结果，但是我们的目标是创建一个基于合理预测的故事，并探索不同场景下可能出现的结果。这正是当企业评估战略和产品设计时所需要开展的探索性工作。

11.5 从活动到影响

在传统的工作方式中，人们倾向于使用基于活动的指标（通常与 KPI 直接相关）来评估我们的产品或服务所产生的影响，如"有多少人参加了培训"或"参与讨论的员工的比例"。正如我们在第 8 章中所讨论的那样，一种更有效的数据报告方式是，评估和量化我们的产品或服务为组织带来的价值。我们可以遵循以下步骤制定有效的方法。

（1）评估产品或服务是否符合目标，能否解决问题，例如，解决这个问题的正确方法是组织一次培训工作坊吗？

（2）内建流程指标（比如，我们在弥补能力差距时所展现出的效率）及影响指标（比如，对于通过能力开发所改变的业务成果，如销售、上市速度及最终客户投诉数量的减少，有哪些积极或消极的证据）。

对有些人来说，用数字来表达是比较困难的。比如，对于领导力教练项目，我们建议在收集整个企业的故事后，再讲述员工在使用人力资源产品或服务后所带来的结果。又比如，收集领导者在参与教练项目之前和之后的行动故事、领导者的自我评估，以及与他们合作的团队的反馈和故事。有时，员工的敬业度与留存率会产生一些关联，但它们很难单独与某项活动（如教练项目）联系起来，而叙述故事则有助于构建更全面的图景。我们鼓励人力资源管理者以现代且有趣的方式来做这件事，比如，与领导者一起录制短视频，主持一些讲故事的活动。

> **他们怎么说**
>
> 我们从员工对项目的分析中学到的是,人力资源管理者需要从四个方面提供帮助:
>
> - 正确提出问题的科学方法;
> - 正确地解读数据;
> - 讲解答案,讲故事;
> - 使数据具有可操作性。
>
> 这是一项非常复杂的技能,我们可以用它来解释数据并使数据对我们有用,而不仅仅是生成一份报告,然后对大家说:"嘿,快来看,这是一份报告。"
>
> ——乔希·伯尔辛,全球行业分析师

11.6 由数据驱动的人力资源服务设计

我们需要很多新的构想来定义所需的数据,以及评估和发展我们的服务。我们建议从项目开始就构建端到端的流程,进行人力资源管理的目标是通过协调工作和更全面的方法,与其他职能部门一起解决业务问题。正如我们在第 12 章中所讨论的那样,这与持续倾听及评估全部的工作体验是联系在一起的。

人力资源部门会提供招聘和入职服务,这些服务往往涉及整个组织中的团队,如设备、IT 支持、内部交流和财务等部门。人力资源部门要设计一个更加端到端的员工体验,建立一套方法来跟踪与内部客户的接触点,以及工作交接、工作处理和等待时间等。

让我们来探讨一些基本问题，这些问题可以帮助人力资源管理者根据收集到的数据进行流程设计。

关于流程设计的问题如下。

- 用户对流程的哪些部分最满意或最不满意？
- 从用户有需要到为其提供服务，这期间的前置时间是多少？
- 在整个流程的不同接触点上，用户反馈告诉我们什么？
- 为流程中的每个步骤所花费的工作时间是多少？
- 用户在交付价值上花费了多少工作时间（而不是等待时间），或者对于价值创造没有直接贡献的时间（也称为流程效率）是多少？
- 流程中的哪个部分导致了最多的缺陷或错误？
- 瓶颈出现在哪里？

关于价值和影响的问题如下。

- 流程的影响和价值是什么？
- 员工对流程的整体满意度如何？
- 下一步，我们应该针对流程中的哪些部分做出调整，来积极地提升用户满意度水平或业务影响？

HR 重点提示

无印良品（MUJI）公司就是一个很好的案例，它在欧洲的旗舰店需要在很短的时间内招聘近 100 名员工。该项目的目标如下：

（1）将常规招聘流程的前置时间从几个月缩短到一周；

（2）让应聘候选人保持较高的体验满意度水平；

（3）招聘近 100 名员工；

（4）设立一个新的自动化招聘流程；

（5）与通过外包进行招聘相比，由公司内部自己完成的招聘项目，所花费的成本更低。

为了应对这一挑战，企业成立了一支敏捷 HR 团队，他们开始探索现有的数据。这使在招聘执行的过程中引入自动化，从而大大缩短了从收到候选人申请到选择合适的候选人进行视频面试的时间，即从 1~2 个月缩短到 2~3 天。

团队还在整个自动化的流程中精心设计了一些提供支持的信息，这使候选人对为其提供的体验和服务达到了较高的满意度水平。总的来说，通过采用增量式的开发和共同创造的方法，MUJI 公司按时招聘到了近 100 名员工，而且所花费的成本还不到通过外部招聘中介机构的一半。

11.7 结论

我们不需要像谷歌那样，在自己的人力资源团队中创建一种卓有成效的基于证据的方法。但是，通过遵循科学的方法来收集和评估数据，并支持敏捷反馈循环，所有的人力资源管理者都可以做出更好的基于数据的决策。我们还建议，在人力资源团队中发展人员分析的能力，或者与数据科学家和专家进行合作，将人力资源职业提升到更加高级的层面。总的来说，人力资源部门的目标是建立有效的商业论证和研究报告，将员工问题和员工价值直接与业务结果和最终客户的结果联系起来。通过像科学家一样思考，人力资源管理者可以很容易地成为决策桌上可靠的伙伴。

面向人力资源管理者的关键要点

- 基于证据的工作和像科学家一样思考，是敏捷 HR 中一个非常重要的组成部分，可以大大提高人力资源管理者的业务可信度。

- 采用基于证据的方法，有助于基于数据做出决策，从而开展组织变革，管理那些收入最高的人的意见。

- 至关重要的是，建立一个有效的商业论证，并将员工数据与公司业绩和市场结果联系起来。

- 我们鼓励人力资源管理者发展他们在人员分析和数据分析方面的能力，并与数据科学专家建立合作伙伴关系。

- 我们建议人力资源管理者应该负责与员工相关的分析工作，对个人数据进行合理、公正、公平和透明化的使用。如果人力资源管理者做不到这一点，而让其他部门来负责这项工作，那么情况就有些危险了，因为其他部门意识不到合规的重要性。

参考文献

Burns, P, Rohrich, R and Chung, K (2011) The levels of evidence and their role in evidence-based medicine, Plastic Reconstructive Surgery, 128 (1), pp 305–310.

Hellström, R (2020) Interview with Dr Jeff Sutherland, Co-creator of Scrum, 7 January.

Kabak, Ö et al. (2008) Efficient shift scheduling in the retail sector through two-stage optimization, *European Journal of Operational Research*, 184, pp 76–90.

Messerli, F (2012) Chocolate consumption, cognitive function, and Nobel.

laureates, *New England Journal of Medicine*, 367(16), pp 1562–1564.

Talarico, L and Duque, P (2015) An optimization algorithm for the workplace management in a retail chain, *Computers and Industrial Engineering*, 82, pp 65–77.

Van Dam, N T et al. (2018) Mind the hype: a critical evaluation and prescriptive agenda for research on mindfulness and meditation, *Perspectives on Psychological Science*, 13 (1), pp 36–61.

| 第 12 章 |

敏捷 HR 工具包：持续改进

12.1 概述

建立学习型组织，通过反馈循环和对话来持续改进，这一直都是人力资源领导者的目标。敏捷通过将评审和改进的流程直接与业务周期，以及向最终客户交付价值的方法联系起来，从而有助于实现这一目标。敏捷中的检视和调整是人力资源部门在整个组织中使用的强大机制，可以帮助团队加速提高绩效。

在本章中，我们将看到敏捷如何在个人、团队、组织和产品层面，推动一个持续改进的环境的建立。我们将透过人力资源管理者的镜头，探索不同的工具和技术，人力资源管理者可以将其用于加强自身的专业能力和技能。

12.2 清除障碍

正如我们在前文中已经探讨过的，敏捷作为一种工作方式，会针对任何可能减慢团队速度或限制向最终客户交付价值的障碍进行探索，找到相关措施，并对其进行优先级排序。如果团队实践得好，可以在每日站会上邀请团队成员分享可能会减慢他们速度的障碍和挑战。这些问题可以涉及任何事情，包括从一个团队无法按时交付到团队间的沟通问题。我们的目标是尽可能在当天解决这些问题，并不断地将团队从负面的困境中解救出来。

事实上，一家公司如果在整个组织范围内运行规模化敏捷模型，那么它就会利用上午的时间召开一系列站立会议，从团队层开始，直至高管层。虽然重点仍然是帮助团队通过动态的自组织来解决他们自己的问题，但是，任何较大的障碍或大型跨团队的问题都由管理团队在同一天进行处理，他们有权解决全公司范围内的障碍。这种工作方式改变了游戏规则，展示了敏捷组织中的领导者如何成为一个"障碍清除者"，以及如何专注于帮助团队完成工作，而不是把工作委派给他人。

这种寻找和消除障碍的日常行为是敏捷内在机制的体现，可以推动流程的持续改进。如果一个组织能成功地驾驭一个互信的环境，并且在组织范围内支持透明的反馈和讨论，就有可能围绕组织目标，形成一种强烈的集体责任感和所有权，从而持续改进流程。

学习如何改进也意味着具备一种公开讨论失败和听取他人建议的能力。正如我们在前文讨论过的，这意味着人力资源部门需要在一个相互信任和安全的环境中与员工一起开展工作。人力资源部门需要促进这种讨论，并帮助领导者和团队将失败的试验或未达成的目标视为宝贵的学习经验，并将其作为人力资源部的核心指导活动。

12.3 对改进项进行优先级排序

本章讨论的所有方法都将帮助个人、团队和组织发现改进的必要之处，从而更好地完成他们的工作。然而，如果我们不对这些改进项进行优先级排序并制订实施计划，那么只是单纯地强调改进是没有用的。就像所有其他工作一样，人力资源部门很少能完成我们想要完成的所有改进项，尤其是当人力资源部门需要同时完成其他设计或开发工作时。

这意味着敏捷 HR 团队需要将改进项添加到他们的待办事项列表中，并对何时及如何完成这些任务做出选择。此外，通过设计相应的支持机制，确保改进工作的完成。例如，有一些团队在整个冲刺阶段执行改进工作，而其他团队则将 Kanban 板的一部分用于跟踪和完成改进工作，以及其他相关的任务。无论采用哪种方法，要想使其适合敏捷 HR 团队，就要找到一种节奏，确保在完成日常工作的同时，也能完成所有最重要的改进。

现在，让我们探索人力资源部门应如何推动个人、团队、组织及产品在各个不同层级的持续改进。

12.4 个人层级

本书讨论的许多敏捷技术都可以在个人层级上使用，从而推动个人成长。我们使用 Kanban 来管理自己的待办事项列表，还有很多例子是关于使用 Scrum 来管理房屋装修或组织婚礼的。将敏捷工具融入我们的日常生活，可以使我们的思维活跃起来，将敏捷理念落到实处。

我们整理了一份个人学习行动清单，人力资源管理者可以采取这些行动来发展敏捷思维。

个人学习行为

- **现场走动**（Gemba walk）。这是一个日文术语，指从日常任务中抽身而出，观察价值是如何创造的。这是一种很好的管理方式，可以向他人学习，并获得如何处理各项敏捷活动的不同视角。它要求人力资源管理者以沉默的观察者身份参加其他团队的站立会议、客户评审和回顾会议，然后与不同的团队成员讨论他们的见解、经验与教训。
- **成为一名 Scrum Master**。因为 Scrum Master 是敏捷反馈循环的保护者和推动者，所以对人力资源管理者来说，这是一个很好的教练角色，不仅可以加强通用的引导技能，还可以激发其成为客观的倾听者。人力资源管理者还可以获得关于团队动态和组织行为的宝贵的见解，这有助于为制定员工战略提供信息。
- **个人 Kanban**。你可以使用像 Trello 这样的免费工具来管理和安排自己的日常工作；你需要决定自己的价值驱动因素和 DoD，以此指导你的敏捷节奏。
- **个人回顾**。反思是学习过程中必不可少的一部分。你可以选择一种回顾方式来运行自己的个人回顾会议，并通过收集到的见解来制定个人发展路线图。
- **个人反馈**。向与你共事的人寻求对你的工作的反馈及改进意见。明确你想要改进的可交付成果，并通过具体的例子来帮助人们形成对你的反馈，这种方法通常是很有用的。

- **小规模的验证**。无论你在创造什么，你的目标都是先创建一个模型或草稿版本，然后寻求反馈以进一步完善你的想法。与 2~5 人一起测试你的 MVP，并寻求他们的反馈和改进建议，然后根据反馈来迭代第二个版本。

- **敏捷开发路线图**。个人发展应该始终被视为一个增量发展的过程。你不可能一夜之间掌握所有的技能。你需要一次只专注于一件事，如此才能坚持下去。将不同的学习目标视为史诗，然后将其分解为学习待办事项中的不同行动和任务，这是一种引导你发展的有效方法。我们建议使用 Kanban 板或 Scrum 板来进行规划，并使用时间盒来跟踪进度和回顾所取得的成就。

- **发现你的 T 型能力**。你的 T 型能力是什么？

  - 列出你的经验和专业知识。
    - 这些年你处理过哪些不同的情况？
    - 这些经历如何帮助你应对未来的商业挑战？
  - 列出你的专业技能和让你觉得最舒服的话题。
  - 考虑还缺少哪些技能。
    - 你如何发展新技能，并将其添加到列表中？
    - 你如何将新技能与不同类型的经验联系起来？

12.5 团队层级

回顾是工作中的一种强大的工具，也是我们在团队层级支持持续改进的主要推荐方法。通过采用敏捷方法，我们可以将回顾活动积极地整合到团队的工作周期中或者每个冲刺中。人力资源管理者可以通过多种方式进行回顾，以促进组织的对话，并挖掘员工的经验。例如，人力资源部门可以利用战略回顾，与业务领导者和利益干系人一起回顾当前员工的情况。此外，回顾是将学习研讨会或教练辅导的成果形成闭环的良好方法，因为它可以帮助参与者以目标和行动导向来进行反馈。

回顾的目的是建立一个安全的空间，促进团队用讲故事的方式来积累在上一个冲刺或工作周期中的经验。为此，团队成员需要相信他们所讨论的内容只会作为保密信息留在团队内。然后，团队会作为一个集体来决定在范围更大的组织内共享哪些信息及随后执行哪些改进项。

人力资源管理者在回顾中将深入研究团队成员是如何工作的，以及用来完成工作的工具。首先，回顾活动可以鼓励团队成员探索团队动态和行为，以及沟通和协作的方法。其次，通过回顾，团队可以评估其为完成工作所使用的敏捷工具和框架，可以涵盖从如何编写和呈现待办事项条目到如何度量和报告速度等内容。对于这些类型的活动，需要重点理解的是，回顾不能成为一个指责游戏，而是要将团队成员引向行动导向的讨论，即为什么会产生这些问题，下一步应该做些什么来解决这些问题。一支新的团队或一支尚未成熟的团队往往缺乏一个客观的指导来帮助其探索这些问题，所以，此时拥有 Scrum Master 或敏捷教练的引导技能是必不可少的。

有许多图书和网络资源可以帮助人力资源管理者执行有效的回顾。对于大多数回顾的方式,人力资源管理者可以遵循五个步骤(Derby and Larsen,2006)。

(1)设定场景。说明意图,让人们有时间进入这个场域。

(2)收集数据。鼓励回忆,对所发生的事情达成共识。

(3)生成见解。找出模式、趋势及意想不到的时刻。

(4)决定行动。优先解决最重要的问题,并计划切实可行的行动。

(5)收尾。感谢大家的坦诚和所付出的时间,阐明下一步要做的事情,并讨论如何改进才能使下一次回顾做得更好。

为了开好回顾会议,我们建议使用即时贴、记号笔、计时器,并预留足够的墙壁空间。下面列出的方式将有益于团队进行静默式头脑风暴,他们可以在开始小组讨论前,把构思和想法写在即时贴上。

敏捷团队常用的回顾方式

- **精益咖啡**。顾名思义,这种方式是为了唤起一种在咖啡店里友好聊天的感觉。团队需要记录他们想要讨论的话题,将这些话题进行分组,然后采用排序的方法(如圆点投票法)确定话题的优先级顺序。一旦设定了排序,就可以设置一个计时器,一个接一个地完成这些主题的讨论,例如,允许每个主题的讨论时间为 5 分钟。在每个时间盒结束时,团队成员可以表示自己希望继续同一主题的讨论(大拇指向上),或者停下来转向下一主题的讨论(大拇指向下)(Lean Coffee,2020)。
- **疯狂、悲伤和高兴**。团队成员需要思考在之前的工作周期中是什么让他们感到愤怒、悲伤和高兴,然后进行分享和讨论。邀请团队成员先在墙上或白板上写下他们的个人评论,然后收集他们的见解并讨论相似点、不同点和原因（Derby and Larsen，2006），这通常是一种很有用的方法。

- **帆船或快艇**。在白板纸上画一艘帆船或快艇。接下来，探索推动团队前进的力量，把团队成员的评论贴在船帆上或发动机上；或者把人们的评论贴在锚上，以便将船只拉回来。你也可以添加风暴云，代表对前面挑战的探索，或者添加太阳，代表寻找机会（Hohmann，2006）。

- **团队满意的图表**。你可以在每个坐标轴上使用不同的标准。一种有效的方法是用 Y 轴表示"对团队工作的满意度"，X 轴表示"对结果的满意度"。团队成员会在即时贴上标明自己处在两者之间的某个位置，讨论不同点和相似点，并探究其原因（Andresen，2017）。

- **反馈或构想矩阵**。画一个具有 4 个区域的网格，让团队成员记录下他们对以下问题的看法：

  - 什么做得好（继续）；
  - 什么做得不好（改变）；
  - 构想和见解；
  - 表示感谢（对于某件事或某个人）。

一旦完成，就让他们将这些即时贴添加到网格中，并将主题进行分组。根据可用的时间，可以采用优先级方法只专注于最重要的主题，或者直接针对每个主题进行探讨。建议为所有这些讨论设定时间，因为他们可能会讨论得非常激烈（Derby and Larsen，2006）。

- **亚马逊评论或电影评论**。要求每位团队成员用特定的格式写一篇关于前一个工作周期的评论，如亚马逊评论或电影评论。他们可以使用星星进行评级，或者使用一个满分为 5 分的评分机制来进行打分。接下来，讨论见解。

- **时间线或直方图**。让团队成员为上一工作周期绘制一个事件时间表。一旦将其呈现在墙上，就可以在上面添加相应的要素，诸如团队成员做了什么，想到了什么，感觉到了什么，以及事件或不同团队角色等影响因素。使用不同颜色的卡片或即时贴的目的是捕捉不同的视角，而不仅仅是找到大家趋同的想法（Derby and Larsen，2006）。

HR 重点提示

　　回顾可以产生巨大的影响力，是变革的催化剂。定期回顾并建立一个安全的空间是至关重要的，因为人们在回顾中有时会很情绪化，会表现出脆弱和挫败。例如，在一个大型敏捷 HR 项目中，几支小团队一起工作，使用一个统一的待办事项列表进行产品设计，这需要时间来改变其行为并建立互信。在经历几个冲刺后，团队之间的紧张关系变得很明显，这是由于他们对工作的优先级产生了不同的看法。当执行回顾活动时，一支团队决定先去找他们的经理，提出他们的担忧，然后，经理召开会议，会上抱怨团队没有听取某些观点。这引起了巨大的争议，更不用说大家有多失望了；对其他团队而言，这件事帮助他们启动了一场关于为什么有些人不愿意公开表达他们的担忧，以及如何更好地进行协作的讨论。虽然回顾活动中的讨论很激烈，但它代表了团队开始信任敏捷这种工作方式，并开始解决跨团队之间的依赖关系，而不是在出现问题时仅仅把问题汇报给管理层。

12.6 组织和产品层级

在组织层级中，持续改进可以促使人力资源管理者从追踪和监控员工敬业度的做法，演变为建立持续倾听策略的实践。将员工体验视为一种产品，并将员工视为内部客户，不断倾听如何协调跨职能的工作，收集广泛的数据来源，从而提高业务绩效（Stevens，2018）。

有趣的是，这意味着我们要尝试摆脱一种常见的做法，即每个职能部门都进行调查，比如营销部门检查品牌知名度，人力资源部门评估对领导力的看法，并试图实现一种保持一致性和协调性的数据收集方法。此外，人力资源部门不仅要通过更多的调查来获取更多的数据，还要持续地倾听，并着眼于如何挖掘各种数据来源。例如，将员工反馈与调查问卷相结合，可以通过社交媒体等方式了解员工对公司的看法，也可以跟踪员工如何使用人力资源部门所提供的服务，比如通过内部网站或者拨打回访电话等方式（Stevens，2017）。

接下来，就像业务部门与终端客户一起评审他们的产品一样，人力资源部门与其他提供支持的职能部门应该使用这些持续的倾听技术来评估员工的需求、偏好和满意度水平。将这些数据与设计思维步骤相结合，可以不断开发和提高员工对产品的体验度。例如，通过询问员工的痛点是什么，我们可能会发现解决这些问题的方法，从而使员工提高业务绩效。

虽然一些人力资源管理者可能会发现这种较为复杂的层级有些令人生畏，但许多人力资源团队都可以简单地根据已经收集到的数据进行持续改进。关键是将数据直接与公司业绩联系起来，并与其他职能部门合作，从而提供更加协调的方法。关于如何开始像科学家一样思考的更多信息，请参见第 11 章的内容。

让我们看看人力资源管理者可以使用的一些有效的组织层级的工具。

第三部分　支持人力资源管理的敏捷 HR 工具包

组织层级和产品层级的反馈工具

- **脉搏检查、调查问卷和员工体验的度量指标**。基于云技术和移动应用的发展，人力资源部门不再需要与提供员工参与度分析的供应商捆绑在一起。这些供应商以前通过繁重的供应合同，控制着数据收集和反馈报告。现在，人力资源部门可以利用一整套轻量级的产品来实时跟踪员工的体验。然而，无论你决定使用什么产品，都要确保调查问卷简短，反馈信息透明。
- **即时的问卷反馈**。让员工在使用人力资源的产品或服务后，立即填写一份简短的问卷反馈。收集到的数据将有助于跟踪服务水平和员工满意度。
- **数字和营销工具**。探索如何更好地使用这些工具来跟踪人力资源的产品或服务，从而帮助其实施监控，例如：

    - 一些特定网站页面的点击率；
    - 退出率（比如，员工或候选人离开一个网站页面）；
    - 使用热点图技术展示登录页面参与度；
    - 用于内部沟通的营销指标（比如，有多少人实时打开电子邮件）。

- **对特定的主题、问题或需求进行研究**。科学运用定量和定性的数据来分析业务问题或员工遇到的挑战。评估业务数据和员工数据之间的相关性和因果关系，目的是发现根本原因和最大的影响因素。为了能在这一领域提供帮助，我们鼓励人力资源团队发展高级的分析能力，或者与组织中具备这些技能的其他部门进行合作。
- **战略回顾**。通过回顾活动对员工或组织的主题进行战略回顾，比如当前组织的人才组合的健康状况。这是一种很好用的工具，可以用于同高层领导者展开协作。当战略回顾与其他数据源和员工指标相关联时，可以发挥非常大的作用。

- **员工分析工具**。随着下一代员工分析技术在其领域的应用，人力资源管理者的机会和能力正在爆炸式增长。我们可以使用这些工具进行网络分析、预测性留存映射、人才映射、情感和影响检测（如电子邮件文本），以及风险和欺诈预防。

- **敏捷成熟度评估**。有许多种敏捷成熟度评估方法可以用来帮助跟踪组织的发展和团队的动态成长。利用收集到的数据在组织内部进行公开讨论，从而确定如何消除障碍。

- **众包和共同创造**。使用众包技术并通过视频会议，邀请员工一起投票决定，或者讨论特定的话题。例如，一家企业通过将数字化技术和面对面的研讨会结合起来，举办了一个全组织范围内的战略共创会议。这个会议持续3小时，参会人数达400人，会议议题包括如何理解战略，以及为了让该战略更加有效，需要做哪些工作、获得哪些信息。

- **定期的内部客户回顾和展示**。许多敏捷HR团队定期与员工举行内部客户反馈会议。虽然有些敏捷HR团队将其与特定的项目或举措联系起来，并对项目或举措进行评审，但是许多敏捷HR团队每月或每两个月都会与企业中的大多数部门，甚至整个组织召开会议。这是一种非常有效的方法，可以让你定期得到反馈，了解哪些工作做得好，哪些工作需要改进，以及下一步应该把时间和精力放在哪里。

- **与敏捷HR团队一起召开精益咖啡研讨会**。一些敏捷HR团队可以与员工在精益咖啡研讨会上通过回顾活动来发掘其在业务中所面临的最重要问题。这也是一种很好的方式，通过收集员工的见解来了解员工体验和总体满意度水平。

12.7 结论

我们常常会在项目中跳过回顾和反思的步骤，因为我们总觉得时间不够用，要尽快开始下一项工作。对人力资源管理者来说，回顾和反思尤其重要，因为他们往往把大部分时间都花在了组织改善上，却以牺牲自己的学习机会和团队发展作为代价。敏捷反馈循环很自然地建立起一个持续改进的环境，并为人力资源管理者提供了一个预先设定好的业务流程，从而帮助员工学习和提高绩效。人力资源管理者可以在这一领域中发挥巨大的价值，并利用我们所了解的教练和引导技能来建立心理安全的环境，从而帮助员工更好地学习。

面向人力资源管理者的关键要点

- 敏捷可以帮助人力资源管理者实现建立学习型组织的愿景。
- 为了支持持续改进的环境，将回顾、反思和改进的行为嵌入常规的工作节奏中是非常重要的。
- 改进工作像所有其他任务一样，需要计划并添加到待办事项列表中，只有这样我们才有机会完成这些改进工作。
- 人力资源管理者可以通过引导回顾和评审讨论，在敏捷组织中扮演重要的教练角色。
- 建立一个可信任的空间，有助于员工给出反馈和接受反馈，这一点是非常重要的。
- 使用本章中所讨论的技术来推动员工的学习和成长，这是帮助团队和组织持续改进的重要起点。

参考文献

Derby, E and Larsen, D (2006) *Agile Retrospectives: Making good teams great*, Pragmatic Bookshelf.

Hohmann, L (2006) *Innovation Games: Creating breakthrough products through collaborative play*, 1st edn, Addison-Wesley Professional, Boston, MA.

Keith, N (2001) *Project Retrospectives: A handbook for team review*, Addison-Wesley, Boston, MA.

Stevens, L (2017) Three Basic Conditions for Employee Experience Success Using. Data and People Analytics, *LinkedIn*, 29 August.

Stevens, L (2018) The 4 Guiding Principles of a Successful Continuous Listening. Program, *LinkedIn*, 19 April.

第四部分
支持敏捷转型

| 第 13 章 |

人力资源管理者对敏捷转型的支持：概述

人力资源管理者通过拥抱敏捷理念和演进的工作方式，来帮助组织实施敏捷转型。虽然大多数组织都在探寻通过实施敏捷转型来应对日益复杂的业务环境，但是实施敏捷转型的原因会根据环境和行业的不同而有所不同。敏捷转型的危险在于，有些人错误地认为它只是简单地表现为更快地做事情，而没有意识到保持敏捷实践和实现业务收益所需要的深刻的行为改变。人力资源管理者对敏捷转型的支持是建立在人力资源专业中已经存在的知识和技能的基础之上的，这些知识和技能是关于如何指导组织发展、文化变革及现代化运营的，可以使组织更好地适应未来的工作。

本章将探讨人力资源管理者在敏捷转型中扮演的角色，以及如何重新设计现有的人力资源产品或服务，从而帮助员工加快实现业务敏捷。

人力资源管理者支持敏捷转型，这部分内容将围绕以下几个主题展开。

- **共同创建敏捷愿景**（参见第 14 章）：帮助人力资源管理者回答为什么应该进行敏捷转型的问题，并且在整个组织中共同创建一个强有力的故事和叙述方式，从而指导转型，对员工进行授权。
- **敏捷组织设计**（参见第 15 章）：探讨了实现敏捷组织设计的两个主要途

径，以及如何将敏捷方法扩展到多个部门，甚至是整个企业。

- **人力资源管理者在敏捷转型中的角色**（参见第 16 章）：分享了人力资源管理者在组织范围内的敏捷转型中发挥关键作用时所需的技术、方案及可行的想法。
- **敏捷 HR 的产品或服务**（参见第 17 章）：提供了大量的案例研究，演示了如何在绩效、奖励和学习等方面，设计出优秀的产品或服务。

在这一部分中，重要的是要记住，敏捷转型永远不可能通过在员工身上强加实施，或者通过遵循一个预定义的蓝图来实现。在任何时候，我们都需要考虑当前正在运行的环境，以及转型所具备的进化属性。人力资源管理者应该拥抱敏捷的价值观，并遵循敏捷原则来指导工作，而不只是寻求一个最终的状态。人力资源部门需要支持敏捷转型中的组织和行为的改变。这是至关重要的。

第 14 章

共同创建敏捷愿景

14.1 概述

我们要在整个企业中巧妙地采用敏捷理念及其相应的框架,需要对组织运作的环境有深刻的理解。简单地使用待办事项列表或执行回顾活动,并不能真正使我们敏捷。为了成功地定义企业采用敏捷方法的速度和深度,人力资源管理者首先需要评估组织运行的环境。

本章将探讨推动组织走向敏捷的不同因素,并帮助人力资源管理者回答为什么要采用敏捷方法这一核心问题。我们还将分享关于如何在组织中评估敏捷的成熟度,以及关于敏捷开发执行状况的一些思考,然后使用这些信息来帮助指导整个企业范围内的转型。

在本章中,我们讨论的主要焦点是传统公司需要重新设计它们的工作方式并拥抱敏捷,当前业界关于转型的讨论都是围绕着这个观点展开的。然而,本章中讨论的许多例子也适用于我们称之为"天生敏捷"的组织,这些组织从第一天开始就通过敏捷价值观和自组织网络发展起来。关于这部分内容，我们将在第 15 章中详细讨论。

14.2 从"为什么"开始

因为不存在一个通用的敏捷转型蓝图，所以每个组织都需要回答为什么要采用敏捷方法这一问题，建立一个叙述方式，使人们能够采取行动，并支持文化变革。为了帮助人力资源管理者能够引导这个讨论的过程，让我们来探讨一下在企业中驱动敏捷转型需求的常见的因素。

更新运营模式

目前，银行、旅游和零售等行业迫切需要对其产品或服务进行数字化改革，以应对终端客户不断变化的需求。正如在本书开篇章节中所讨论的，消费者行为的这种戏剧性变化决定了现在的公司如何设定自己的运营预期。例如，随着播客和有声读物的蓬勃发展，如果图书出版商不采用数字化的形式，那么将很快被淘汰。为了支持数字化的发展，大规模的敏捷转型是必要的。鉴于目前的竞争形势，大多数商业领袖都希望看到这种运营模式被快速地更新。

> **HR 重点提示**
>
> 正在经历大规模数字化转型的组织，需要一支具有敏捷理念和能够发展新型组织的强大的人力资源团队和一种运营模式。人力资源管理者需要在敏捷和

> 数字化能力方面担负起对员工进行再培训的工作；需要定义新的角色，同时重新组合团队，最终实现以客户为中心的价值流。敏捷转型还要求招聘工作应该根据应聘者不同的背景和文化契合度来进行。

扩展业务规模

当敏捷初创企业逐渐成长时，它需要扩大运营规模，从而进入组织发展的下一阶段。通常情况下，制定决策和人力资源的相关实践都是轻量级的，不需要使用文档。在敏捷初创企业进行扩展时，为了提高效率和促进业务增长，在引入标准化和结构化元素的同时，至关重要的一点是要保持企业文化的活力。这里变革视角是指在有意义的地方创造可预测性和确定性，也就是只在明显有助于员工取得成功的地方，才对流程进行标准化。在任何时候，企业都要保持自组织团队的核心价值观和透明性。

> **HR 重点提示**
>
> 我们经常听到人力资源管理者这样说："他们犯的是最低级的错误，就是浪费了太多的时间去重复造轮子。工作中缺乏流程！"然而，由于缺乏结构化，有一种倾向是做出过度补偿，也就是引入非常多的流程和系统。当敏捷初创企业扩展标准化的实践时，通常要做到"少"就是"多"，我们鼓励人力资源管理者对其设计的流程和系统进行验证。第 8 章中为人力资源管理者提供了很好的工具，用来确定从哪里开始工作。

一项新业务的成长

想要将业务扩展到一个新的市场或地区，对任何组织来说都是一项挑战，因为文化、政治及合同等场景可能与企业以前的业务有所不同。在这种情况下，敏捷的工作方式可以帮助企业处理这种复杂性，因此它比僵化的瀑布式计划更受青睐。当发展一项新业务时，存在太多未知因素，几乎不太可能预先制订计划，而采取敏捷的运营模式是非常有优势的。

> **HR 重点提示**
>
> 当一个组织在发展一项新业务时，人力资源管理者需要建立一套支持员工的实践方法，或者准备好进行业务并购的相关事宜。例如，招聘的第一批员工对于奠定企业成功的基础是至关重要的，所以入职流程应能随时准备根据能力和技能方面的新需求做出调整，可能还需要与自由职业者和供应商建立新的合作伙伴关系。这是一个高强度、快节奏的环境，一定会发生许多让人意想不到的事情。对人力资源管理者来说，提高敏捷技能可以帮助其应对这个时代的不确定性。这是至关重要的。

创新

许多公司正在设立创新中心或进行创业尝试，以探索围绕新兴商业理念的市场。例如，Volkswagen We 是一家在大型、传统的企业中发展起来的初创企业，它正在重新思考移动性的需求，提供以汽车为平台的服务。最近，它们的倡议包括"你的后备厢就是你的送货地址"，并创建了一个生态系统，让车主可以在汽车停放和闲置时，出租他们的后备厢（Volkswagen，2020）。这需要一个敏捷的运营模式驱动这些内部初创公司的增长和创新，并帮助它们不断改进。

> **HR 重点提示**
>
> 人力资源部门经常需要与市场、财务和后勤等部门进行跨职能的合作，以帮助小型初创团队或创业中心得到快速成长，并产生轰动效应，从而鼓励创新。对人力资源管理者来说，这种环境更像是在一个由企业家组成的团队共同创造的能够吸引有创造力的人才加入的物理环境和社会环境。在这个创业中心的内部，敏捷 HR 管理方法有助于快速地将从母公司继承下来的现有人力资源管理实践，发展成为灵活、轻量、更支持创新的框架。在这些情况下，我们需要在授权限制的范围内发挥创造性，并且向母公司的人力资源团队证明，发展人力资源管理实践能够带来自由，而不会导致合规性的风险。实际上，创业中心内的人力资源团队可能需要扮演一个内部敏捷销售代表的角色，向仍在母公司传统部门中工作的同事解释实施敏捷的好处。处理"我们与他们"的这种对抗状态，这对整个企业来说是非常重要的，我们将在第 15 章中进一步探讨。

上市的前置时间

加速上市时间是大型公司实施敏捷的主要原因之一。这意味着将研发职能进行转型，使之更加靠近最终客户，无论在运营方式上还是在物理位置上，甚至在心理上更加接近客户。研发转型的目的是大幅缩短产品进入市场所需的时间，以及降低新产品发布失败的风险。例如，如果一个数字化产品从推出到上市需要两年的时间，那么当它最终进入市场时，就会被认为是一个过时产品了。通过引入敏捷运营模型，可以更快地开发产品，更早地验证新概念，并且可以大大降低产品识别的风险，即避免设计出终端客户不愿付费的产品或功能。

HR 重点提示

在这些场景中，人力资源部门的主要目标是帮助团队进行重组，以便与客户更加紧密地合作，并促进研发部门与其他部门的协作。通常，这与另一个主要驱动因素相关联，即团队重新组合形成以客户为中心的价值流。这可能是一项相当大的挑战，因为许多团队以前的工作方式可能是孤立的，人们可能会对新环境感到不知所措或受到威胁。例如，员工可能会感到很不舒服，因为以前与熟悉的工程师团队一起工作，现在被要求在一支跨职能的团队中工作，需要与新业务的利益干系人合作，甚至还会与最终客户打交道。我们越能直接与相关人员共同创建新的组织结构，就越有可能坚持下去。人力资源部门还需要加快新能力的开发，不仅是技术能力，而且还包括沟通和理解客户等能力。

以客户为中心的价值流

许多公司正在尝试根据产品或客户的情况来重新组合他们的团队和基础设施，而不是基于流程、地理位置或其他类型的职能筒仓。客户关系非常复杂，客户有可能分布在许多国家，公司需要根据客户的情况来提供不同的服务类型。想象一下，一家小型公司正在处理有关贷款、保险和未来融资的相关问题，它当然不希望仅仅因为银行内部组织结构的设置无法为其提供完整的服务，而分别给银行里的 5 个不同部门的人打电话来处理问题。设想一下，一家保险公司需要从一种流程优化的组织结构设置（1）过渡到一种面向客户的组织结构设置（2）。

- 组织结构设置（1）：A 部门提供汽车保险，B 部门提供员工保险，C 部门提供财产保险……
- 组织结构设置（2）：新部门 X 为小公司提供所有保险，新部门 Y 为个人消费者提供所有保险，新部门 Z 为跨国公司提供所有保险……

因此，许多组织意识到他们需要简化客户流程，并将他们的团队和流程重新组合成端到端的价值流。这些变化通常涉及大型组织范围内的重组计划，包括新技术架构的引入，以及对最终客户的新的理解和认识。

HR 重点提示

从人力资源管理者的角度来看，转变为以客户为中心的组织通常需要进行彻底重组，并且需要构建新的能力来支持新的价值流。例如，人力资源部门可能会支持员工培养计划，特别是销售和终端客户职能，招聘服务设计、客户关系和数字化开发领域的新员工。以前，所有工作都是从条线管理和授权开始，再到达现有的流程和系统的；现在，这种方式需要围绕以客户为中心的价值流重新组合。员工经常会感到困惑，甚至是威胁，人力资源部门需要帮助员工理解他们适合在哪个岗位上工作。这一点对员工来说非常重要，因为员工目前已经习惯于遵循特定的流程，他们需要理解在重组时面临的挑战，尽管一开始他们可能不知道所有的细节，但是我们需要帮助他们前进。

在这种情况下，人力资源管理者需要具有指导组织变革的经验，需要在一些行为活动中发挥主导作用，比如通过领导力培训和举办研讨会来帮助员工相

> 互协作，同时帮助员工度过裁员或工作角色的转变。人力资源管理者应该带头评估成功支持变革所需的投资，因为业务领导者可能缺乏对细节的了解，也就不能分配适当的预算，这些细节包括需要组织多少场学习研讨会，或者需要多少成本来聘请敏捷教练。

简化产品、流程和系统

组织进行敏捷转型的一个目的是简化他们的技术基础设施或产品组合。这对那些通过收购与兼并成长起来的公司来说尤其常见，这些公司可能需要对已经收购的数百个不同的 IT 系统和产品进行整合。例如，许多大型传统银行正在采用敏捷方法来简化方案，既简化了产品流程，也建立了必要的技术基础设施来支持数字化发展（Verbeek and Smith，2019）。

> **HR 重点提示**
>
> 通常，在面对这些情况时，需要人力资源管理者与监督转型的 IT 领导及支持或领导变革的敏捷顾问紧密合作。这里需要注意的是，一些敏捷顾问可能会推动企业进行更广泛的组织变革，并建议实施预先设定的敏捷组织设计模型（有关这些模型的更多信息，请参见第 15 章）。我们建议在购买一个听起来不错，但并不适合特定环境的解决方案时要谨慎。另一个需要注意的是，以 IT 为中心的敏捷顾问很少有人力资源管理实践方面的经验，这可能会导致企业在人力资源方面实施敏捷时，采取政策和实践方法的响应速度比较缓慢。因此，有

> 必要引导组织中一些更微妙的元素和行为改变。人力资源管理者需要与敏捷顾问密切合作,以确保人力资源管理实践(如绩效、奖励和学习)可以在敏捷转型的同时得到演进(我们将在第 17 章中详细解释如何处理这个问题)。

建立以员工为中心的企业文化

将敏捷的价值观和实践融入企业品牌,这对那些想要建立健康的人才管道,并被视为以人为中心的组织来说,是一个战略性的决策。这里的重点是通过正向的故事和叙述方式来吸引人才,通过社交媒体和其他网络论坛来促进创新人才的实践。然而,重要的是任何敏捷品牌都必须能够真实地反映组织的文化,否则这类公司很快就会在 Glassdoor 或 LinkedIn 等社交反馈论坛上遭到强烈抵制。

> **HR 重点提示**
>
> 人力资源管理者倾向于促进企业文化和品牌的举措,以及激励他们的终端客户和网络,通过组织内部鼓舞人心的故事,展示出在企业中工作的卓越之处。像这样的公司可能会举办很多聚会,他们会投资建立一个活动空间,其目的是成为潮流引领者和思想领袖。来自这些组织的专业人士往往需要在商业活动和会议上发言,人力资源部门应该把这些活动作为极好的学习机会。

我们建议，大多数人力资源管理者至少要考虑一个驱动因素，甚至在他们的组织中同时考虑几个驱动因素。无论企业接受敏捷转型的原因是什么，形成一个清晰而简明的叙述，围绕"为什么"开展工作，对长期支持敏捷转型来说是至关重要的。敏捷 HR 的最大价值在于对变革中的人员的支持，同时确保实施方法的包容性。

14.3 创建一个强大的愿景

为了清楚地阐明一个组织为什么要实施敏捷，人力资源管理者需要与领导者和团队紧密合作，评估哪些驱动因素与敏捷及公司运营中广泛的业务环境相关。整个组织需要对敏捷转型的原因和方向具有明确的认知。例如，一家知名银行清晰地意识到，需要为公司中所有为敏捷转型而建立起来的新的业务部门和新的工作地点回答关于"为什么"的问题。为了回答这些问题，需要有一支全球转型团队与每个新领域的高层领导者紧密合作，开始整个组织的敏捷变革。第一步是举办敏捷"训练营"，不同业务领域和工作地点的团队领导者聚在一起，探讨他们所处的环境，并就公司中他们所在的部门为什么应该采用敏捷方法达成一致。有趣的是，训练营不仅有助于使业务部门进行敏捷转型，而且有助于使变革具有个性化特征，以便每位领导者都能够用自己的语言来解释实施敏捷的原因。

一旦明确了拥抱敏捷的原因，自然而然就会引发下一个问题——"我们从哪里开始？"如果在组织中，仅仅是一支团队接着一支团队地开展和传播敏捷事件，往往不能带来预期的业务价值，因为这种变革仅仅停留在团队层面，并没有创造出跨职能的价值流。在这种情况下，有必要评估从哪里开始进行敏捷转型是最好的，以及组织在给定环境下适当的变革速度。需要形成一个敏捷转型待办事项列表，用来指导变革对于时间、金钱和工作量的投入。

指导采用敏捷方法的战略优先级工具

每个组织都需要建立自己的方法来战略性地对敏捷转型待办事项进行优先级排序，这通常需要跨不同的业务单元和职能部门来评估敏捷实施的准备情况。

以下工具可以帮助人力资源管理者指导这个过程，并支持企业确定最适合开始采用敏捷方法的地方和原因，以及如何开始重组团队和流程，从而形成组织内的价值流。

风险分析

我们可以从两个主要角度分析与敏捷转型相关的风险。

（1）对于不同的部门或职能，无法采用敏捷方法的风险是什么？例如，基于对竞争格局的理解，如果业务的特定领域没有发生变化，那么机会成本是多少？

（2）对于不同的部门或职能，采用敏捷方法的风险是什么？例如，由于引入敏捷方法的不稳定性或可能存在的巨大能力差距，这种类型的组织变革是否会影响到收入？

很少有组织一开始就实施敏捷的全部内容，相反，他们发现逐步演进敏捷文化和工作方式更有意义。事实上，我们甚至看到有一些公司需要按下暂停键，以便进一步发展和支持敏捷运营模型，接下来，再将其引入已经准备好实施敏捷转型的业务单元中，然后再扩展到组织中更多的领域（Bajkowski, 2019）。

敏捷成熟度评估

敏捷成熟度评估有助于人力资源管理者和领导团队理解从哪里开始采用敏捷

方法，以及不同的业务单元持续发展的不同需要。

有几种可用的评估工具，组织可以将它们作为构建自己评估工具的基础。大多数评估方法都会衡量团队如何采用敏捷的工作方式，并涵盖以下几个因素。

- 团队有明确的、排定了优先级的待办事项列表。
- PO 有权做出所有与产品相关的决策。
- 每个周期都会交付增量的价值。
- 系统化地清除障碍。
- 团队可以自己制订工作量的计划。
- 每个周期都进行持续改进。

有一些评估方法还建议将敏捷软件开发的 12 条原则作为基础，而另一些评估方法则关注度量指标，如组织发布的一个功能性产品增量的频率（Hewett，2017）。

我们还可以通过以下几种方式来评估组织实施敏捷的能力水平。

- 在每个价值流中，都会完成发布计划。
- 我们有现成的敏捷度量指标，可以预测进展情况。
- 我们进行了跨团队的协调。
- 我们有一个全公司范围内清除障碍的流程。
- 我们组织中的管理结构能够支持敏捷运营。
- 战略级别的优先级是通过投资组合管理来完成的。

对组织来说，非常有用的一点是要基于那些最重要的敏捷实践来考虑转型的形式、速度和整体方法，从而制定一套成熟度评估框架。组织可以在转型前和转型期间进行敏捷成熟度评估，甚至可以在业务运转良好时使用，从而进一步改进组织的文化和工作方式。这里的关键是，针对你的组织，需要共同建立对文化和价值观的评估，并确保每位参与者都可以确定下一步要改进什么，以及如何改进。

文化评估及领导力评估

文化评估有利于评估准备的情况，以及敏捷转型在不同层级的接受情况。这有助于识别出那些已经按照敏捷的方式思考和工作的团队，以及识别出谁愿意成为下一个采用敏捷方法的人。文化评估可以帮助团队尊重自己现有的思维方式，并确定支持、培训和指导的级别，以便能够安全地进行敏捷试验，并开始在理念上做出必要的转变。领导力评估有助于管理者发展他们的行为和思维方式。同样，领导力评估也有助于领导者探索现有的管理结构和识别思维或流程的方式（比如，如何做出决策），从而帮助加速敏捷转型。例如，评估当前的组织管理结构是否是基于瀑布式的思维方式，或者识别出为了交付最终客户价值需要建立多少个指导小组及多少次文件签署和审批等。

敏捷是关于人的改变

许多公司通过在内部创建一个试点区域或中心来启动敏捷转型。这通常与IT或数字化项目有关。针对不同的项目和团队，虽然实施敏捷转型的方式有所不同，但通常在实施过程中会进行试验和持续改进。企业可以进行大规模的敏捷转型，人数从几百人到几千人。

无论采用哪种方法，重要的是让所有员工从一开始就参与进来，共同设计目标和愿景，参与评估，并通过优先级识别出我们可以在何处及如何加强敏捷的理念。许多人问，如何才能以最好的方式实施敏捷。其实，问这个问题的人没有意识到敏捷是关于人的改变。这也是人力资源管理者可以发挥重要作用的地方，他们支持敏捷的实施，帮助组织中的每个人在转型过程中顺利开展工作并体会到敏捷的价值观。

14.4 变革阻力

当我们考虑如何进行敏捷转型时，需要重新定义传统的变革管理概念。敏捷不应该被看作一种实施，因此，人力资源部门不需要通过变革来管理人员。相反，我们的目标是通过创造一个安全的空间来检验和学习比以前更好的工作方式，并共同创造成果。通常，关于变革阻力的假设是，在规定的期限内，将必要的行为改变强加给另一个人。这种方法意味着高层领导者或人力资源部门已经思考并决定了什么是对员工最好的，这样做反而剥夺了在与变革相关的学习过程中的重要因素（Davachi et al., 2010），例如，

- 对问题的关注；
- 反思，并与现有的思维模式建立联系；
- 产生新的见解并不断学习；
- 将情绪与学习联系起来，使学习更加持久；
- 留出空间，这意味着人们需要时间来改变他们的行为。

人力资源管理者应该意识到的一个关键危险是，当你把敏捷转型引入一个组织时，通常会使用一种强有力的变革管理方法（往往仅以工具和技术的形式），但是忘记了首先需要做的事情是传播敏捷的理念。这样做可能会导致局面混乱和认知失调，团队可能会开始使用 Scrum 框架或其他敏捷实践来更快地完成工作，

而没有意识到需要进行相应的行为转变，从而导致团队失败，进而使团队认为敏捷方法并不适用于他们的项目。

> **教训**
>
> 让我们以"沃尔特瀑布"（Walter Waterfall）这个用户画像为例来加以说明。沃尔特现年 43 岁，是一名医疗系统行业的项目经理，在合规驱动的产品开发方面具备很强的能力。他一直与政府安全机构打交道，并因其在合规和监管方面的建议而受到同事们的尊重。基于沃尔特的经验，他的项目计划准备得很好，并且在预算、资源和时间安排方面都相当准确。
>
> 想象一下，现在，沃尔特正在参加一个战略启动会议，CEO 满怀热情地启动了敏捷转型计划。"我们将转向敏捷！"沃尔特听见一支试点团队正在谈论他们是如何进行冲刺的，每周都会调整团队的项目范围。沃尔特想到，他需要一年的时间来获得相关的政府审批文件。他确信，这支试点团队忘记了关于文件和监管事项的准备工作。他感觉到敏捷的工作方式存在风险。他也知道 CEO 缺乏监管方面的专业知识。当然，在这个例子中，沃尔特是抗拒变革的，这反映出了他对于失败的恐惧。的确，沃尔特没有轻信他人所制定的战略，他提出了问题，并觉察到了风险，这是正确的做法。沃尔特的行为使变革的"提出者"感到很沮丧，因为变革的"接受者"不像他们希望的那样热情，因此他被称为"抗拒变革的人"。

这是多年来组织变革的方式，我们认为这反映出了一种过时的关于人性的观点。人类天生具有适应性，如果对自己有意义，就会改变自己的行为。人们会很自然地关注一些东西，但是这仅仅代表人类进化的过程及对自己的行为的选择。

一种自上而下、强制性的变革议程将具有很高的失败风险（Dikert et al.，2016），而且只会营造出一种畏惧变革的环境，因为人们害怕犯错。管理阻力和缺乏高管支持被认为是实现业务敏捷的两大障碍（Dikert et al.，2016；Standish Group，2019；VersionOne，2019），这表明，领导者和员工都需要以一种开放的心态来促进变革。我们鼓励人力资源管理者能够采用超越传统的变革管理方法，转而关注如何在整个组织中建立心理安全机制，从而支持敏捷理念的发展和持续演进。

14.5 结论

人力资源管理者应该把通过敏捷工作方式改进组织的运营模式看作一个持续不断的适应和变化的循环。在任何时候，都需要评估实施敏捷的业务收益，并清楚地阐述和理解实施敏捷的原因。人力资源管理者在帮助整个组织共同创建愿景，以及为每个人的个性化发展方面起到了关键的作用。如果没有正确的模型或最佳的实践路线图来实现业务敏捷，领导者就不能仅仅从最高层发出指示来执行敏捷。相反，我们需要共同建立一个强大的愿景，并创造一个安全的空间，让每个人都可以尝试失败与成功，最重要的是学习。

面向人力资源管理者的关键要点

- 敏捷 HR 管理者需要有很强的商业敏感性，能够理解公司采用敏捷运营模式的原因，从而支持领导者创建一个强有力的愿景及故事和叙述方式。故事和愿景对于每个组织来说都是独特的，甚至对于不同的业务单元也是不同的。

- 尽管在战略上有必要快速建立新的运营模式，但一个组织不可能同时改变每个人和每件事。人力资源管理者可以发挥重要的作用来支持领导者识别从哪里开始进行敏捷转型，并对敏捷转型待办事项列表进行优先级排序。
- 人力资源部门可以帮助识别组织变革中的关键人员，对其进行引领和指导，并且构建成熟度评估和度量指标，从而在战略级别上跟踪变革的实施。
- 成功和持久的敏捷转型需要在引入变革时，采用一种以人为中心的方法。
- 有些人抵制敏捷是有正当理由的，人力资源管理者可以通过帮助他们理解敏捷实践中包含的新逻辑，并邀请他们确定自己的责任如何适应新的组织结构和工作方式，从而支持他们参与变革。

参考文献

Davachi, L et al (2010) Learning that lasts through AGES, *NeuroLeadership Journal*, 3.

Dikert, K, Paasivaara, M and Lassenius, C (2016) Challenges and success factors. for large-scale agile transformations: a systematic literature review, *The Journal of Systems and Software*, 119, pp 87–108.

Verbeek, H and Smith, I (2019) Benefits of simplification, KPMG *Frontiers in Finance*, Issue 61, October.

第 15 章

敏捷组织设计

15.1 概述

我们已经了解到,敏捷是一个基于团队的模型。那么,如果在一个组织中,需要多支团队协作完成工作,会发生什么呢?如果我们需要 10 支团队、50 支团队,或者几百支团队相互协作,为最终客户提供价值,那么该怎么办呢?

在本章中,我们将探讨敏捷组织设计的概念,以及如何跨多个部门,甚至在整个企业中,对团队模型进行扩展。我们将探讨各种因素之间的关系,例如,如何在团队层面保持自主性,同时在整个企业层面保持对最终客户愿景的一致性。我们还将探讨当敏捷团队以自组织和快速决策为主要工作方式时,如何确保一个组织能够有效地处理跨团队依赖、集成和治理等关系。在我们意料之中的是,没有一种"一刀切"的方法可以用于敏捷组织的设计,当一个组织寻求新的协作方式并实现业务敏捷时,我们首先要看看业界出现的最流行的运营模式。

理解敏捷组织设计是人力资源管理者具备的一项新的能力,它直接借鉴了指导整个企业文化和行为变革的经验。这也是人力资源管理者可以为企业增加巨大价值的领域。领导者和团队需要可靠的合作伙伴来帮助他们进行敏捷转型，最重要的是使现代组织设计以人为中心。

15.2 敏捷组织设计模型

我们将在本章中探讨不同的敏捷组织设计模型，虽然在字面上很容易理解，但在现实世界中很难优雅、可持续地加以采用。重要的是要记住，业务敏捷的主要目标是提升组织绩效，并为最终客户提供更多的价值。这意味着，匆忙地进行敏捷规模化扩展是有风险的。我们应将重点放在团队层面，让同样数量的团队成员创造出更多的价值。理想情况下，还可以把时间缩短一半。正如杰夫·萨瑟兰（Jeff Sutherland）博士所指出的，"如果 PO 可以将输出的价值翻一番（通过对待办事项列表进行优先级排序），而且 Scrum Master 可以帮助团队将绩效（速度）翻一番，那么我们的团队将会交付四倍的价值（Sutherland，2019）。"这里我们得到的启示是，需要在组织扩展前建立一个有效的团队模型，从而向这个模型中添加一些所遇到的挑战，否则，我们仅仅是扩展了问题。

我们还发现，组织可以采取两种主要的演进途径来实现敏捷设计。一是我们所说的"天生敏捷"。这些组织代表着越来越多的企业，通常，它们并不会在日常工作中使用敏捷这个术语，因为它们从一开始就践行了敏捷的价值观和实践。它们的目的是随着业务的发展，对一种已经具有创新性和以人为中心的文化进行规模化扩展，并获得一个更加健康的协调关系和组织结构，同时能够实现自组织和创造力。对"天生敏捷"的企业来说，保护"创业文化"或"企业家精神"不仅是为了获得战略上的优势，而且是他们基因中的一部分。

二是让一家经营着更为传统的金字塔结构的企业转变成一个敏捷的组织。这意味着，这是一种用于实现业务敏捷的不同寻常的进化路径。在这种情况下，人力资源管理者需要引导组织经历一系列的发展阶段来转变理念，让新的工作方式随着时间的推移而出现。非常重要的一点是，在较早的时候，就要将业务中非敏捷的部分与新的敏捷愿景结合起来，即使团队在很长时间内不接受日常的敏捷工作实践，也需要这样做。

现在，我们将探讨这两种不同的途径，并讨论当人力资源管理者在指导这类组织进行各种元素的设计时，需要注意的主要问题。

15.3 途径一：天生敏捷

最近的初创企业或社区中涌现出很多案例，它们都基于敏捷和以人为中心的原则，我们很容易从中获得启发。事实上，这些组织中的许多创始人现在已经被视为现代商业大师，并定期在一些公开的会议上发言。《哈佛商业评论》和《福布斯》等杂志经常刊登从这些组织中发展起来的创新人才实践，如不分性别的育儿假、不受限制的假期，以及公开透明的薪酬结构。

许多天生敏捷的组织都建立在一种理念之上，如丹麦的 Pingala 公司，这是一家致力于设计一个让人们愿意加入，并把自己剩余的职业生涯都倾注其中的公司，而且将这种文化视为一种产品（Pingala，2020）。或者更简单地说，就是要创建一家"在星期一去上班时，不应该让你感到生气"的公司（Goodnews Finland，2016），这是芬兰软件公司 Vincit 的创始人对这一理念的完美表达，Vincit 公司现在已经被公认为欧洲最好的工作场所之一。

人力资源管理者可以从这些鼓舞人心的案例中学到很多东西。基于自组织和自管理原则，大多数人正在重新思考超越传统股东利益的商业目的。相反，这些天生敏捷的组织是不断发展的社会化企业，它们的员工和社区的福祉是其成功的基石。天生敏捷的组织不仅会照顾员工，而且会理解员工。组织开始重塑基础设施，越来越多地反映出相互关联的生态系统。员工根据向最终客户交付价值的需要，寻找相互关联的信息，而不是根据预先确定好的角色或等级要求来执行工作（见图15.1）。

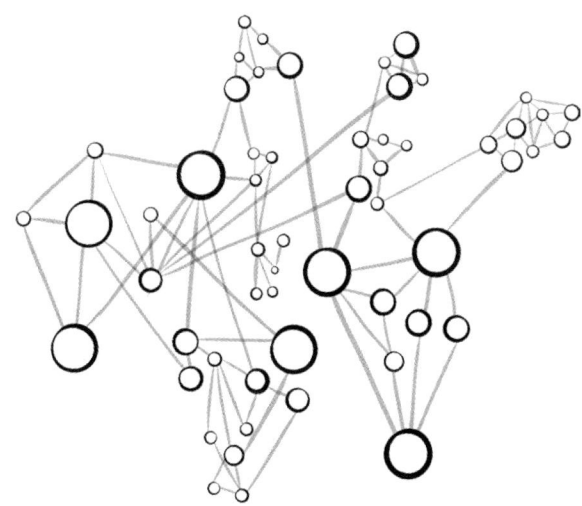

图15.1　组织是相互关联的生态系统

为了将上述内容付诸实践，让我们探讨一下天生敏捷组织的共同特征，并举例。

信任文化

在这些组织中，员工的行为往往基于企业的价值观，而不是遵循政策或员工手册，但是前提是组织要像对待成年人一样对待员工。如果我们需要告诉员工应该做什么,那么我们为什么还要雇用那些人才呢?

一个很好的例子是 Buurtzorg 公司,这是一家位于荷兰的老年护理服务提供商。Buurtzorg 公司拥有超过 10 000 名员工,已经成功地将一种自组织的运营模式发展为一种高利润的运营模式,甚至正在进军新市场,如英国和爱尔兰。在 Buurtzorg 公司内部,每支团队基本上拥有并运营特定地理区域的业务。每支团队要承担战略工作和常规的工作任务,包括招聘、劳动力规划和能力开发等。此外,在这些由护士领导的团队的基础上,公司拥有大约 15 名地区教练和 1 支小型中心化管理团队,负责管理公司的核心系统、工资和其他的基本流程,这支中心化管理团队的人数仅占所有员工人数的 8%(而大多数组织为 25%)(Buurtzorg,2020)。

> **HR 重点提示**
>
> 建立信任文化的核心是用真实的语言和行动来支持某种观点。如果在没有事先批准的情况下,员工不能申请自己的差旅费,那么员工就更不可能在工作中自己做决策。人力资源管理者可以从天生敏捷的企业中获得灵感,并通过制定政策或设计流程,在所有类型的组织中率先建立信任的环境。从简单的"穿什么合适"的着装规定,到信任团队自己做出预算的决定,让员工从基层审批流程和过于复杂的程序中解脱出来,这是展示信任的有力方式。此外,在大多数情况下,这些改变不会违反合规要求,也不会违背编写合规文档的初心。大多数员工都想做正确的事情,尤其是当他们相信一个组织的宗旨时。

自我管理

为了使员工能够做到自组织，所有必要的信息都需要被知晓和共享。正如我们所看到的，敏捷倡导者使用一系列技术，如可视化工具、待办事项列表，以及最终的客户反馈，来不断地排定优先级并做出基于证据的决策。许多组织通过制定完备的协作和沟通框架，以便能够做到这一点。以下是一些在探索自我管理时，非常有效的技术：

- 非暴力沟通（CNVC，2020）；
- 大声说话的同伴网络（WOL，2020）；
- 激烈对话（Fierce，Inc，2020）；
- 坦诚相对（Scott，2020）；
- 流程建议（Bakke，2013）；
- 允许决策的制定（Bockelbrink，Prister and David，2020）。

我们不要低估实现自我管理所需的组织成熟度水平，许多组织依靠专业教练或培养反馈拥护者来引导结果的达成。也就是说，员工按照自己做出的决策开展工作，将具有更大的动力。因此，如果每个人都能监督自己的行为，那么就不会产生来自他人的责备了。

芬兰国家图书馆（Oodi）就是一个很好的例子，它开发了一个世界领先的公共空间和服务项目，吸引了数百万名游客，更不用说那些想学习如何使用公共空间的来自公司的游客了。凭借自我指导和非暴力沟通原则，他们由52人组成了一支自我管理的团队，团队中的任何人都可以做出影响组织的决策，大多数决策都是在行动中做出的。然后，通过召开团队会议或将整个组织的人员聚集在一起，并使用以下方法提出更大的问题和挑战。

- 竖起大拇指：对我来说已经足够好了，继续吧。
- 手掌放平：我有一个顾虑，但只要考虑到了这个顾虑，就去做吧（顾虑得到了讨论）。
- 拇指朝下：我想现在就阻止它，不能这么做，因为存在巨大风险，这是错误的时机。
- 耸耸肩：我相信那些掌握更多信息的人会做出这个决定，我授权他们做出决定。

这种方法的目的是使团队中的每个人都能快速做出决策，而无须完全达成一致或进行冗长的讨论（Norris，2019）。另一种做法来自中型科技公司 Futurice，该公司提倡自我导向、透明和自由的文化。所有决策都是完全透明的，整个组织中的每个人都可以共享这些决策。为此，Futurice 使用了一种名为"2×3 矩阵"的工具，任何员工都可以根据"客户、公司和员工"三个维度，以及"今天和未来"两个时间维度做出决策（Kantola，2012）。

自我管理并不意味着工作中没有任何等级制度。人们常常期待领导者帮助他们做出决策，帮助他们制定愿景和目标。然而，在天生敏捷的组织中，除了通过职位的权威之外，还有其他形式的层次结构。例如，员工代表的投票系统和自愿追随的方式，即员工可以选择自己的领导者（Atkinson，2015），以及基于能力、努力和成就的工作系统（Gore，2020）。当然，这取决于一个组织的所有权结构，股东或投资者可能会对这种方式产生影响，有些企业也希望通过建立合伙制度或设计期权计划，并邀请员工成为主要股东来改变这种影响。

> **HR 重点提示**
>
> 人力资源管理者可以通过在其价值观中，或在文化准则和手册等公司的相

关资料中明确说明这些行为，帮助在组织内部形成一个自我管理的环境。以下是 Hubspot 公司的文化准则，这是一个很好的例子，说明了如何将公司的价值观嵌入一个信任和自我导向的环境中。

Hubspot 公司的文化准则

（1）我们对待自己的指标就像对待我们的使命一样狂热。

（2）我们关注的是客户，而不是竞争对手。

（3）我们是完全透明化的，这有些令人不安。

（4）我们给自己的自主权是令人惊叹不已的。

（5）我们在选择自己的同伴时，没有任何规律可循。

（6）我们对个人的专精进行投资，也对市场价值进行投资。

（7）我们蔑视传统的"智慧"，因为它往往是不明智的。

（8）我们讲真话，面对事实。

（9）我们更愿意去平衡工作与生活，而不是将工作与生活对立起来。

（10）我们永远处在一个不断进步的过程中。

我们建议，你可以与员工共同创建这种类型的组织准则，并确保从这些准则中捕捉到在你们公司的特定文化和企业品牌下自我管理的真正含义和本质。

网络

这种新型运营模式是基于团队的网络，而不是基于个人角色和权利阶梯的等级结构。网络是由一些小团队组成的，任何人都可以接触到并与另一个人取得联系，以获取正确的信息并向前迈进。为了有效地工作，网络需要有一个共同的目标，这在敏捷中表现为源于向最终客户交付价值的共同目标（Denning，2018）。网络还直接依赖于团队的力量，因为员工会找到归属感和共同责任感，从而共同完成任务。

例如，Whole Foods 公司就是由许多团队形成的一个网络，每支团队经营自己的商店，并做出从定价到招聘新员工的一切决策（Burkus，2016）。另一个很好的例子是德国的 Sipgate 公司，其自我管理的团队承担了在传统方式中属于人力资源管理者或经理的任务。在 Sipgate 公司中，团队直接负责招聘和入职等活动；他们还成功地创建了基于网络的人力资源管理实践和流程，以消除对经理的需求，例如，通过举办三方的同岗位人员的相互反馈会议，来讨论员工的绩效问题（Mois，2018）。

> **HR 重点提示**
>
> 促进网络的发展已成为敏捷 HR 领导者的一项重要技能。要想迈出第一步，就要明确地声明，在公司行为准则或价值观中，员工可以自由地与任何人讨论任何事情。这有助于鼓励员工通过协作实时地解决问题，而不是通过管理层汇报问题。如果可能的话，可以限制使用公司高层管理委员会和书面批准文件，特别是对于那些较小的决定或在一定预算范围内的决定。通过利用网络的力量，人力资源管理者可以大大提高业务绩效。

仆人式领导

在天生敏捷的组织中，团队是向最终客户和所有其他角色提供价值的单位。

从 PO 和 Scrum Master，到任何级别的业务领导者，所有这些角色都需要服务于团队。正如我们所看到的，这通常会产生一个更加扁平化的组织等级结构，或者在某些情况下，根本没有组织分层。在许多天生敏捷的组织中，领导力可以是许多不同角色的人所具备的能力，而不是与某个特定角色联系在一起。团队甚至可以在一段时间内将"领域领导者"的标签分配给某个人，然后在需要不同类型的经验时，再将其分配给另一个人。

一个著名的例子是 Morning Stat 公司，它是一家完全自我管理的番茄加工企业。这家公司的合作和协调建立在两个强有力的原则之上：第一，员工不应该对彼此使用武力或胁迫（这意味着，一切都应该是自愿的）；第二，履行你对他人的承诺（Hamel，2011）。因此，Morning Stat 公司中没有管理者、头衔或晋升，员工之间自行协商责任归属，甚至是薪资（Kirkpatrick，2018）。

HR 重点提示

在天生敏捷的组织中，人力资源管理者在指导和培养领导者方面扮演着重要的角色。一个重要的心态转变是支持领导者从根本上放手，并意识到他们不再需要提供所有的答案，因为他们可以信任敏捷系统。在招聘仆人式领导时，考虑其个性和文化的契合度也很重要。通常，我们寻找的是在指导和帮助他人方面有技能的人，而不是如何完成工作的专家。谷歌的氧气（Oxygen）项目及如何识别有助于经理有效地为团队服务的行为，给了我们很多启示。其中包括成为一名优秀的教练，需要赋予团队权力，而不是进行微观管理，创造一个包容和安全的环境，并传达一个清晰的合作愿景（Google ReWork，2020a）。

信息透明

信息透明是敏捷的核心价值观，因为它有助于使每个人都平等。在传统的金字塔式的组织中，信息往往意味着权力，并与职位相关联。正如我们所学到的，在天生敏捷的组织中，信息的缺乏会拖慢我们的速度。在天生敏捷的组织中，透明和可视化的信息不仅存在于产品或项目待办事项列表中，而且存在于整个企业中，可以支持快速决策和集体决策，以及针对可能面临的机遇和挑战进行对话。它还鼓励了思想的多样性，因为每个人都可以为解决方案做出贡献，从而加快问题的解决和绩效的提升。例如，有些组织允许任何员工在透明和公开可见的系统中，基于已经定义好的责任要求做出采购决策。

信息透明也是影响行为改变的一种方法。例如，一家中型技术咨询公司在销售渠道和运营上完全透明，所产生的结果是显著的，即员工变得更加活跃，跟踪客户线索和跟踪市场趋势，在专业技术上支持销售的工作，甚至向同事推荐项目。在这种情况下，信息驱动了一种归属感，员工被激励承担更多的责任，因为他们对客户数据（包括即将到来的项目和机会）是很有把握的。

许多天生敏捷的组织会公开分享员工框架、文化手册。事实上，大多数公司这样做的目的是建立一种间接的品牌意识，他们相信自己的文化能够构建竞争优势，吸引优秀人才。我们鼓励你利用一些精彩的开源资料，以下内容可以作为参考。

- Hubspot 公司的文化准则，其灵感来自著名的 Netflix 公司幻灯片，这是一个通过敏捷价值观驱动公司文化的优秀示范案例（Hubspot，2013）。
- Netflix 公司的极具影响力的幻灯片，这是当时在硅谷关于如何扩展成功的敏捷文化的最具突破性的见解（Nolen，2014）。

- Valve 公司与众不同的手册,将带领新员工踏上旅程(Valve Press,2012)。
- Beyond 公司拥有多样性和包容性框架,这种以人为中心的框架屡获殊荣(Beyond,2020)。
- 通过谷歌在 YouTube 上的演讲,你可以学到一些影响当今社会的前沿思想(Talks at Google,2020)。
- ReWork 是一个令人赞叹的实践集合,包括谷歌内部使用的实践、研究和工具(Google ReWork,2020)。

不过,请记住,我们永远不应该将这些事例用作蓝图,而是从这些伟大的想法中汲取灵感,用于帮助我们找到适合自身组织环境的设计方式。

HR 重点提示

见证团队一起解决问题是神奇的,而一个重要的支持机制是信息透明。一方面,即使信息是负面的,如果公开分享和讨论,员工也会倾向于团结起来,一起解决所面临的问题。另一方面,当只有有限的信息被分享或者根本没有信息被分享时,员工就会开始产生不信任。例如,对薪资和奖金决策的透明化可以极大地改变员工对流程的接受程度,并且使员工能够理解自己所获得的奖金金额的原因。

保护天生敏捷的文化

许多天生敏捷的组织面临的关键挑战是如何在成长的同时保护其优秀的文化。令人惊讶的是,组织往往需要通过选择引入标准流程来提高协作和效率。一一般来说,一旦业务发展到每个人都无法了解对方时,就会发生这种情况。另一个常见的原因是员工体验不平等,这可能是由于整个组织正在制定的人力资源管理实践存在混乱的情况,如不同的福利或薪酬结构,没有一支中心化的团队或一种机制来协调整体计划。当需要建立某种结构时,我们经常会看到人力资源管理者在传统的最佳实践基础上设置不必要的官僚机构。这时,我们应该将这种做法视为拥抱敏捷 HR 的方法和共同创建解决方案的绝佳机会。

有影响力的天生敏捷模型

一些天生敏捷的组织从 Spotify 模型中获得了灵感,还有许多组织从"青色运动"(Teal Movement)、"社会民主 3.0"(SocialCracy3.0)、"合弄制"(Holacracy)等框架和概念中获得了启发。下面我们列出了这些框架的主要内容,鼓励人力资源管理者多阅读并探索不同的方式来丰富组织文化,而不仅仅是依靠天生的敏捷基因。

青色运动

本章中提到的一些例子包含在弗雷德里克·拉卢克斯(Frederic Laloux)的开创性著作《重塑组织:成为青色组织》(*Reinventing Organizations:As Teal Organizations*)中。拉卢克斯在灵感、整体理论和螺旋动力学的启发下,构建了一个框架。在这个框架中,人类、群体和组织经历了不同的意识阶段,每个阶段都以特定的颜色来象征。青色代表意识的最高形态。在这里,人类的互动已经从自我中心层面发展到以自我管理原则为基础的世界中心的层面。拉卢克斯将青色组织描述为活生生的实体,以进化为目的,以自组织作为驱动因素(Laloux,2014)。

基于拉卢克斯的研究，青色运动已经开始影响现代组织的发展实践。以自我组织和自我管理为中心的主题，已经鼓励着人们在如何工作和为什么工作的问题上寻求新的意义，并开始重新定义企业目标，而不仅仅是股东的利润。

社会民主3.0

社会民主3.0提出了七项指导行为的原则，当这些原则被明确表达出来时，通过提高人们关于如何协作和适应的意识，有助于文化的发展。这场运动始于2015年，当时詹姆斯·普雷斯特（James Prister）和伯恩哈德·博克尔布林克（Bernhard Bockelbrink）共同创建了一种免费的学习资源，旨在将源自社会民主的思想与敏捷和精益实践相结合（Socracy 3.0，2019）。

经验

社会民主3.0的七项原则

- 有效性原则：只把时间花在让你更接近目标的事情上。
- 共识原则：针对决策和行动提出反对意见，并寻求解决方法。
- 经验主义原则：通过试验和不断修正来检验所有的假设。
- 持续改进原则：增量式地进行改变，以适应逐步增长的经验学习。
- 对等原则：让人们参与制定和发展他们的决策。
- 透明原则：除非有保密的理由，否则所有信息都要向组织中的每个人公开。
- 问责原则：在需要的时候做出响应，做你同意做的事，并对组织的整个过程负责。

资料来源：Socicracy 3.0（2019）。

与其他框架不同，社会民主 3.0 并不提倡彻底重组。相反，它描绘了一条任何企业都可以遵循的持续改进之路。对于它所收集的基于原则和独立的模式，人们可以以不同的方式使用，也可以根据不同的环境进行调整，从而指导组织的工作设计。我们鼓励你深入研究社会民主 3.0，并了解更多关于这个卓越框架的信息。

合弄制

合弄制是一个去中心化管理和治理的框架，其中权力和决策以圆圈的形式分布在整个组织中。每个圆圈代表员工所负责的具体决策的制定，并遵循合弄制组织中规定的详细流程，该流程指导着从召开会议到以公平和民主的方式解决冲突的所有方面的事务（HolacracyOne，2019）。Zappos 公司可能是所有拥抱合弄制的公司中一个最著名的例子，其目的是去除员工和最终客户之间的层级，实现更快、更具有创造性的决策，从而提高客户满意度。

天生敏捷的组织也不是完美的

虽然这些天生敏捷的例子为现代组织的发展提供了一个令人振奋的愿景，但是它们也遇到了一些挑战。对大多数人来说，一个自组织环境能够提供他们所热爱的自由，但还有一些人会感到在同行中进行自我管理的压力。此外，尽管去掉了管理者，但如果紧张和冲突得不到充分治理，不健康的影响者和社会等级制度仍然会出现（Spicer，2018）。满足人们对高水平的成熟度和心理安全的需求是最重要的，人力资源管理者应该建立一个提供教练辅导的经验库，以便能够提供客观的指导建议。

我们看到有些人非常快速地驳斥了这些组织的案例，因为这些案例都倾向于采取来自时髦科技公司的做法，这些做法对一些传统组织来说难以适用，以至于它们放弃了这些做法。然而，我们要超越社交媒体和杂志文章在这些扁平化或缺乏管理者的案例上所制造的喧嚣，要意识到在这些企业中文化如何成为一个持续演进的生态系统。通过为员工创造一定程度的自由，同时确保满足质量和合规性所必要的约束和结构，一个流动性和适应性的组织就可以涌现出来，并不断发展。要记住的关键一点是，天生敏捷的组织从来都不是准备就绪的，而是处于持续变化和发展的状态之中的。

到目前为止，我们在本章中探讨了许多伟大的思想。虽然我们可以利用这些思想在任何类型的企业中进行文化变革，但是这与我们当前所遵循的理念有很多不同，尤其是对于传统的金字塔式的组织。为了帮助组织解决这个问题，现在我们来看看如何通过转型来扩展敏捷。

15.4 途径二：通过转型来扩展敏捷

一个彻底的游戏规则改变者要做的事情是，通过转型来扩展敏捷，并改变一整套自上而下的思维方式——理念的转变永远不应该被低估。我们不可能要求人们在一夜之间根除一个运营系统，也不能简单地要求团队进行自组织。敏捷转型的道路既需要进化，也需要有具体的场景。我们需要逐步、增量地建立一种新的模式来指导如何协调、对齐和管理整个企业。值得庆幸的是，在敏捷转型方面，人力资源管理者并不孤单，因为世界各地的许多组织已经开始了几年时间的变革历程，我们可以从中学到很多东西。

下面，我们将探讨在引入和扩展敏捷时，组织设计和操作模型是如何开始演变的。我们还将回顾业界可用的一些常见的规模化敏捷模型，以帮助人力资源管理者了解它们的使用方式和原因。通过这些讨论，很自然地就会引出下一章的内容，我们将概述人力资源管理者在敏捷转型中的作用，并分享到目前为止，我们所学到的所有技术和窍门，从而帮助我们成功地扩展敏捷。

基于环境和进化的设计

如前所述，对敏捷进行扩展，其背后的逻辑不仅仅是改变组织结构图，将等级结构进行扁平化，或者向敏捷模型中添加更多的团队。我们的目标是为最终客户提供更多的价值，最好还能够将时间减半。转型的"圣杯"如何在保持高绩效和市场速度的同时，对敏捷理念和新的工作方式进行扩展？

敏捷的组织设计永远无法实现，它需要不断地进化。事实上，即使是我们将要研究的规模化模型也只是一个起点，有必要针对每一种特定的场景及运营模型进行校准和微调。在敏捷教练圈里，有很多关于公司推出一个类似蓝图的规模化模型，并试图通过业务重组实现行为改变的故事。这种方法很可能会失败，更糟糕的是，它会极大地破坏员工对敏捷的认知，以及他们随后接受敏捷理念的意愿。相反，研究表明，定制化并构建与目标相匹配的模型是敏捷转型的关键成功因素（Dikert et al., 2016）。虽然这看起来很明显，但是敏捷转型在设计和执行上都需要以敏捷的方式进行。

至关重要的是，人力资源管理者应该规划出我们希望组织实施变革时所经历的各种阶段，并在整个企业范围内构建健康的反馈循环，从而持续关注员工的状态和理念。步调也很重要，虽然大多数高层领导者都希望遵循积极的转型议程，但行为和文化变革的发生有一个自然的时间延迟，人力资源管理者将需要帮助企业领导者找到正确的平衡点。

也就是说，要想敏捷转型成功，从一开始就必须进行重大的结构变革。如果你还没有准备好用诸如重新设计组织结构、改变预算方式，以及要求管理者重新定义他们的目标和角色等行动来支持这场转型，那么即使让每个人都参加敏捷培训也是没有用的。许多人力资源实践也属于这一类，我们需要从一开始就改进我们的流程和系统。当谈到敏捷转型时，彼得·德鲁克的名言"文化把战略当作早餐一样吃掉"，就可以改为"系统把文化当作午餐一样吃掉"（Honkonen，2013）。归根结底，文化就是在没人注视着你的时候发生的事情。影响环境和影响人们行为与合作方式的组织结构边界，要比试图改变人们强得多。

经验和研究表明，首先在小规模团队中试点敏捷，从这些试验中获得经验，是启动转型的好方法（Dikert et al.，2016）。那些已经认识到敏捷的价值或者已经在他们自己的团队中测试过敏捷技术的人，是伟大的先行者。人力资源部门应该帮助相关团队分享他们成功的经验，以及所学到的东西，从而使其建立敏捷的意识。这样做的目的是让敏捷的工作方式传播到有意义的地方，而早期的成功案例可以激发人们的好奇心，使其愿意尝试这些新的工作方式。

人力资源部门可以通过为 PO 角色设置强有力的授权，以及明确说明团队在工作时不必遵循哪些流程，来帮助试点团队成功地采用敏捷方法。例如，将敏捷团队从年度绩效管理流程或年度预算中解放出来，转而提供更加轻量化的实践，可以极大地减少与传统工作方法所产生的冲突。同时，还要确保只有 PO（而不是直线经理）可以将任务传递给敏捷团队成员，并且所有的工作都要记录在待办事项列表中。

> **他们怎么说**
>
> 《福布斯》杂志最近发表了一篇关于敏捷转型的分析，发现其中 47% 的转型失败了。从事敏捷转型工作的人中，有 80% 的人说他们正在使用 Scrum 框架。麻省理工学院（MIT）斯隆商学院对敏捷转型的失败进行了分析，结果显示，其中 75% 的转型项目都终结了，这意味着公司要么破产了，要么被收购了。
>
> 这场组织变革需要高管们对转型给予高度重视。转型失败的主要原因是在实施敏捷时，试图保持传统管理结构的正常运行。因此，高管和管理层需要明白，如果他们保持瀑布式思维，他们的敏捷转型就会失败，而当敏捷转型失败时，他们有 75% 的概率会破产。高管们需要亲身经历一场转型，即改变他们处理业务的方式和与人共事的方式。如果 C 级别的管理者对此持有认真的态度，而且这种工作方式决定了他们公司的未来，那么他们必须知道这种工作方式是如何运作的，然后开始推广这种工作方式，并在实践中学习（Jeff Surtherland，2020）。

不可避免的混合模式

事实上，大多数组织在扩展时，会长期采用一套双重运营模型。混合模式是指组织的一部分继续使用传统的瀑布式实践或等级结构，而其他部分则采用敏捷的工作方式。通常，当决定针对一个大型 IT 项目采用特定的规模化模型来实施敏捷时，或者一个创新中心开始使用设计思维和 Kanban 来加速获得成果时，就会出现这种混合模式。还有一个使用混合模式的原因是，在转型开始时，是否需要在审计、财务、合规等团队中采用敏捷的工作方式还不清楚。如前所述，我们认为对这些团队来说，理解敏捷及敏捷如何影响他们的职责是至关重要的，但是这些职能部门通常不太可能每天应用敏捷实践。

双重运营模型可能会产生意想不到的结果。虽然我们推荐一种试验性的方法来启动敏捷，但它也带来了快速创建"我们是敏捷主义者"，而"你们是瀑布人"的文化对立的风险。这样可能就会使敏捷团队被孤立，并且在公司内部形成一个拒绝采用敏捷工作方式的组织。我们开始听到一些声音，诸如"组织中的其他人不理解我们"或"领导不知道我们在做什么"之类的说法。为了避免这种情况，与敏捷试点团队保持合作关系的所有团队都必须理解敏捷理念，并讨论组织为什么尝试敏捷的工作方式，以及希望实现什么目标等话题。反过来，敏捷试点团队需要接受并承认他们的工作方式如何影响企业，并愿意耐心地与利益干系人进行沟通，公开讨论紧张关系，并在出现影响一致性和协调性的问题时进行协作。

大多数组织都需要为混合模式建立一个支持系统，并改进管理实践、治理和决策的组织结构，以服务于企业的传统部分和敏捷部分。再次重申，这意味着组织需要准备的这种服务并不能适用于所有环境。例如，一家企业可能需要设计两种不同的预算流程，同时还要观察员工如何创建合理的组织设计，以便验证对员工进行奖励的新方法。

关于混合模式如何发展的另一个实例是，当考虑到经理的角色时，我们应该如何处理。随着团队开始做到自组织，PO将工作放入待办事项列表中，传统工作方式中直线经理的角色就会变得模糊。这里的危险是试图将现有的等级结构覆盖到新出现的敏捷组织设计上。在某些情况下，我们甚至听到高管和人力资源管理者用"每个人都必须有一位直线经理，因为全球人力资源技术系统就是在这种方式上建立起来的"来回答这个问题。相反，我们需要确定在新的组织结构中，管理者带来了哪些价值。

在敏捷环境中，直线经理的角色经常转变为教练和引导者，帮助人们与最终客户的愿景保持一致，并解决依赖关系和清除障碍。此外，我们还看到直线经理在解决重要客户问题上起到了领导作用，而不仅仅是继续开展他们现有岗位的工作。在所有这些例子中，与处在转型期的员工保持公开透明的对话，对于帮助他们自我选择和发展自己在企业中的角色至关重要。值得注意的是，有些国家对直线经理角色的构成是有法律要求的。

当我们开始进行敏捷转型时，可能还需要对我们的最终客户或供应商进行敏捷教育，以便能够应对所产生的另一种混合模式。举例来说，如果我们的外部利益干系人习惯于主要使用瀑布式实践，如固定的范围、进度和成本，那么采用敏捷和自适应的方法一开始就可能会有风险。我们越来越多地看到，组织使用一种敏捷合同的形式来指导最终客户和供应商完成增量式的开发流程。

HR 重点提示

瀑布世界和敏捷世界之间总是有联系的。通过举办论坛，让员工可以讨论并共同创造解决方案，这是至关重要的。当我们找到了协作的方法，而不仅仅是相互碰撞的时候，就会产生神奇的效果。人力资源管理者可以通过帮助促进员工交流来提升客户价值。

必然发生的失败

在实施敏捷扩展时，一些组织倾向于将敏捷团队纳入现有的瀑布式结构中，而没有明确定义两者结合的目的。这会造成不必要的紧张氛围，而且一定会导致敏捷转型的失败。常见的情况如下。

- **敏捷作为现有团队结构的一个附加组件**。当一家公司不了解敏捷的组织设计原则时，就会发生这种情况。员工并没有完全进入跨职能的敏捷团队中，而是继续参与跨不同业务条线的许多项目，每个项目都有自己的直线经理或 PO。
- **PO 和经理一起将工作向下委派**。通常情况下，当经理没有意识到 PO 的作用，也没有采用待办事项列表时；或者经理有自己的交付目标，而这些目标与敏捷团队正在执行的工作是不同的，就会发生这种情况。在这种情况下，经理继续将工作委派给敏捷团队成员，并中断工作流程。
- **"推送和祈祷"**。当有太多的项目同时发生，并且工作没有根据战略层面的价值进行优先级排序时，就会发生这种情况。不同的高层领导者有自己的"地盘"，根据自己的年终奖目标将项目交给团队，对开发工作所需的真实能力和交付周期持有不现实的认识。这种不切实际的推动将会妨碍敏捷性并阻塞组织内的工作流动。
- **通过敏捷进行微观管理**。当高层领导者执行待办事项列表中的工作和详细计划时，他们以严格的微观管理为目标，他们相信管理者可以通过敏捷推动更多的工作，而忘记了真正的力量来自自组织团队，这时就会发生这种通过敏捷进行微观管理的情况。

HR 重点提示

当组织第一次引入敏捷方法时，管理者和 PO 之间经常会发生冲突。以下

> 是一些有助于解决此类问题的有效方法。
>
> - 同意由 PO 对所有工作进行优先级排序,并将其放置到团队的待办事项列表中,不管这些工作是否与敏捷开发相关,PO 都有权拒绝这些工作。
> - 举办一场讨论会,处理优先级冲突和实现有竞争关系的目标。
> - 通过重组或重新定义角色,削弱直线经理将任何事情委派给团队成员的权力。
> - 如果团队成员不能百分之百地承诺,那么需要为敏捷团队中的每位成员定义一个明确的工作量投入百分比,从而使其专注于"自己部门的工作",例如,每周抽出一天时间处理特定事务。

常用的规模化敏捷模型

业界出现了几种规模化敏捷框架,可以帮助组织进行治理、协调和授权,从而解决跨团队的依赖关系。我们认为所有人力资源管理者都应该熟悉最常见的规模化敏捷框架,并理解为什么及如何使用它们。为了能够帮助大家,我们将从组织设计的视角介绍四个主流模型,包括规模化敏捷框架(SAFe)、规模化 Scrum(S@S)、大规模 Scrum(LeSS)及 Spotify 模型。

SAFe

SAFe 是扩展敏捷的主要框架,也是大规模转型或产品开发举措中最常用的模型。该框架能够确保在整个组织中进行强有力的治理,从战略投资组合层级开始,一直向下延伸到不同的敏捷团队。

SAFe 主要围绕一个"发布火车"的结构进行构建,发布火车是针对同一产品的所有团队的集合（见图15.2），目标是在10个为期1周的冲刺时间段内[①]交付可使用的价值增量，这种价值增量被称为项目群增量（Program Increment，PI）。为了确保协调一致，SAFe提倡每10周举行一次计划会议（包括整个发布火车）。会上，团队会为下一个阶段定义他们的待办事项列表，协调依赖关系，加深他们对愿景的理解，并一起计划可交付成果。这个计划会议为期2天，具有标准化的会议日程，每年举行4次，可接纳100多人参会。在团队层级，Scrum是主要的框架，而Kanban主要用于战略投资组合层级的工作。

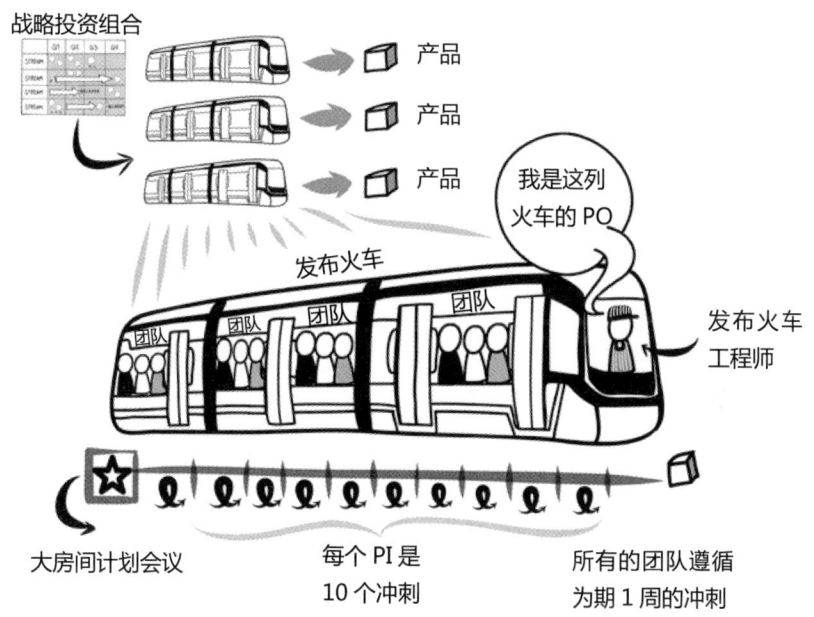

图15.2 规模化敏捷发布火车

SAFe是一个高度蓝图化的框架，规定了一个成功实现企业级敏捷的实施路线图。它还提供了一些可遵循的最佳实践，包括一个"SAFe实施的人力资源执行手册"。

---

① SAFe框架中默认采用为期2周的迭代，每个PI是10周，共5个迭代。——译者注

> **HR 重点提示**
>
> - SAFe 框架提供了一种强大的治理方法，以及投资组合和项目群级别的优先级排序方法。它的危险在于一些领导者喜欢这种框架的规定，而人力资源管理者应该质疑的是，这是最佳的文化契合吗？领导者是否已经准备好支持所需要的行为改变？
> - 该模型非常结构化，基于明确定义的角色。
> - 从组织发展的角度来看，这个框架更偏重于指令而不是演进，并且可以每次实施一个"发布火车"。
> - 该模型引入了新角色，如"发布火车工程师"或"投资组合经理"，需要重视的是，要考虑这些角色与现有的工资职级、岗位评估和责任之间的联系。
> - 通过提供一种预先规定好的设计，展示了该模型的样子，并设定了一个明确的实施路线图，同时还定义了团队在 10 周内的工作范围。SAFe 框架一直受到一些敏捷主义者的批评，这种框架太过于蓝图化和商业化（Jefferies，2014）。
> - 《SAFe 人力资源执行手册》是非常轻量化的，但是它提供了一些指导，说明了如何支持组织的发展（Priller and Richards，2018）。

S@S

S@S 是由 Scrum 之父杰夫·萨瑟兰（Jeff Sutherland）博士于 2018 年推出的新型规模化敏捷框架。S@S 基于 Scrum 的基本原理，借鉴了复杂适应系统理论、博弈论，以及萨瑟兰博士在生物学领域工作中的相关概念。它是一个为持续改进而构建的进化框架，而不是一个实施蓝图。从这一点上来说，S@S 旨在创建一个运行良好的 Scrum 团队的参考模型，然后在整个组织中进行不规则的复制（见图 15.3）。在任何时候，随着新团队的加入，绩效应该保持稳定，甚至更高。

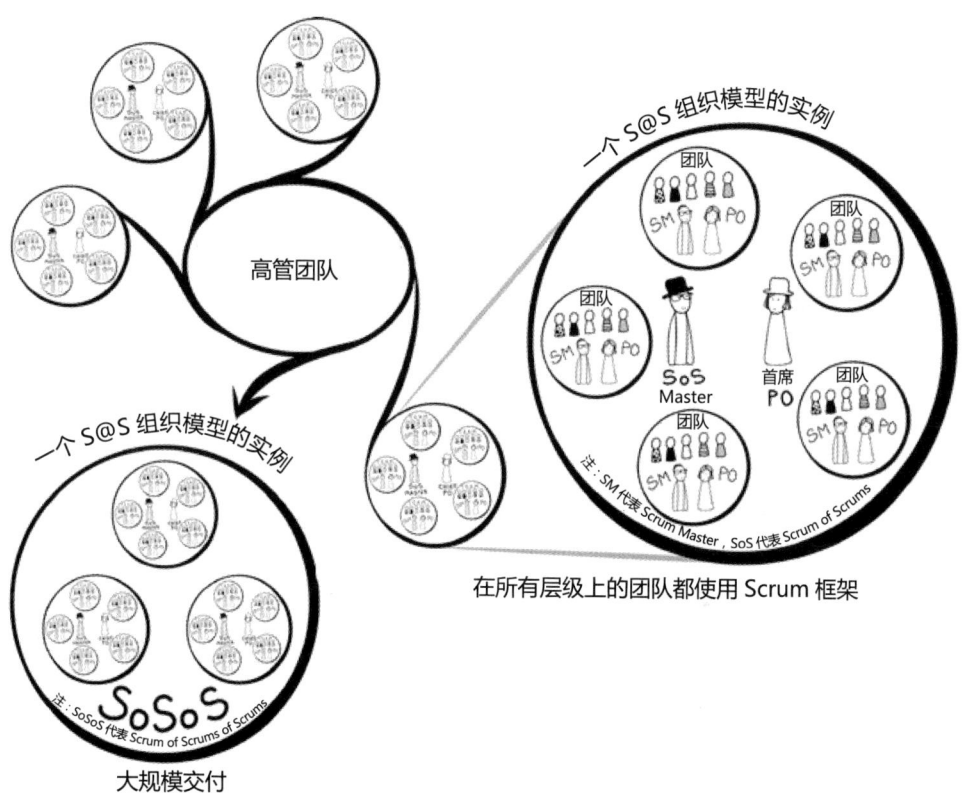

图 15.3　一个 S@S 组织模型的实例

然而，S@S 衡量的不是人数，而是交付价值。有时，3 支运作良好的团队比 10 支需要更多协调的团队做得更好。所以，S@S 提倡只有当数据显示可以提升绩效和交付价值时，才会考虑进行规模化扩展。

我们只需要学习基本的 Scrum 框架，然后在整个组织中扩展该模型即可。S@S 的责任体现在两个方面。

- **"什么时候""做什么"** 会进入 PO 的交付循环中。在战略层面，高管 Scrum 团队对工作进行优先级排序和协调，然后通过首席 PO 和团队级 PO 传递给每支团队。
- **"如何做"** 将会进入 Scrum Master 的交付循环中。团队级 Scrum Master 帮助清除障碍并确认工作方式。这样，工作可以向上流动，进入 Scrum of Scrums（SoS）循环，其目的是在更大的组织层面上协调相同的事务。最后一个层次是高层管理者团队，他们可以影响整个公司的流程和结构，并清除所有不断升级的障碍。重要的是，高管团队也在使用 Scrum 框架，通过言行一致来向他人展示他们提倡的这种工作方式。

HR 重点提示

- 该模型是分层级的，即每个人都在组织的各个层级上接受 Scrum 框架。
- 在进行规模化扩展前，人力资源管理者需要向团队提供支持，参考相关模型来创建 Scrum 团队，这也意味着支持人力资源管理实践的重新设计。
- 这里的一个重要细节是，Scrum 团队可能会根据他们的情况，使用不同的节奏。人力资源管理者可能需要设计人力资源管理实践来支持一些团队进行为期 1 周的冲刺，或者支持其他团队进行为期 4 周的冲刺。
- 该模型可以从几支团队扩展到整个企业。
- 当在更大的价值流之间进行扩展时，高管团队需要积极地引领变革，可以通过 PO 或者 Scrum Master 和文化来帮助变革的顺利实施。
- 高层领导者将 Scrum 框架作为他们主要的工作方法，与其他人一起使用，并且需要适当的教练辅导和支持。

LeSS

LeSS 模型基于 Scrum 原则,其形成的基础是在团队层面取得了非常好的效果后,再将其扩展到大型产品开发中。该模型可以只包含几支团队,也可以扩展到数千人的规模。在 LeSS 模型中,所有团队都为同一产品工作,并且有统一的待办事项列表。所以,只有一个 PO,只有一个覆盖产品内容的 DoD,以及只有一个产品增量(由所有团队共同参与实现,在同一冲刺的结尾,达到潜在的可交付水平)。

该模型与核心 Scrum 框架稍有不同的地方是在计划阶段。团队有两个级别的冲刺计划:第一个是与 PO 一起进行的多团队计划会议,在这个会议中,各团队选出在冲刺中将要实现的特性;接下来是第二次计划会议,在单支团队中进行。这些团队还会共同进行一次待办事项列表梳理会议,以便在冲刺过程中进行检查和持续改进。通常,这些活动可以直接与最终客户共同进行。在冲刺结束时,所有团队聚集在一起召开一次大型的冲刺评审会,它就像是一个"集市"或"科学博览会"。接下来,所有团队共同召开整体回顾会,通过整体回顾,各团队探索如何改进整个系统,然后再通过各自团队的回顾,关注单支团队的动态改进(LeSS,2020)。

> **HR 重点提示**
>
> - LeSS 始终坚持的原则是,在每次冲刺结束时,交付一个集成的产品增量。即使由多支团队共同参与,也是如此。
> - 在该模型中没有指定的协调员,团队自己负责协调和解决跨团队的依赖关系。
> - 在冲刺期间召开待办事项列表梳理会议时,团队经常与实际用户和最终客户

> - 进行核对，而不是与 PO 进行核对（Dawson，2017）。
> - LeSS 关注的是一个组织如何去除限制人们行为和结果的规则、习惯和流程，以及如何朝着 LeSS 原则，持续地将文化返璞归真。
> - LeSS 旨在使各团队共同创造一种支持和不断发展的持续改进的文化。
> - 该模型本身被视为最低的起点，团队可以从中获得所有权，获得整体的产品视图，优化组织设计，实现价值交付。
> - LeSS 倾向于在 IT 环境中应用，特别适用于大型技术方案或产品开发。

虽然上面列出的规模化模型并非详尽无遗，但我们希望能够说明每种设计如何支持不同的成果，以及如何对收益和潜在缺陷进行平衡，从而支持敏捷转型。例如，SAFe 可能为企业提供了强有力的治理和待办事项列表的对齐，而 Spotify 模型可能会更加适合企业快速完成创新的目标。我们的目标是在必要时挑战管理者的思维方式，从而真正帮助企业创造一个适合自己独特环境的组织设计。此外，我们需要欣赏不同的模式，以便了解系统的结构和流程，如预算和计划，以及我们的人力资源服务，这是组织成功所必需的元素。

同样值得注意的是，如果人力资源管理者从一个特定的模型开始工作（因为组织已经选定和运行了一种模型），那么人力资源部门的使命是成功运行这种模型，而不是凭借个人喜好做事。对于每种模型，不同的人力资源管理实践将更具有相关性。例如，基于团队的绩效框架可能不适合 SAFe 模型，因为每个人都在"一列火车"上工作，在探索如何设置绩效和奖励时，从整体上考虑可能是更加有益的。然而，在 Spotify 模型中，基于团队的绩效框架可能更容易获得成功，因为团队是作为自治的小队开展工作的。找到答案的方法是和你的员工一起测试这些想法。

15.5 结论

敏捷不是一个最终的状态,而是一个进化的旅程。无论是否具备天生敏捷组织的基础,敏捷运营模式永远都不是完全准备就绪后开始运行的。组织发展将是一个持续改进的过程,一方面,平衡组织结构和治理,以确保稳定性;另一方面,使组织具有敏捷性和适应性,从而能够响应最终客户的需求。敏捷可以通过演进一个组织的设计来进行扩展,以适应转型的目标、环境及期望的速度。人力资源管理者在成功实现所有这些目标中扮演核心角色,我们将在下一章中进行深入探讨。

Spotify 模型

在过去的十年中,几乎在每一次敏捷会议上,都有一位或几位来自 Spotify 公司的员工谈论他们的旅程,分享他们对组织设计的见解(Kniberg and Ivarsson,2012)。2012 年,Spotify 公司给出了 Spotify 模型的一个"快照"版本,而不是任何预先设定好的组织设计。该模型迅速传播开来,Spotify 也成了"颠覆"的代名词,而且它具备可以在世界范围内数千名员工的多个工作地点推广创新的能力。事实上,Spotify 公司从来都不认为敏捷运营模式是他们取得成功的关键因素,而且很多来自 Spotify 公司的员工也都感到困惑,为什么世界各地的组织都将 Spotify 模型作为各自组织设计的基础(Kniberg,2018)。

Spotify 模型的核心是自治的敏捷团队,被称为小队(Squad),它们作为独立的单元开展工作。Spotify 公司更喜欢将其看成是小型的初创团队(见图 15.4)。每个单元都会进行自组织,并决定使用哪些敏捷工具,其目的是设计、开发、测试和直接向最终客户发布产品。他们将这些工作方式总结成了自己的口号——"思考它,构建它,交付它,调整它"(Kniberg and Ivarsson,2012)。

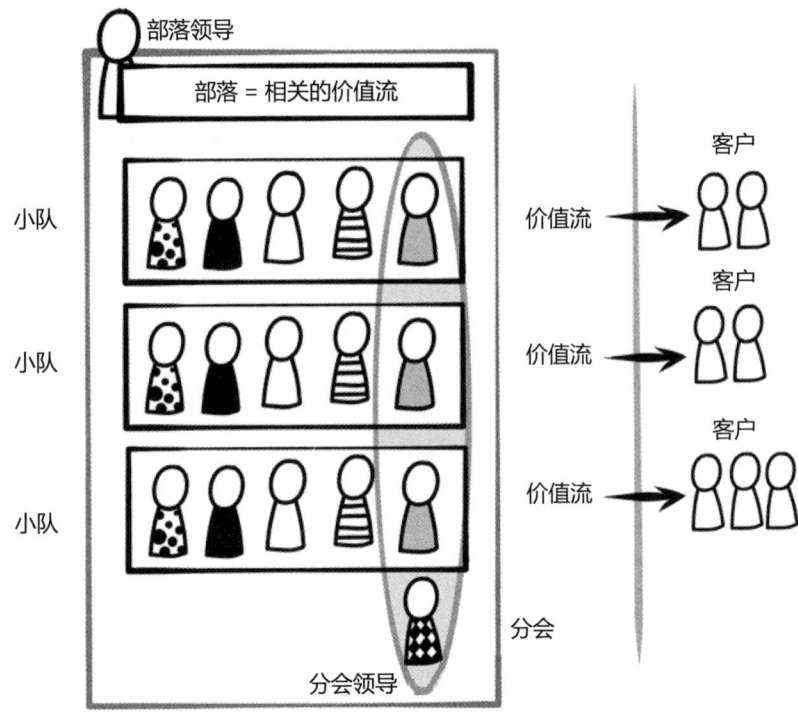

图 15.4 部落和小队

为了进一步推动创新，这些小队可以将 10% 的时间用在"黑客日"，并致力于他们想要验证的任何新想法上。一些小队每两周运行一次"黑客日"，而其他小队为了有效利用时间，可以运行为期一周的"黑客日"。

每支小队都有一位 PO，还可以配备一名敏捷教练，承担 Scrum Master 的角色，帮助小队改进工作方式和开展活动，如组织回顾会议。在同一相关产品领域工作的小队的集合（如移动界面或播放列表应用程序）被称为部落（Trible）。部落被视为小型初创企业的"孵化器"。这些部落都遵循"邓巴数"理论，该理论将人们可以实际认识和交往的人数限制在 100 人以内。在部落层面上，跨团队依赖、治理和对齐等问题，通常通过使用"Scrum of Scrums"的方式来解决，我们可以参考前文所描述的 S@S 模型。一般来说，每个部落都有一名首领。

对人力资源管理者来说，Spotify 模型中最有趣的部分是行会（Guild）和分会（Chapter）的概念。作为组织的黏合剂，这些团体确保了良好的沟通和能力的发展。一个分会是一个能力小组，针对具备相同技能的人员，如测试人员，在每个拥有多项技能的小队中讨论共同的挑战并保证质量。一个分会的领导者也有助于这个团体进一步加强他们的技能。而一个行会则更具有组织性，通常作为一个实践社区在整个组织中运作。在这里，有着相同兴趣的员工（如对人工智能技术的狂热追随者）通过定期活动聚集在一起，通过研讨增长知识，进而为公司做出贡献。

HR 重点提示

- Spotify 模型本质上是一个矩阵，它的独特之处在于通过自治、自组织的小队提供价值，并获得直接的最终客户反馈。
- Spotify 公司真正与众不同之处在于它的文化之美，这在一般的组织模型中是看不到的。它反映了在发展卓越的协作模式和指导行为的强大价值观方面的巨大投资。
- 尽管 Spotify 公司声称这不是一个模型，而且知道自从专业人员了解到设计之外的文化活动和使用技巧后，许多公司都遵循这种结构来扩展敏捷。但事实上，有一些知名的咨询公司正在将其呈现为敏捷转型的蓝图。
- Spotify 公司的人力资源团队分享了一个很好的公共博客，人力资源管理者可以借鉴这个博客中关于文化创新和"黑客日"等实践，将其用在自己公司的实践中（Spotify，2020）。

面向人力资源管理者的关键要点

- 敏捷组织设计的目标是在跨业务的大型部门中，甚至在整个企业中，对基于团队的模型进行扩展。
- 理解敏捷组织设计是人力资源管理者需要掌握的一项新能力，需要借鉴企业范围内的文化和行为变革方面的经验。
- 在指导敏捷组织设计时，人力资源管理者需要不断地在整个组织的愿景和治理的一致性上，与团队层面的自主性和自组织性之间找到平衡点。
- 有两种主要的演进路线，组织可以通过这两种路线来实现敏捷设计。
  - 天生敏捷：包括那些从一开始就遵循敏捷价值观和实践的组织。
  - 敏捷转型：包括那些需要从传统的金字塔结构进行转型的组织。
- 设计健康和成功的敏捷组织应该始终被视为一场旅程，而不是一个最终状态。就像敏捷本身一样，它是持续演进的。

参考文献

Bakke, D (2013) *The Decision Maker: Unlock the potential of everyone in your organization, one decision at a time*, Pear Press, Seattle, WA.

Denning, S (2018) *The Age of Agile: How smart companies are transforming the way work gets done*, American Management Association, New York.

Dikert, K, Paasivaara, M and Lassenius, C (2016) Challenges and success factors for large-scale agile transformations: a systematic literature review, *Journal of Systems and Software*, 119, September, pp 87–108.

Laloux, F (2014) *Reinventing Organizations: A guide to creating organizations inspired by the next stage of human consciousness*, Nelson Parker, Millis, MA.

Sutherland, J (2019) Scrum at Scale Training live event, Boston, MA.

第 16 章

人力资源管理者在敏捷转型中的作用

16.1 概述

现在,是时候让人力资源管理者成为指导整个组织敏捷转型的战略伙伴了。正如我们所认识到的,敏捷是关于人的,而文化、人才发展和组织设计等人力资源领域的因素是所有业务转型中至关重要的组成部分。通过与领导者和团队的密切合作,以及担任像敏捷教练这样的角色,人力资源管理者有一个绝好的机会来对人力资源管理实践进行必要的改变,如绩效和奖励,这对支持敏捷转型的成功至关重要。

在本章中,我们将探讨人力资源管理者在敏捷转型中的重要作用。我们将从传统公司的角度出发,通过拥抱敏捷的工作方式来重塑其运营模式。然而,这里的许多观点也适用于我们前文中提到的天生敏捷的组织,这些组织从一开始就建立在敏捷的价值观基础之上,并持续发展。正如本书中所讨论的,如何指导敏捷转型并没有统一的配方或蓝图,人力资源管理者需要将这种改变视为每个组织的独特进化之旅。为了帮助人力资源管理者开始进行敏捷转型或者加速敏捷转型，本章中包含了我们多年来在领导和参与敏捷转型工作中总结出的技术、窍门和可行的建议。

16.2 成为敏捷转型的领导者

对人力资源管理者来说，需要引起重视的是，从一开始就要加入转型团队，来领导人员组织方面的工作，并帮助领导者完成所需的组织变革。人力资源管理者在转型团队中所起的作用是至关重要的，因为现有的人力资源管理流程与系统结构如果不与团队的行为改变一起发展，那么可能很快就会成为敏捷工作方式的障碍。

HR 重点提示

- 人力资源管理者首先需要关注的是发展绩效管理和奖励制度，以反映敏捷中基于团队、自我管理和周期性的特点。有时，这些改变需要与一支核心团队或人力资源部门进行协商和权衡，因此，可能需要更多的时间来完成。
- 尽管敏捷转型通常从 IT 部门开始，但不应该被认为只是一场 IT 变革。这是一场人类行为的变革，影响到公司中各个层面的人。人力资源管理者擅长人力资源战略和组织设计与发展，他们能够对变革起到催化剂的作用。这是一个很好的机会，可以与员工共同创造解决方案，并能在建设未来的工作方式中发挥核心作用。越来越多的事例表明，人力资源管理者承担了整个企业敏捷转型的领导者角色。

16.3 确保领导者理解敏捷

为了确保转型举措能够带来持久的改变，负责引领愿景和实现组织设计的人必须了解敏捷的整体含义。我们曾无数次与高管团队进行交谈，他们声称，"我们已经'敏捷'了。"之所以这么说，只是因为他们知道有些团队在自己的工作环境中使用了 Scrum 框架。然而，当人们经历了一场为期两天的实践体验，探索了敏捷理念并评估了自己的准备情况后，大多数人意识到，要使他们的企业成为真正的敏捷组织，需要更为深远的变革。因此，我们建议为领导者创造机会，让他们亲身学习和体验敏捷。正如各种敏捷调查报告所强调的那样，高管的加入与支持是敏捷转型成功的关键因素。请参见《敏捷年度状态报告》（VersionOne，2019）或《"CHAOS"报告》（Standish Group，2019），这些报告中的发现与关于敏捷转型的研究是相吻合的（Dikert et al.，2016）。

> **HR 重点提示**
>
> - 邀请高管团队进行头脑风暴，让他们讨论敏捷对公司意味着什么。我们经常惊讶于答案的不同，即使在已经采用敏捷方法的公司，也是如此。
> - 预定一个至少为期两天的高管学习工作坊。需要确保培训师在与高层利益干系人打交道方面具有丰富的经验，而且需要有实际培训过高管团队的经验，最大限度地激励领导者发挥影响力。
> - 与高管团队一起展开真诚和开放的回顾，使其接受敏捷中的反馈循环，并共同探索如何持续改进。

16.4 先理解理念，后实践

敏捷转型的重点是发展人们的信念系统和思维模式，从而指导他们的理性决策。有时候，组织把敏捷转型当作一种技术的实施，在开始采用敏捷工作实践时，却忽视了驱动这些方法的核心价值观。正如我们在第 3 章中所探讨的那样，一切从理念开始，理念本身会鼓励人们学习，并开始尝试敏捷实践。

> **HR 重点提示**
>
> - 围绕最终客户正在做的事情，以及公司正在为他们创造的价值开展工作。讨论哪里需要业务敏捷，哪里不需要业务敏捷。
> - 邀请员工体验瀑布式和敏捷式工作方式的区别。例如，进行一次演练，先让大家用瀑布式方法解决一个复杂的问题。一定要指派一名经理来监督整场活动，并在过程中引入变化。然后重复这个练习，采取与前一次不同的方式，邀请团队进行自组织，并应用敏捷实践。然后，引导他们讨论这两种方法的好处和缺陷。
> - 当组织的不同部门开始进行转型时，应避免将敏捷方法和瀑布式方法对立起来。到目前为止，这两种方法没有对错之分。敏捷方法是一种在不断变化的环境中驾驭复杂性，并为最终客户提供价值的方法；瀑布式方法对于那些具有高度确定性或重复性的项目仍然是有用的。

16.5 负责变革

虽然外部教练和顾问可以为如何应用敏捷实践提供有用的指导和建议，但真正的理念和文化转变是在人的层面上进行的。我们的目标是建立一个可持续、长期的变革，人力资源部门必须提高自己的团队作为支持者的技能，在内部负责变革的进程，并确保敏捷与日常工作融合在一起。

> **HR 重点提示**
>
> - 帮助组织选择咨询顾问，使组织有能力构建理念，并支持员工采用相应的方法，从而避免在咨询顾问离开时变革不能继续。
> - 维护一个持续的从咨询顾问到内部转型团队或领导者的交接计划。这样一来，优秀的咨询顾问就可以毫无痛苦地离开，因为客户可以自己领导变革。
> - 确保为系统的变革活动提供资金，如学习活动、外部嘉宾演讲，以及举办计划会议或评审会议等面对面的会议。
> - 确保为员工参加敏捷会议或其他活动提供资金，早期实践者和敏捷教练可以在这些活动中寻找灵感和下一步行动的想法。
> - 为内部的敏捷活动提供空间和氛围感，如黑客马拉松和精益咖啡会议。通常情况下，这种类型的资金会随着敏捷转型的扩展而增加，此时团队和教练变得更加活跃，学习更加自主。

16.6 了解不同的规模化模型

正如我们在第 15 章中所介绍的，有许多不同的模型可以帮助组织扩展敏捷。人力资源管理者必须熟悉这些模型，以便跟随、支持或挑战高层领导者或咨询顾问的想法。尽管转型是一种冒险，但具有目标的组织设计和运营模式可以助力企业选择恰当的规模化模型。

> **HR 重点提示**
>
> - 在扩展敏捷前，首先要帮助教练和领导者确保这些实践在较小的规模或团队层面上真正发挥作用。这为组织中的每个人提供了一个学习的机会，同时，人力资源管理者可以利用所获得的见解来指导更广泛的转型。
> - 组织一次学习体验，让决策者探索在不同规模下实施敏捷的模型，并讨论每种模型的优点和缺点。
> - 寻找适合你所在组织的工作方式，但要记住，敏捷转型从来都不是简单的。

16.7 敏捷转型应该是敏捷的

正如我们之前所探讨的，不能简单地按照预先设定的计划来实施敏捷。因此，我们建议将整个组织所倡导的敏捷实践应用于转型本身，即使用待办事项列表来确定行动的优先级顺序，并参与回顾和评审等活动，从而不断改进组织变革的路线图；同时，通过鼓励人们尝试新的工作方式，形成学习网络和跨团队的信息共享，来支持敏捷转型。

HR 重点提示

- 敏捷转型的风险之一是人们对敏捷概念的理解不尽相同（Dikert et al，2016），因此共同创建通用的敏捷术语是非常有用的。
- 在组织内部共同创建最小可行性通用敏捷方法。
- 不要指示每个人采用特定的敏捷方法，因为那并不代表敏捷。
- 使用敏捷实践来引领转型，例如，制订转型发布计划，并按照节奏来开展工作。
- 贯彻一切透明的思想，除非有特定的法律原因，否则一切都会透明化。

16.8 通过待办事项列表引领敏捷转型

我们建议与敏捷转型团队、敏捷教练和高层领导者合作，建立一个待办事项列表，以指导所有工作。这有助于员工理解引领敏捷转型需要大量的时间，需要协作，需要跨团队的同步和沟通。我们建议使用一个可视化的待办事项列表，而不是会议记录或电子邮件，从而使敏捷转型更加有效。

HR 重点提示

- 敏捷转型团队的工作要具体和明确。例如，在一个待办事项列表中描述"起

> 草新的团队组成"这是不够具体的,而是要为待办事项列表中的条目创建验收标准,比如,"每位副总裁与中层管理人员及至少 10 位团队成员,共同创建新的以客户为中心的团队组成草案"。我们发现这样的描述大大有助于明确每位领导者需要做的事情。
>
> - 需要引起重视的是,每个人都知道这个待办事项列表中的条目在何时可以被认为是已经完成的。要想做到这一点,重要的是将不太具体的条目,如"关于 X 的沟通""举办战略研讨会""创建心理安全",分解为更具体的条目。然后,定义明确的验收标准,确保每个人都清楚谁做什么、何时做。这对那些经常习惯于在更高的理论层面上谈论这些话题的领导者来说,可能特别有用。

16.9 度量转型并对紧张局势保持透明化

敏捷成熟度和文化评估可以提供有洞察力的数据,从而帮助指导转型。例如,团队是否成功采用了敏捷的价值观、实践和原则?他们喜欢使用哪些工具和采用哪些方法?他们在采用敏捷方法时面临哪些挑战?关于这些评估的更多信息,请参见第 14 章的内容。

> **HR 重点提示**
>
> - 与人力资源团队分享敏捷成熟度和文化评估的结果,确保其他人力资源举措

> 能与敏捷转型同步进行。
> - 鼓励早期采用敏捷方法的团队与更多人分享他们的经验。
> - 追踪敏捷工作方式和瀑布工作方式之间出现的任何紧张关系，并提供支持和指导。无论敏捷转型的范围有多大，在这些交互中总会出现紧张关系。例如，我们看到研发部门接受了敏捷方法，却没有帮助负责客户关系和销售的同事，让他们理解为什么他们也应该积极参与到以最终客户为中心的产品开发中。这些紧张关系会随着公司商定如何解决障碍、开展协作、让更多人加入敏捷团队而逐渐得到缓解。

16.10 为新角色做好准备

敏捷转型在组织中创造了新的角色，包括 PO 和 Scrum Master。我们还需要建立 T 型、跨职能的团队。因此，在进行敏捷转型前，人力资源管理者需要准备新的薪资等级、职位描述、岗位序列、相关的绩效和奖励安排，并了解这些角色需要具备哪些技能和能力。例如，一家国际公司花了三个月的时间，才在他们的人力资源系统中设置了 Scrum Master 这个角色，而且在此期间，公司在缺乏招聘指导的情况下，已经展开了招聘工作。我们还看到了一些在敏捷中并不存在的职位的招聘广告，如 Scrum 项目经理或 Scrum 团队领导，这反映出了招聘人员对敏捷缺乏了解（Wolpers, 2017）。

> **他们怎么说**
>
> 你需要正确对待这个问题,让正确的人担任 PO 和 Scrum Master 的角色,使其发挥作用,创建一个能够加速的自组织系统。例如,有很多 Scrum Master 让团队只做他们想做的事情,而没有让其接受挑战。如果 Scrum Master 没有提高团队的绩效,没有修复团队的问题,并帮助团队进行协作,那么这个角色就不适合他们(Hellstrom,2020)。

> **HR 重点提示**
>
> - 开始定义一些角色的描述,比如 Scrum Master、PO、首席 PO、项目群经理、项目组合负责人或经理,以及敏捷教练。
> - 加深对这些角色的理解,并使用适当的术语。为每个角色设定必要的薪资级别、岗位序列、职责、任务和目标,目的是做好招聘的准备工作。

16.11 支持敏捷能力的发展

敏捷转型的一个重要部分是支持整个组织敏捷能力的发展。虽然最初的敏捷培训是必要的,但是敏捷能力的发展往往是通过自我指导的活动来实现的。例如,建立实践社区,让早期实践者参与进来,分享知识的同时也向其他公司学习，并发展一批积极的变革推动者，通过他们的行动来展示敏捷的价值观和愿景。我们还建议设计招聘方式，并根据敏捷理念来评估候选人，以吸引和培养优秀的人才，让他们走上敏捷教练、Scrum Master 和 PO 的岗位。请参见第 17 章的内容，了解如何做到这一点。

HR 重点提示

- 思考招聘流程。你是如何评估新员工是否具有敏捷理念，是否有能力处理不确定性的？这两点对敏捷文化的建设很关键。事实上，有些公司招聘的是整个敏捷开发团队，而不是个人，从而加速招聘的过程。
- 定义那些起到锚定作用的角色，如对敏捷转型成功至关重要的 PO 或敏捷教练，并尽早开始物色这些角色的候选人。
- 创建一个在组织范围内的敏捷入职计划，最好由敏捷教练来推动。即使我们基于使用敏捷理念和敏捷方法的经验来招聘人员，但每家企业也都有自己的做法。因此，要在相关的实践、结构和语言方面对新员工进行技能的提升。这一点至关重要。
- 在培养技能时，要突破传统的角色和职业发展途径。学习，不应该也不可能在集中强制要求下进行，需要让每个人都能够轻松地获得自我发展。更多建议，请参见第 17 章的内容。

16.12 设计劳动力的敏捷性

一旦企业在战略层面上明确了有效的优先级，组织所形成的网络结构就应该具有足够的流动性，从而使员工和不同角色的人员能够轻松地应对终端客户的需求。人力资源管理专家应该帮助创建这种角色转换和团队转型所需的实践。一项研究表明，一支稳定的敏捷团队更有可能以更快的速度实现更高的绩效（ScrumPLOP，2020）。这意味着，人力资源管理者需要不断平衡企业的内部决策，即根据终端客户的需求来调动员工和不同角色的人员，并尽可能地保持敏捷团队的稳定性。团队绩效数据可以帮助这些类型的决策更加有据可依。

HR 重点提示

- 确保人力资源系统和政策在需要时允许员工在组织内进行动态移动。然而，请记住，在组织架构中进行人员移动并不总是能够增加预期的价值，而且可能会引起混乱。

- 让员工直接参与进来，通过讨论战略工作组合，以及如何组织才能将其完成，来共同创建新的团队。爱立信芬兰公司通过自组织组建了他们第一批敏捷团队。首先，该公司邀请了不同部门的员工讨论重组的逻辑和需求，以及理想的团队组成，然后要求员工自组织（在一个大房间里）形成跨职能的团队。结果，在这个大房间里的员工自己组成了 15 支跨职能的团队。

- 对人力资源服务进行微调，以获得临时的劳动力。例如，建立一个自由职业者库，甚至组建一支有一定专业技能的自由职业者团队，作为可用劳动力资源的缓冲。

- 建立一个经过审核的敏捷教练库，他们了解公司的业务，可以根据需要提供服务。

- 为任何外包或自由职业者团队建立有效的入职流程，使他们感到自己是价值交付的一部分，而不仅仅是临时的劳动力资源。

16.13 确保对虚拟团队的额外支持

因为组织往往是全球化的，敏捷团队与其他团队不一定在同一物理位置工作，因此，支持虚拟团队和远程工作是非常重要的。为了建立信任关系，并不断改善他们的工作方式，团队需要一名精通数字化引导技术的 Scrum Master，以及良好的数字化工具；可能还需要针对弹性工作、非工作时间工作，以及工作场所等相关政策进行调整。

HR 重点提示

- 确保优秀的 Scrum Master 或敏捷教练有足够的能力来支持这些团队。
- 领导者还应该确保为这些团队提供额外的资源，如数字化工具和设备、视频会议平台、电子 Kanban 板和 Scrum 板。
- 为分布在各地的团队安排预算，以便在可能的情况下组织同一物理位置的会议。至少要确保团队与 PO 和主要利益干系人顺利召开启动会议，以及待办事项列表梳理会议。
- 确保 Scrum Master 帮助这些团队就承诺和工作方式达成一致。例如，商定每个人都能在线进行讨论的时间，以及员工专注于自己的任务而不受干扰的时间。

16.14 确保拉动式的工作系统

敏捷的核心是自组织团队，他们一起确定工作优先级并加以改进。然而，有一种常见的工作方式可能会扰乱这个系统，那就是把工作"推向"团队，而不是让团队根据他们的真实能力来"拉取"自己的工作条目。人力资源管理者一定要注意这一点，并指导领导者有效地支持他们的团队。

> **HR 重点提示**
>
> - 让团队成员标出有冲突的优先事项，并建立机制来解决这些冲突，例如，邀请 PO 一起解决。
> - 在设计新的组织结构时，尽量减少团队优先事项的冲突，例如，不再允许部门经理将工作指派给现在全职在新的敏捷团队中工作的团队成员。

16.15 安全地讨论和解决障碍

敏捷团队需要提出那些他们无法通过站立会议、回顾会议和持续改进来解决的障碍。创建一些具有适当授权的论坛很重要，敏捷团队可以在论坛中讨论和解决这些障碍。对正在进行敏捷转型的公司来说，这个过程可能会有很大的争议。障碍通常是相当实际的问题，有些障碍可以突显出以前被掩盖起来的缺陷和不足，使其变得更加明显。为了促进透明化的工作方式，我们建议使用透明化的障碍 Kanban 板，对敏捷团队提出的障碍进行优先级排序和跟踪，并跟进其解决情况。

> **HR 重点提示**
>
> - 在组织内建立心理安全机制是促进获得反馈的关键。例如，在一个组织中，两位有私人矛盾的领导者认识到他们的关系阻碍了团队的发展，已经成了一个障碍。他们意识到需要清除这个阻碍，于是通过跨团队论坛公开谈论了他们的个人分歧。这样的行为需要很大的勇气，也显示出了他们遵循敏捷反馈循环的理念。
> - 让那些不相信敏捷实践的人帮助识别敏捷运营模式中的缺陷和风险。如果这些人可以告诉我们当前的模式中最可能出现的问题，那么为什么还要等待问题的发生？可以特别邀请那些专门从事质量、风险、合规或流程的人参与其中。
> - 如果互相指责的文化依然存在，那么许多人可能会对障碍的讨论感到威胁。人力资源管理者可以使这些问题得到妥善处理。
> - 鼓励员工参与解决问题的活动或编程马拉松，让清除障碍变得有趣和有效。
> - 人力资源管理者也可以通过邀请领导者参加由擅长冲突管理的教练主持的问题识别会议，来让他们为即将遇到的障碍做好准备。对领导者来说，从一开始就认识到组织的缺点和他们自身的问题，这是非常好的。不要让这些不良因素发酵，避免在未来讨论问题时产生破坏性的影响。

16.16 支持有绩效问题的员工和团队

敏捷实践有助于使我们的工作更加专注和开放，并使人力资源管理者有机会在早期就解决绩效问题。这意味着，对那些没有完成任务或者因其个人问题而对绩效产生负面影响的员工来说，采用敏捷的工作方式可能会相当艰难。这里有一个常见的错误，就是保持直线管理结构，而不让敏捷反馈循环直接支持组织内的绩效管理。我们建议采用教练服务及提升员工健康和福利的服务，来进一步支持敏捷绩效机制，从而帮助团队和个人处理冲突和个人绩效问题。

HR 重点提示

- 让团队首先通过回顾会议来处理自己的绩效问题，可能的话，在有经验的教练的帮助下进行。
- 你会遇到团队和个人层面的绩效问题，这些问题往往在经历过几个冲刺或工作周期后就变得很明显。
- 我们不能总是期望团队、**Scrum Master** 或教练知道如何处理这些情况，还必须有专业的咨询顾问来关心员工的福祉，同时这也可能是法律层面的要求。人力资源管理者用专业化和人性化的方法亲自处理更深层次的问题、行为不端或个人绩效问题，这是很有价值的。

16.17 发展领导者的角色

在敏捷组织中，需要重新设计和发展领导者的角色。正如之前所讨论的那样，管理者的角色开始转变，他们通过战略组合或待办事项列表来确定工作优先级，而实际的管理工作则由团队自己完成。在敏捷社区中，有些人认为在敏捷组织中不需要管理者,然而研究表明,要使敏捷转型成功,仍然非常需要领导者和强有力的代言人。根据敏捷成熟度的高低,领导者的角色在不同的公司中会有很大的不同:有些公司可以完全放弃中层管理者,因为他们的任务已经分散到新的角色中;有些公司希望保留直线管理的结构,将角色重新定义为领导者或行政管理者。研究还表明,从外部寻找一些没有传统工作方式历史包袱的领导者,可能会对转型更加有利(Dikert et al.,2016)。

传统的直线经理角色演变为仆人式领导的角色,将有助于员工围绕愿景和目标进行对齐,同时也使团队级的自组织和持续改进成为可能。领导者还需要解决组织中的问题,并与 PO 和 Scrum Master 协调依赖关系。实际上,很多我们传统上认为的领导职责都存在于敏捷实践本身,包括计划、改进、反馈和对交付物的审查。

> **HR 重点提示**
>
> - 围绕直线经理的角色,让管理者和团队参与到对话中。探索员工对直线经理的需求和期望。我们建议与领导者一起,以一定的频率探讨管理者的作用。
> - 确定团队准备从直线经理那里承担哪些决策任务。列出这些决策,并讨论它们所处的位置,这是很有用的。例如,有些决策权将完全移交给团队(如假期安排),而有些决策将通过共同协商来实现(如产品或服务的定价),还有一些决策将继续由经理负责(如设定薪资待遇)。也有一些决策不会在团队或经理层面上做出,所以最好能确定哪些决策是在团队或经理的影响范围之外做出的。
> - 与经理本人共同创造管理者的新角色(参见案例研究)。

案例研究

共同创造管理者的新角色

这是一个卓越的工作坊，用于在敏捷组织内共同创造管理者的新角色。我们已经举办过多次，通常有多达 50 位经理人参加。主要议程如下。

（1）和经理们在一起，在记事贴上列出目前经理所要做出的所有决策。

（2）接下来，用绿色记事贴标出哪些决策可以由敏捷团队来执行。然后用红色记事贴标出经理不愿意移交给团队的决策，用黄色记事贴标出任何有争议的或需要视情况而定的决策。

（3）将敏捷系统中的角色在墙上进行可视化呈现，如开发团队、PO、Scrum Master、敏捷教练、投资组合经理、区域领导者、高层管理者。

（4）将绿色记事贴移到团队角色的下方，表明大家都同意敏捷团队做出这些决策。

（5）讨论红色记事贴或黄色记事贴所代表的决策。探讨是否可以通过遵循敏捷原则和理念，将某些决策转交给其他角色。例如，优先级的确定可以转交给 PO。

（6）思考如何在敏捷系统中进行其他决策。

（7）讨论未来的发展方向，并思考在敏捷系统中领导者的新角色应该是什么样的。

这个练习有助于可视化地呈现出哪些决策是由经理转移给敏捷系统中其他角色的，而哪些决策仍需要经理亲自做出。

除了使用不同颜色的记事贴，还可以使用估算技术为每个决策赋予一个数字。数字越小，经理越有信心，认为团队有能力做出这些决策。通过这个练习，经理开始为自己寻找不同的角色，这是一件很美好的事。

在一次工作坊中，一个有趣的结果是，一群经理人已经为决策的释放做好了准备，但团队自身还没有准备好承担这些责任。为了帮助团队，我们成立了一个管理者小组，指导团队如何进行自组织，并称之为"领导即服务"。团队将对大多数决策负责，而领导者作为服务人员，将帮助团队学会如何做出这些决策。

16.18 投资物理空间

投资物理空间的目的是影响关于办公空间和工作场所设计的决策，以实现敏捷的工作方式，如提供多用途的工作区。

HR 重点提示

- 与团队共同探讨他们需要什么样的工作空间。

- 不要让办公室的使用率为百分之百，也不要在搬进办公室之前投入全部预算，而是要留出一些预算对工作空间进行调整，让团队对自己的工作空间有一种主人翁的感觉。

- 建议专门设计一个可以容纳多团队工作或举行大型活动的空间。通常情况下，解决这个问题的方法是，将独立小空间的墙壁做成可移动的，通过移动墙壁来获得更大的空间。

- 让 Scrum Master 和敏捷教练有举办敏捷学习活动和购买辅助材料的预算。

16.19 在敏捷实施中提升人力资源管理者的能力

到目前为止，让人力资源管理者掌握敏捷知识和技能的价值应该是显而易见的。有时，敏捷教练可能会忽略人力资源部门，也可能不了解成功的敏捷转型需要在组织设计上做多少准备工作，因此，人力资源管理实践会成为敏捷转型中的障碍。

HR 重点提示

- 参加由人力资源部门提供的敏捷 HR 培训。
- 参加企业其他部门的敏捷培训。
- 邀请其他公司的敏捷转型带头人参加一个为时较长的午餐会议，一起分享、学习和讨论他们所面临的人力资源管理的障碍，以及如何克服或防止这些障碍的发生。
- 在敏捷转型初期，人力资源部门可以作为敏捷榜样团队之一来引导更广泛的组织变革。

他们怎么说

在我所见过的最好的敏捷转型中，人力资源管理者发挥了核心作用，他们从一开始就把人力资源部门作为一支 Scrum 团队来运作。当人力资源管理者理解了敏捷工作的意义之后，他们意识到需要开始招聘能够在团队中与人协作的人。

——Jeff Sutherland（Hellstrom，2020）

16.20 与敏捷教练合作

敏捷教练有助于在大规模或跨团队的情况下采用敏捷框架。他们具有丰富的经验，经常辅导 Scrum Master，还会提升利益干系人与合伙人的技能，并围绕组织结构和政策问题与人力资源部门进行合作。敏捷教练擅于了解团队的工作情况，如在处理障碍或实施改进方面。敏捷教练是在组织发展和设计方面进行敏捷转型的重要的合作伙伴。

HR 重点提示

- 敏捷教练可以在传统的人力资源管理领域中发挥作用。我们需要保持开放的合作态度，放下那些之前被我们控制的东西。

- 为了帮助那些缺乏人力资源管理经验的敏捷教练拓展管理视角，我们建议与其分享人力资源管理战略和服务基础设施。

- 敏捷教练很可能会发现哪里存在着敏捷方法与瀑布式方法的紧张关系，而人力资源管理者可以帮助组织内合适的人来解决这些问题。

- 敏捷教练不断发展自己的协作能力、领导力和引导技术，人力资源管理者可以通过分享知识和资源来帮助他们快速学习。

- 提升人力资源管理者的技能，探索使其转型成为敏捷教练角色的方法。人力资源管理者在引导和组织发展方面的技能，可以使其成为优秀的敏捷教练候选人。

- 明智地选择敏捷教练。有些敏捷认证机构在颁发认证证书时，仅仅依据是否参加过培训或是否通过测试，而不是依据对教练能力的评估。新手教练有可

> 能会被以前没有经历过的挑战压得喘不过气来。此外，来自天生敏捷组织中的敏捷教练往往缺乏对传统公司运作方式的了解，因此可能在这种类型的转型中挣扎。至关重要的一点是，要全方位地审查所有敏捷教练过往的职业经历，因为这对组织成功实施敏捷非常关键。

16.21 将人力资源运营模式与敏捷转型同步

正如我们在前几章中探讨的那样，人力资源的产品或服务及运营模式必须与敏捷转型保持一致。请回顾第 10 章中不同的敏捷 HR 运营模式，并开始发展你的运营模式。

> **HR 重点提示**
>
> - 要想引领敏捷转型，我们首先要改变自己！
> - 要咨询人力资源的利益干系人，如员工代表小组、劳资委员会和工会，与其商定新的工作方式，并说明在新的敏捷组织结构中如何保证员工的权利。例如，德国电信与其劳资委员会发布了敏捷声明，其中指出"敏捷不能凌驾于《雇员法》（Employee Law）之上"（Vey，2019）。

16.22 结论

人力资源管理在敏捷转型中起着至关重要的作用，有助于加速整个组织理念的转变。然而，如果我们没有进行敏捷方面的培训，没有充分认识到传统人力资源管理流程和系统对敏捷实践的成功可能会产生的负面影响，那么我们很快就会成为一个阻碍。我们鼓励大家将敏捷转型视为一个绝好的机会，即将我们在组织设计和发展方面的经验提升到新的水平。它代表一种独特的学习体验，可以支持我们自身能力的发展，并帮助人力资源管理者成为设计未来工作的真正伙伴。

面向人力资源管理者的关键要点

- 成为敏捷转型的领导者。
- 虽然这个角色一开始会让人望而生畏，但本章中提供的重要提示将帮助你了解从哪里开始，如何开始，以及应该期待些什么。
- 敏捷转型需要以敏捷的方式进行，我们鼓励你使用敏捷工具（如转型待办事项列表、发布计划，以及战略评审和回顾等）来创建属于你自己的方法。
- 准备重新设计人力资源管理流程和系统，以实现敏捷转型并加速变革。
- 敏捷转型意味着我们要放下以前所做的一些事情，并开始与敏捷教练和 Scrum Master 等角色合作。
- 重要的是，我们需要提高人力资源团队在敏捷方面的技能，这样我们就能在敏捷实践中成为榜样并起到带头作用。

参考文献

Dikert, K, Paasivaara, M andLassenius,(2016) Challenges and success factors for large-scale agiletransformations: a systematic literature review, *Journal of Systems and Software*, 119, pp 87–108.

Hellström, R (2020) Interview with Dr Jeff Sutherland, Co-creator of Scrum, 7 January.

ScrumPLOP (2020) Stable teams, *ScrumPLOP*.

Standish Group (2019) CHAOS Report, *The Standish Group*.

VersionOne (2019) 14th Annual State of Agile™ Report, *VersionOne*.

Vey, A (2019) Guardrails Agreed for Agile Working, *Deutsche Telekom*.

Wolpers, S (2017) 22 Scrum Master Anti-Patterns from Job Ads, *Age of Product*.

第 17 章

敏捷 HR 的产品或服务

17.1 概述

如果你直接阅读本章，寻找完整的解决方案，也是可以的。然而，将本章放在全书的最后是有原因的。正如我们所强调的，敏捷 HR 管理者就是要根据员工的需求来设计出色的产品或服务，而不是复制以前的做法。更重要的是，蓝图设计可能具有风险，因为敏捷 HR 是依赖于场景环境的。这意味着，对于某个组织有效的方法可能不适合另一个组织的文化、品牌价值和战略。

考虑到这一点，本章的目的首先是探讨人力资源团队乃至整个组织所遵循的设计原则，用以发展以人为中心的人力资源管理实践，从而实现业务敏捷。然后，我们将深入探讨绩效、奖励和人才等重要的人力资源主题，调查具体的案例。这些案例为所有人力资源管理者提供了一个参考，能够帮助其与员工共同创造出令人赞叹的产品或服务。

敏捷 HR 的设计原则

当我们对人力资源实践进行设计时，可以用支撑敏捷理念的价值观和原则来指导实践。例如，来自《敏捷宣言》的两个强有力的设计原则是，与流程相比，更关注人；对任何为员工和企业带来价值的人力资源政策或系统进行验证。

透明机制很好地说明了我们可以使用敏捷价值观来指导人力资源产品或服务的设计。在敏捷转型过程中，公开分享信息是快速进行决策和团队自组织的关键因素。同样的原则自然也适用于人力资源管理，当信息被保密时，人们倾向于不信任他人的意图和行为。如何处理奖励分配就是一个很好的例子，通过直接分享员工薪酬的更多细节，包括薪酬机制和任何加薪或奖金分配背后的原因，员工对公平待遇的看法可以得到显著改善（Herner and Hanley，2020）。

以敏捷理念为指导，我们编制了一份设计原则清单，以帮助人力资源管理者开发出既能让内部客户满意，又能提升组织绩效的产品或服务。这份清单也是对本书中概述的工具和技术的回顾。我们建议将这些设计原则与第 4 章和第 9 章中所描述的设计思维方法结合起来使用，以确保从用户角度共同创建和验证相关的方案。

- **以客户为中心**。至关重要的是，我们的产品或服务不仅要反映内部客户的实际需求，还要通过员工的反馈和数据，验证其有用性和价值。
- **定义价值并排定优先级**。正如第 8 章中所述，人力资源团队需要清楚地阐明特定的产品或服务将为组织提供的价值，以及现有的产品或服务所需的任何维护或改进工作，这些工作有时可能比设计新产品或服务更加重要。
- **在约束条件下进行创新**。在设计产品或服务时，人力资源管理者总是需要确保满足企业合规和监管的要求。我们永远不会有理想的预算或充足的时间，所以基于真实的能力和手头的资源来计划我们的工作是很重要的。在我们开始执行任何员工举措前，人力资源管理者都应该识别出制约因素，并明确界定项目的参数。我们的目标是在这些约束条件下进行创新，而不是让约束条件限制设计。例如，你需要将设计方案建立在你想创造的用户体验上，然后再看这个方案如何满足合规性的要求；而不是以合规性要求为主导，若只是为了满足合规性要求，就会不可避免地产生不必要的"勾选框"，以及一些不必要的审批步骤。

- **共同创造**。为了设计以客户为中心的产品或服务，我们鼓励人力资源管理者接受设计思维，并与员工共同创建解决方案，正如第4章和第9章中所描述的那样。

- **增量式发展**。价值的增量式交付是敏捷理念的核心。对人力资源管理者来说，这意味着不再预先制定整个端到端的解决方案蓝图，并通过爆炸式的变革将其落实到企业中，而是要计划和优先考虑如何尽早和经常性地发布价值。

- **拒绝流程浪费**。在设计人力资源的产品或服务时，人力资源管理者需要问自己一个问题：这个解决方案能帮助我们的员工成功吗？我们的目标是建立精益、简化的流程和系统，使组织绩效得以实现，而不是阻碍团队合作或快速决策。所有的流程和步骤都需要被评估，如果它们阻碍或减缓了工作进程，如审批或控制，那么人力资源管理者就需要评估和验证为什么它们的存在是必要的。

- **透明机制**。正如前文中所强调的，透明机制不仅能促进信任文化的发展，还能为自组织的团队和网络提供动力。从公司重组到员工薪酬，人力资源管理者都需要问自己，为什么要对员工隐瞒这些信息。

- **基于证据**。对人力资源团队来说，测试一个想法或假设是至关重要的，只有发现什么是可行的、什么是不可行的，设计工作才可以开始。

- **信任**。首先，我们的设计前提是，我们的员工都是成年人，能够根据正确的信息做出正确的商业决策。这些系统和流程要么只专注于如何淘汰和管理表现不佳的员工，要么只挑选和优先考虑优秀的人才，现在是时候改变建立人力资源系统和流程的方式了。

- **"一刀切"的做法并不适合所有人**。鉴于敏捷组织的动态性，不同的员工群体或业务部门可能需要不同类型的人力资源管理实践，这并不奇怪。那种认为应该采取"一刀切"做法的时代已经过去了。
- **掌握敏捷的工作方式**。在为敏捷团队设计产品或服务时，关键是支持那些主动推动反馈循环和提高绩效的活动，如回顾会议和向终端客户所做的演示，而不是在敏捷工作方式的基础上增加流程和拖累团队。

现在，让我们用这些设计原则来探讨一系列人力资源的主题，我们先从绩效管理开始。

17.2 绩效管理与敏捷

多年来，人们只要一提到"评估"这个词，就会冷漠地翻白眼或无动于衷，但随着敏捷的工作方式开始影响绩效管理流程，许多组织终于开始尝试改变。长久以来，许多人怀疑传统的方法已经不再有用，无论人力资源管理者怎样培养经理们指导和信任员工的能力，在每次讨论绩效评估时，等级制度和自上而下的反馈中所特有的令人沉重的力量就会回来。

虽然提高生产力的商业价值和员工的职业价值都是值得企业追求的目标，但似乎没有证据表明，由层层递进的目标和记录在案的评估会议组成的年度绩效管理流程能够支持这些目标的实现。然而，到目前为止，人力资源团队并没有重新评估整个管理流程，而是把重点放在重新设计绩效评级表或引进新的 IT 系统上，他们希望仅靠这些行动就能解决问题。但是，这往往会让员工认为我们是在调整一个已经存在了缺陷的系统。美世咨询公司（Mercer）的报告表明，只有 2% 的组织认为他们的绩效管理实践提供了非凡的价值（Mercer，2019）。让我们来考虑一些常见的问题。

- **流程浪费**。研究表明，企业把大量的时间花在了组织内部的绩效管理活动上，而这些活动通常不能让管理者和员工感受到价值。例如，Adobe 公司计算过，他们的人力资源经理每年投入 8 万小时，但这样的投入却没有得到大多数员工的赞赏（Morris，2016）。经过对 13 000 名员工的调查，全球企业执行委员会（CFB）发现，60% 的人认为绩效管理流程阻碍了他们的生产力，65% 的人认为绩效管理流程与他们的工作毫无关系（Meinert，2015）。
- **恐惧状态**。神经科学研究表明，许多做法最终会影响绩效，因为当绩效与奖金相关联时，将会引发人们战斗或逃跑的反应（Rock，David and Jones，2014）。
- **假设绩效与奖金相关联**。大多数绩效管理流程都需要通过绩效评级来决定奖励结果，如个人奖金的分配。正如我们在本章中所探讨的那样，这些类型的奖励往往不能激励人们，而且会与自组织团队的原则产生冲突。
- **向后看**。每年的绩效考核和年终奖励的设置只是为了让员工对过去的表现负责（Cappelli and Tavis，2016），而不是让员工进行实时的改进。
- **无效的目标设定**。研究表明，对于那些有明确定义和清晰任务的角色，需要设立具体的目标；但是，对于那些更为复杂的角色，则需要通过相互关联的活动逐渐明确方向，适应不熟悉的信息线索或者培养一项新的技能。如果设定一个"尽你所能"类型的目标，侧重于学习和行为表现，那么可能会产生更好的效果（Gifford，2016）。

在 Adobe、Juniper Networks、IBM 和 Atlassian 等科技公司的推动下，许多企业终于开始重新思考绩效管理流程。大多数企业正在从年度绩效管理流程和固定的绩效评级转向持续反馈和非正式辅导检查。此外，许多企业开始采用实时同行反馈和集体目标设定的方法（Bersin，2017）。

那么，人力资源管理者应该如何重新设计绩效管理流程，或者像一些评论家所说的那样，彻底改变绩效管理体系呢？首先，我们需要提出具体的问题，了解绩效管理给组织带来的价值，以及我们希望该框架支持的文化类型。为了达到这个目的，我们建议通过工作坊和设计思维技术来探索以下几个问题。

- **预期的结果是什么？** 这个问题通常很难回答，一些常见的结果包括进行战略调整、支持创新和实现业务敏捷。当开展这种类型的谈话时，我们认为（尤其是高层管理者认为）需要保持一个健康和与时俱进的人性视角。例如，"员工被认为是可替代的资源"，类似这种话题和讨论应该受到限制。
- **绩效管理应该支持什么样的文化？** 这个问题可以帮助人力资源管理者建立设计原则，例如，每个人都拥有天赋，每天都在学习，反馈是我们的动力。
- **我们想避免什么？** 明确指出一个组织希望避免产生哪些结果或副作用是进行绩效设计的一种有效的方法。例如，不希望绩效设计被简化为一个数字，或者不希望因为没有透明地分享而产生不信任的反馈。

接下来，通过与志愿者团队一起探索新的方法来支持更加连续的反馈循环，并使目标建立的过程更加具有适应性和透明性。一旦参与其中的团队针对这个流程建立了一个原型，并进行了验证，剩下的工作就只需要引入一个支持性的 IT 或行政系统，然后再做一些测试。这样一来，推动设计的因素就是员工和组织的需要，而不是任何预先设定的用来支配工作流程的技术系统。

> **HR 重点提示**
>
> 　　下面这份清单列出了现代敏捷绩效管理实践的共同要素，人力资源管理者可以在自己的组织环境中制作原型并进行测试。
>
> **从：** 　　设定静态的年度目标，它在一年之中难以被更新和改变。
>
> **转变为：** 目标的设定与业务需求和团队节奏保持一致。
>
> **从：** 　　职能化的目标，这些目标是自上而下层层递减的。
>
> **转变为：** 透明化的目标，这些目标由员工和团队自己制定，他们会根据需要同步和调整团队间的依赖关系。
>
> **从：** 　　个人目标。
>
> **转变为：** 共同目标。
>
> **从：** 　　基于行动的目标。
>
> **转变为：** 基于结果或影响的目标。
>
> **从：** 　　强制性排名。
>
> **转变为：** 自我评估、自我评价和透明的反馈，或者使用校准会议，由一群人（如管理人员）进行绩效评估，并借鉴数据和其他证据来挑战个人偏见。
>
> **从：** 　　改进措施是基于对过去的绩效进行评审而做出的。
>
> **转变为：** 实时地进行改进，在下一个工作迭代中采取行动。

从：	个人绩效评估是基于行动或个人关键绩效指标而做出的。
转变为：	对绩效进行整体评估，是根据对角色的期望、与他人的联系，以及组织的价值或结果而做出的。

从：	经理的反馈。
转变为：	不同类型的反馈（同行、产品和最终客户），这些反馈推动了个人和团队不断改进和成长。

从：	通过反馈，提升个人工作绩效。
转变为：	通过反馈，提升团队协作和网络化工作的绩效。

从：	对表现不佳者给予低评级，并通过绩效改进计划进行管理。
转变为：	及时谈话。首先，探讨低绩效发生的原因，然后，支持立即改进。在许多情况下，如果低绩效持续发生，那么就会寻求教练和人力资源部门的专业帮助。

从：	经理和人力资源部门主导的流程。
转变为：	由团队自己负责的流程，教练和导师等角色对此给予支持。

从：	在一次谈话中一起讨论业绩、评级、金钱和反馈。
转变为：	将各部分内容分开讨论。例如，通过制定产品愿景或召开项目启动会来设定目标，组织单独的关于奖励的谈话，允许团队对反馈进行持续的讨论，通常，团队会使用轻量级的技术来开展讨论。

从：	年度评审。
转变为：	频繁且简短的检查，同时定期就如何做出调整进行讨论。

把敏捷的工作方式作为绩效管理系统

让我们感到惊讶的是,很少有人意识到,敏捷的工作方式已经成为一个有效的绩效管理系统。正如我们在本书中所了解到的,敏捷的计划、执行、检查和行动这一套完整的反馈循环,自然而然地推动了目标不断实现的循环。这意味着,通过支持敏捷的工作方式,人力资源管理者可以积极主动地提高组织的绩效。在敏捷组织中,人们认为绩效管理流程是附加的或者不必要的。人力资源管理者应该后退一步,看看敏捷系统的哪些部分已经自然而然地支持了绩效和反馈,只有业务本身有需要时,才应该增加额外的流程和步骤。

例如,人力资源管理者可以通过支持和促进团队进行回顾,来对敏捷组织内的绩效产生巨大影响。此外,当人力资源管理者将常用的员工和团队发展工具(如自我评估、团队剖析和冲突解决技术)与回顾性思考结合使用时,可以产生巨大价值。通过帮助团队发展心理安全,让员工感觉到被支持并能够承担适度的风险,说出自己的想法并发挥创造力,人力资源管理者可以直接支持创新,并帮助团队提高绩效(Delizonna,2017)。

目标与关键成果法(OKR)是一种卓越的机制,它可以作为一个有效的绩效管理系统来支持敏捷反馈循环。OKR 邀请团队成员设定他们的目标,以及 2~5 个可以衡量的关键指标,用来证明是否达成目标,同时,团队成员也要注意与更广泛的公司愿景或业务层面的 OKR 保持一致(谷歌公司,2020)。这些目标的达成虽然有一定难度,但可以鼓励团队提高绩效。一般来说,接受这些做法的组织并不期望员工实现他们所有的目标,或者持续获得很好的结果。

所有的 OKR 都是透明的,并且在整个组织内公开分享,通常是通过一个技术支持系统让人们保持一致和同步，而不是通过层层递减的任务和 KPI 进行管理。OKR 也可以与业务或团队的节奏相关联，如以每月或每季度为周期来设定目标，并通过定期回顾会议和持续的非正式反馈讨论来进行评审。通常情况下，奖金与 OKR 流程脱钩，尽管有时会在制定奖金政策时参考成果的一些数据。OKR 也可以支持员工的发展，这对于在敏捷环境中突出强调团队目标和组织目标非常重要。

令人振奋的是，敏捷可以帮助人力资源管理者从传统的绩效管理中抽离出来，真正评估绩效管理为企业和员工带来的价值。作为敏捷工作方式的最小赋能者，我们需要质疑个人绩效评级的意义，并研究将个人绩效评级与个人奖金和奖励能够直接脱钩的方法。

案例研究

某体育公司绩效管理的演进

通过采用敏捷方法，员工体验部门总监阿曼达·贝尔伍德（Amanda Bellwood）帮助这家在线体育公司挑战原有的假设，利用其核心价值观"把事情做得更好"和"自由地成为我自己"，迭代出一个新的绩效框架。

业务挑战

阿曼达首先质疑现有的"一刀切"流程的商业价值，以及五分制的绩效量表能否解释组织内人才的多样性。还有证据表明，在现有的系统中存在着流程上的浪费，该系统将奖金的曲线分布与个人绩效评级联系起来。管理者每年都会在这个流程中投入大量的时间和精力，却被认为是不公平的、主观的，有时甚至是打击员工积极性的。管理者的目标是找到一种新的方法，来创建一个公平、可预测的绩效和奖励框架,并鼓励创新与协作。

敏捷 HR 的方法

- **挑战领导层的假设**。高层领导者认为,按照绩效发放薪酬的文化应该通过对员工个人的考查、评级和财务激励来推动。事实上,有些人认为,如果没有得到财务上的激励,员工就会对工作有所保留,通过评级可以了解一个人表现。这些观点受到了一些挑战,基于证据的研究如下:

  - 关于工作动机和绩效的学术研究;
  - 内部客户对现有流程的反馈,其主要动机是从事具有挑战性的技术工作和与出色的同事一起工作;
  - 业务和绩效数据;
  - 敏捷组织设计的信息,以及创造性和技术性角色的性质变化。

- **从小处着手,进行试验**。根据员工和企业的需求,员工体验部门开发了一个原型,并承诺在大约 120 名技术人员中(公司总共约有 1 400 名员工)对新方法进行为期 12 个月的测试。阿曼达指出,"这对公司来说是一个巨大的改变,也是第一次独立于人力资源部门而进行的员工和文化的改变!"

- **测试一个整体的绩效框架**。它由以下几部分组成。

  - **绩效管理**。绩效评级被取消,个人绩效与奖金脱钩。将重点放在团队成员和他们的经理之间高质量的对话和频繁的检查上,而不要求记录目标。评估的基础是经理要回答四个问题,都是关于他们如何采取行动的,而不是他们对每名员工的看法。例如,有一个问题是,"如果某人通知你,他要离职,去承担一个新的角色,你会怎么做?"对于这个问题的回答,经理在每季度会召开一次评审会议,目的是围绕人力资源管理技能,建立一个开放和信任的实践社区。

- **奖励**。引入了透明和固定的"感谢"奖金,每年支付两次,以促进团队合作。每个人都知道支付的金额和原因,其并不是与个人绩效评级挂钩。此外,还引入了"即时"奖金,允许经理提供即时奖励,如发放亚马逊或一级方程式赛车的代金券,而无须事先获得批准。此外,还通过在聊天群组中对同伴发放奖励,即任何人都可以立即使用亚马逊代金券来感谢同事。

- **学习**。每个人都获得了 10% 的免费学习时间,以及"技术基金",用于他们自身的发展。引入了一个学习工具包,以支持经理和团队成员之间的对话,并通过学习工作坊来帮助员工从现实生活场景中获得学习。

- **持续的反馈文化**。除了鼓励持续的一对一谈话之外,还引入了具体的反馈活动。比如,在安全和放松的环境下,开展一些晚间社交活动,探讨员工的工作满意度和职业发展。在活动进行到某个阶段时,人们发现并不是所有员工都能在与经理的沟通中获得价值,阿曼达能够把这些反馈带到人力资源管理实践社区,并与社区人员共同创造解决方案。此外,通过定期的员工调查来持续地进行数据跟踪。

- **结果**。在为期 12 个月的测试中,员工对新框架的参与程度很高,这一点从员工的学习时间和其对学习工具箱的使用就可以看出来。员工的反馈也是积极的,92% 的人说知道管理层对他们的期望是什么,87% 的人收到了相关的反馈。

然而,最大的惊喜是该部分业务的净推荐值得分有所提高,从 2016 年的 36

分提高到 2017 年的 55 分。这对高层领导团队来说是一个游戏规则的改变，使得新的绩效框架在第二年被引入整个企业。

现在，让我们来探讨奖励机制这个话题。在许多组织中，奖励往往与绩效密切相关。

17.3 奖励与敏捷

也许，与人力资源领域中的其他主题相比，奖励是一个带有个人偏见的话题，并且会受到一个组织内已有因素的极大影响。例如，我们遇到过这样的公司，敏捷的工作方式已经开始影响企业文化；然而，公司管理团队仍然坚持使用将个人奖金和绩效评级相挂钩的框架，这与基于团队协作的工作方式产生了矛盾。基于这些动态因素，当我们在设计基于奖励的产品或服务时，场景环境就是必须考虑的因素，人力资源管理者采用敏捷方法与员工一起逐步创建解决方案。这是至关重要的。

> **他们怎么说**
>
> 关于奖金，也需要彻底改变。我看到一位高管在参加完我们的培训课程后，在几周内改变了绩效管理的做法，消除了个人奖金对敏捷应用的干扰。这是一位真正理解了敏捷的高层管理者。
>
> ——Jeff Sutherland（Hellström，2020a）

全面奖励战略

我们从整体上看待奖励，并遵循英国特许人事发展协会（CIPD）所定义的"全面奖励战略"，其中包括员工重视的所有工作领域，如学习机会和在家进行虚拟办公的能力，以及任何标准的薪酬和福利方案（CIPD，2020）。这种奖励方式与雇主品牌密切相关，可以通过工作场所设计和员工福利来帮助组织吸引人才，例如，提供瑜伽课程、免费就餐，以及市场领先的医疗保健。一个很好的案例是关于啤酒公司 BrewDog，该公司将其以狗为主题的品牌与员工福利联系起来，鼓励人们带着他们的狗来上班，以及在照顾新的小狗或救援犬时，可以享受一周的"陪伴宠物假"（BrewDog，2017）。

这些趋势表明了超越金钱的奖励机制的重要性。虽然对如何在工作中最好地认可和激励员工存在很多争论，但几乎没有证据表明，根据年度绩效评估来支付个人奖金的传统方法会鼓励人们更加努力地工作（Adams，2017）。相反，越来越多的研究表明，内在激励和基于人们所贡献价值的奖励与提高绩效和员工参与度之间存在着积极的联系（Chamorro-Premuzic，2013）。这在敏捷组织中变得更加重要，因为个人激励会破坏或阻碍团队合作，导致次优化行为。所有这些状况使得一些组织从根本上重塑了他们的奖励方式，像奈飞（Netflix）和艾特莱森（Atlassian）这样处于领先地位的公司，从本质上取消了金钱奖励。这些公司内部的关注点是如何以有竞争力的市场价格支付员工报酬，而不是试图通过个人奖金进行激励。

> **他们怎么说**
>
> 我们的薪酬方式必须改变。越来越多的公司正朝着更加敏捷的激励和薪酬支付的方向发展,并且会更加频繁和定期地对薪酬进行评审,而不是仅仅进行年度评审。这些薪酬方式反映了团队在不同项目中的贡献,以及基于团队的奖励。基于团队的奖励正在超越基于个人的奖励。
>
> —— 乔希·伯尔辛,全球行业分析师

奖励的透明性

或许在设计奖励机制时,敏捷价值观中的透明性是最具影响力的因素,因为它可以极大地改变员工对公平和信任的看法。例如,CIPD 关于英国组织的一份报告(CIPD,2019)显示,只有一半的人愿意公开交流薪酬决策的方式,以及员工需要做什么才能获得加薪。有趣的是,该报告还发现,虽然 75% 的人力资源管理者认为他们的组织在薪酬支付上是公平的,但只有 33% 的员工同意这个观点。这些发现表明,当组织对薪酬分配不透明时,员工就有可能不信任奖励机制,也无法判断他们是否得到了公平的对待。这种类型的研究也表明,人力资源管理者可以使用设计思维的方法来更好地理解员工的痛点。

我们应该澄清,公平地薪酬支付并不意味着每个人的报酬都是一样的。相反,我们应该以一种清晰和容易理解的方式来奖励员工的贡献。随着社会上对性别或种族的薪酬公平的关注度越来越高,奖励的透明性越来越受到重视。例如,英国、法国和瑞士等国现在要求达到一定规模的公司公开报告其薪酬分配在性别上的差距。研究表明,薪酬透明有助于减少因性别和种族所造成的不平等待遇

（Jacobs，2019）。Glassdoor 和 PayScale 等网站进一步推动了薪酬透明化趋势，这些网站基于匿名和众包数据，分享了不同角色和组织的薪酬水平。

这些发展导致一些组织接受了薪酬的完全透明化，从而彻底改变了薪酬的状况。例如，像 Whole Foods（Loudenback，2017）和 SumAll（Weller，2017）等公司，公开与员工分享薪酬数据；其他组织则走得更远，如 Buffer 公司（Terry，2019）在其网站上公开分享信息，GrantTree 公司（Kellner，2018）邀请员工参与、研究和设定自己的薪酬。对传统的组织来说，这样的透明度水平可能看起来很激进，但这有助于转变高层管理者的心态，至少可以解释企业内部用于做出奖励决定的框架和公式，从而在建立与员工的信任文化方面发挥重大作用。

HR 重点提示

为了帮助人力资源管理者设计和测试适合自己组织文化的新型薪酬体系，让我们来探讨一下影响敏捷组织的主要趋势。

- **将奖励与个人绩效评级脱钩**。由于个人绩效评级的主观性和人们对奖金制度的诱惑，许多组织将奖励与一系列结果联系起来，如团队和组织的成果、对某个角色的期望、公司的价值观和同行的反馈。
- **高薪酬**。为了完全消除人们对个人奖金的争议性，同时挑战以前公司用奖金填补低工资的做法，现在一些组织使用预算来支付有竞争力的薪酬，并定期根据基准线，甚至是基于员工自己的研究来对薪酬水平进行评审。
- **透明的工资公式**。像 Buffer 公司一样，很多公司都在建立计算工资的数学公式，公式中的因子包括工作地点和生活成本、工作经验、角色级别和业务影响，以及与文化价值相关的行为。同时，这些公式也会向员工公开分享，以确保明确性和公平性。

- **透明的薪酬机制**。受里卡多·塞姆勒（Ricardo Semler）的著作《七天周末：改变工作方式》(*The Seven Day Weekend: Changing The Way Work Works*)的启发，一些组织正在选择完全透明的薪酬机制，同时建立框架，使员工可以设定自己的工资标准，以限制办公室的闲言碎语，建立互信的企业文化（Putter，2018年）。

- **定期评审和调整**。为了更好地反映敏捷的工作方式和市场更快的变化速度，公司开始更加频繁地评审和更新薪酬，例如，每季度根据基准来评估工资水平，每年做一次生活费用的调整（Bersin，2019）。

- **基于团队进行奖励的做法**。相当多的组织正在测试各种方法，让员工和团队可以即时奖励他们的同伴，而不需要事先得到批准。

- **创造性的福利和津贴**。这通常会吸引很多社交媒体的关注，有很多技术手段可以支持这种分布式的奖励方式，如 Perkbox 和 Kudos 公司的技术平台，在这个平台有一些伟大的创新，它可以成为同行认可和基于经验进行奖励的有效方式。然而，当涉及福利时，最好记住，它不仅仅提供平台和免费午餐，而且是对员工身心的滋养，它可以帮助建立能够吸引人才的企业文化。

- **工作场所设计**。谷歌、Sky 和 Red Bull 等公司展示了如何通过鼓舞人心的办公室设计和工作环境来建立一个强大的雇主品牌，以提升协作和创造力。一些评论家认为，这可能会导致人们在办公室里投入太多时间，所有设计的一个重要因素是如何支持工作与生活的平衡，以及如何在办公室以外灵活地开展工作（Jacobs，2018）。

- **员工股权**。在科技创业领域的刺激下，许多组织已经开始为所有员工，而不仅仅是高层管理人员，提供拥有股份的机会，并经常将股权分配与个人和团队的绩效及公司的成就联系起来。

- **从失败中学习**。为了促进创新，一些组织建立了庆祝从失败中学习的文化。一个鼓舞人心的例子是游戏公司 Supercell，这家公司会为失败干杯，比如，对于一个开发失败的游戏，人们会举着香槟来参加公开讨论，让参与的团队分享所有错误的细节，以便使每个人都能从教训中获得成长（Mickos，2015）。
- **建立一种奖励性的文化**。建立一家以目标为导向的社会化企业，让人们深切地感受到其与公司品牌之间的联系，是激励员工和提高忠诚度的有效方法。

正如企业需要根据终端客户的需求和快速变化的市场来迭代产品一样，人力资源管理者应该不断发展全面奖励策略，以不断吸引合适的人才，并跟上组织内部的变革。事实上，研究表明，高绩效的公司遵循基于证据和数据驱动的方法，并通过小规模的试验和测试来迭代其奖励机制（DeBellis，2019）。实际上，如果奖励的话题在组织内存在很大争议，那么组织就更有理由采用敏捷方法。

案例研究

在 Beyond 公司建立奖励文化

凯特·兰德（Kate Rand）是 Beyond 公司的员工体验和认同部门总监，在她的带领下，公司人力资源部门的成员都践行着真正的敏捷方法。这支团队将设计和技术代理机构视为他们的产品，并将这种观点作为他们的文化，他们已经共同创造了一个奖励的环境，吸引了来自整个行业的优秀人才。Beyond 公司借助敏捷 HR 管理者，可以成为一家以文化和归属感为基础的公司，而不仅仅是工资和奖金。

业务挑战

为了能够在代理机构中获胜，拥有一支市场领先和具有创新能力的队伍是非常必要的。为了实现这一目标，Beyond 公司需要通过具有包容性的工作场所来吸引和利用多样化的人才。然而，鉴于以前在设计代理机构中的一些不良声誉，以及代理机构普遍不具有包容性，人力资源团队认识到需要重新定义人力资源和组织发展的方法。

敏捷 HR 的方法

以企业与终端客户的合作方式为基础，人力资源团队开始着手建立一种文化，这种文化在本质上注重员工体验，这也是内部客户需要的。该团队在敏捷 HR 工作中应用了五个核心要素：

- 以人为中心的设计；
- 相信员工是成年人，而不是通过规章制度来告诉他们应该做什么；
- 具有适应性的流程；
- 完全透明；
- 数据驱动和基于证据。

正如凯特所说，"通过采用以人为中心的敏捷方法，我们与客户的互动方式已经使我们成为一支以客户为中心的团队。"

产品或服务的举例

- **归属感框架**：包括一系列卓越的工作场所设计实践，可以支持人们对幸福感、多样性、公平性和包容性的追求。这些框架被公开分享，供人们学习，目前已被 29 个国家的公司使用（Beyond，2020）。

- **成长超越**：包括一套基于员工需要和增长技能的学习和发展解决方案。这些解决方案可以以任何形式呈现，从数字化学习内容到企业内部的教练对话。
- **反馈文化**：这是员工最引以为自豪的文化。它体现了敏捷的反馈循环，确保组织内的员工能够直接塑造敏捷文化，这也是人力资源管理者所关注的焦点。
- **流动性的职业发展**：Beyond 公司认识到，在代理机构工作的员工平均任期不到两年，所以，其专注于帮助员工发展其在未来职业发展阶段所需的技能，而不是试图让员工停滞不前。Beyond 公司中的许多员工后来有了自己经营的企业，或者是应聘到像谷歌这样的公司工作，在他们离开 Beyond 公司前，他们的技能对该公司的业务成果有很大的影响。

结果

Beyond 公司包容和开放的企业文化得到了表彰，赢得了一系列的奖项，并且入选了英国百强企业。Beyond 公司的员工净推荐得分始终保持在 20 分以上，其在职场社区 Glassdoor 中的企业点评得分为 4 分（满分为 5 分）。

现在，让我们来探讨敏捷组织内关于人才的话题。

17.4 人才与敏捷

人才的话题一直是关于如何在我们的组织内吸引、发展、鼓励和保留优秀人才的。人力资源这一领域也充斥着各种框架和流程，这些框架和流程到现在为止一直倾向于采取控制和限制的方法，如九宫格法、胜任力框架，以及高潜力项目。然而，就像本章中所讨论的其他主题一样，人才发展状况正在迅速演变。一种更加全面的人才观及建立端到端员工体验的需要正在驱动着这场变革。现在，许多组织认为端到端的体验是从员工进入候选人阶段开始的，企业关注优秀的人才，即使他们离开了公司，企业还会一直与他们保持联系。

他们怎么说

敏捷中的人才实践是非常不同的，即高潜力、继任计划、年度评审等都必须变得有所不同。员工将凭借他们的项目经验、声誉和技能获得奖励，而不再依靠他们在等级制度中的地位或者管理者的想法。其实，管理者已经不是管理者了，而更像是职业经理人或项目经理。

——乔希·伯尔辛，全球行业分析师

拓宽人才的视野

保持不断成长的心态和创造人人都有学习潜力的环境，这个观念正在对组织吸引和发展人才的方式产生深远影响。大卫·克拉特巴克（David Clutterbuck，2012）将此比喻为让人才自由，并认为人力资源管理者过去的许多做法不仅未能提拔合适的人才，而且往往将与人才的关系看得过于简单。人力资源管理者不应该依赖简单的模型，或者试图以静态的方式预测人才，而应该利用组织人才需求的动态性，并建立一种更具适应性和网络化的方法。例如，与其派员工去参加领导力发展项目，不如鼓励他们积极主动地在现有的角色范围内获得新经验，从而增强自己的领导力。另一种比较好的做法是为员工或团队提供学习预算，这通常会带来创新的投资选择，并鼓励更多的在职学习。

敏捷组织设计和等级制度的扁平化，也在影响着识别和发展人才的方法。在许多成功的敏捷组织中，那些过去可能被认为低于管理岗位的角色，如程序员或技术工程师，现在被看作业务成功的最重要的贡献者之一。我们还需要考虑到组织快速变化的特点，企业所需的许多关键角色可能在五年内就会消失。这些发展极大地改变了我们培养人才的方式，并对过去所做的昂贵的、高潜力的、项目（这些项目主要是为特定的领导角色培养人才）提出了质疑。这一观点与一份报告相吻合，该报告显示，73%的高潜力项目未能带来任何投资回报（Gartner，2018），而且研究表明，这种类型的项目只会分散劳动力，而不是将他们团结起来（Riddle，2012）。

在敏捷组织内，不是让员工去攀登那些预先确定好的职业阶梯，而是提倡建立T型团队，这意味着，我们需要创造条件，让员工能够获得新的经验，从一个角色转换到另一个角色，掌握不同的技能。如果我们能够基于成果来设定奖励，而不是仅仅看资历和职位，那么这种T型团队的人才管理方法将会变得更加强大。

HR 重点提示

敏捷可以帮助我们进行人才实践的创新，影响这一领域中产品或服务设计的相关主题如下。

- **按需学习**。一些组织正在建立学习平台，当员工想要学习简短的、有针对性的数字化内容，以及进行教练对话或者在有需要的时候，他们就可以从这些平台上获得不同的学习体验。这说明员工在工作中的特定时期需要学习，并希望借助平台解决他们工作中的问题。此外，这也与社会化学习的趋势相吻合，员工可以通过学习平台来分享自己所学的知识。这些平台内的产品多种多样，包括一些参加正式培训课程的解决方案。为了设计这些产品，许多人力资源团队正在接受和采用敏捷方法和设计思维，以真正捕捉到员工的需要，并通过数据点击量来跟踪敏捷方法和设计思维所产生的影响，例如，一项学习内容何时被访问，由谁访问，以及随后产生的业务成果。另外，在设计不同的学习方案时，需要使用员工能够识别的语言，而不是使用基于能力框架或工作描述的人力资源语言。

- **学习型组织**。这与驱动环境持续得到改进的敏捷反馈循环密切相关，它着眼于如何使学习成为一种核心价值，并将其根植于组织文化中。在这些公司中，学习被看作工作本身的一个核心组成部分。这意味着，员工在工作期间会安排时间进行学习，或者直接将其纳入团队活动和工作中的活动。例如，学习形式可能是给员工和团队留出时间，让他们在任何想做的事情上进行创新，并对新的想法进行测试，以及参加黑客马拉松大赛或主持一个会议，让员工讨论失败的情况和他们所学到的东西。

- **基于团队的学习预算**。团队或者是个人可以做出自我发展的决定，并选择如何使用一个既定的预算。如前所述，这通常会使学习预算的使用更具有创新性，员工可以利用周围的社交网络向他人学习并获得发展的机会。

- **社会化学习**。许多敏捷组织鼓励创造生动活泼的学习活动，允许将预定的时间和资金投入聚会、能力俱乐部、演讲，或者公司间的学习访问等活动中。通常，通过提供创造性的办公空间，可以对这些活动做出进一步的支持，这些空间专门用于公司活动，外部人员和内部员工可以非常轻松地参与其中。

- **流动性的职业发展**。敏捷组织内的角色定位正在变得更加具有流动性，这使员工可以更容易地在不同角色之间进行转换。敏捷组织通过将T型团队的概念变为现实，从而鼓励员工通过横向的职业流动、借调和承担项目的工作，来扩展他们的技能并获得新的经验。敏捷组织甚至可以允许员工同时担任几个不同的角色，或者某个角色由几名不同的员工来担任。例如，正如前几章所述，我们经常可以看到领域专家担任培养员工能力的领导者角色，以前的直线经理转变为 PO 的角色，人力资源专家成了 Scrum Master 或敏捷教练。这种更加灵活的职业发展方式允许员工的愿望和动机随着时间的推移而发生变化，例如，员工需要有一段职业休整期，或者员工已经做好准备承担更多的责任或承担更多出差任务。

- **职业教练**。随着团队自组织能力的增强，团队对直线经理的依赖程度就会降低，通常，这需要创建一个新的角色，为员工职业发展方面的能力提升进行引导。例如，一位担任培养员工能力的领导者可能需要全面支持企业内拥有特定技能的员工的发展需求（如编码或图形设计）；或者一位职业教练专家可能被安排到企业的某个部门中，当员工需要讨论他们的学习情况时，可以随时接受教练的指导。

- **透明和灵活的人才库**。团队和项目负责人可以利用开放的技术系统及时地找到具备相应技能的人员。例如，一家公司开发了一个"人才展示器"，它提供了一个搜索机制，可以从 600 个技术顾问的资料中寻找到合适的人才。还有一些公司正在创建内部人才市场，任何员工都可以把自己的技能作为一种服务，提供给需要的团队。

- **数字化教练和支持**。正如前文所讨论的许多趋势一样，许多应用程序和基于技术的解决方案进入了学习市场，可以为组织提供一种数字化的途径，用于找到合适的教练或支持个人学习的方法。例如，教练机器人可以使用人工智能和聊天技术来进行个人或团队的职业发展讨论，其在工作场所中的应用越

> 来越普遍（Saberr，2020）；在英国利兹市的 Infinity 公司，其人力资源运营团队共同创建了一套数字化职业发展框架，允许员工在不同的专业领域中对各自的技能水平进行自我评估，然后使用互动工具绘制出职业发展路线图，以便寻求机会获得新的经验和基于项目的工作，从而在职业生涯中不断提升自己（Dank，2019）。

敏捷正在帮助人力资源管理者重新定义工作中的"人才"，并使其接受一种更加全面的方法来处理如何吸引、发展、培育和保留优秀人才的问题。通过应用设计思维技术，人力资源管理者可以共同创造出具有创新性的人才解决方案，支持员工的终身学习。

17.5 结论

卓越的敏捷 HR 产品或服务需要建立在卓越不凡的组织文化的基础之上，并能够支持员工的工作，使其表现得更加出色。从重新设计流程，改变以行政管理和合规性为目的的流程，使之更加便于用户使用，到直接创建一个全新的绩效管理框架，人力资源管理者可以使用敏捷理念来设计员工需要和想要使用的产品或服务。我们看到的敏捷 HR 管理者付诸的行动越多，对人力资源团队所取得的成就越了解，我们就会越相信，敏捷 HR 正在彻底改变我们的职业，帮助我们为未来的工作做好准备。

面向人力资源管理者的关键要点

- 设计卓越的敏捷 HR 的产品或服务，就是需要你将在本书中学到的一切付诸行动。
- 在创建产品或服务时，我们建议应用本章开头所述的 12 条敏捷 HR 设计原则，以确保这些支持敏捷理念的价值观能够指导你的工作。
- 不要忘记，敏捷是一个绩效管理系统，我们的作用应该是支持这个反馈循环，而不是增加流程和系统。
- 重要的是，要全面看待员工体验，了解敏捷 HR 的产品或服务如何支持员工开展工作，而不仅仅是支持员工执行任务。
- 卓越的敏捷 HR 的产品或服务为整个组织提供价值，并支持员工在其工作中获得成功。

参考文献

Adams, L (2017) HR. Disrupted: *It's time for something different*, Practical Inspiration Publishing, Basingstoke.

Clutterbuck, D (2012) *The Talent Wave*, Kogan Page, London.

Dank, N (2019) Interview with Charlotte Goulding, People Operations Manager at Infinity Works, 15 November.

Dank, N (2020a) Interview with Amanda Bellwood, Head of People Experience at

Sky Betting and Gaming, 20 February.

Dank, N (2020b) Interview with Kate Rand, Group Employee Experience and Inclusion Director at Beyond, 19 February.

Hellström, R (2020a) Interview with Dr Jeff Sutherland, Co-creator of Scrum, 7 January.

Hellström, R (2020b) Interview with Josh Bersin, Global Industry Analyst, 20 January.

Mercer (2019) Performance Transformation in the Future of Work: Insights from Mercer's 2019 Global Performance Management Study, *Mercer LLC*, 2 July.

Semler, R (2004) *The Seven Day Weekend: Changing the way work works*, Portfolio, New York.

第五部分
结论

第 18 章

结论：让我们开始行动吧

你感到兴奋吗？我们希望如此！然而，当许多人力资源管理者读到这里时，都会思考两件事。

- 如何开始行动，才能在我们的人力资源团队和项目中应用敏捷理念。
- 从此之后，人力资源行业将会发生哪些改变？

18.1 如何开始行动

读完本书后，你可能会迫不及待地想要开始，希望把很多新的想法付诸行动。但是，有些人可能会感到不知所措，难以一口气吸收和消化所有内容。有些人也可能不清楚从哪里开始，以及如何开始。我们需要记住的关键一点是，要从小事做起，通过试验来获得学习经验和能力。

正如我们在本书中所述，人力资源管理者需要了解敏捷带给自己的力量，在自己的团队和项目中采用敏捷的工作方式，并且充分认识到如何将人力资源管理引向敏捷，从而开始重新设计现有的人力资源管理实践，丰富员工体验，在整个组织中推动业务敏捷的实现。

> **他们怎么说**
>
> 敏捷显示出我们所关注的焦点（或者项目）可以是任何事物。但是，你确实需要坚持一些基本规则。最初，你会关注如何从慢到快（其原因是你在管理自己的团队，会经历一场变化的旅程）。然后，你会得到十倍的回报。
>
> ——特雷西·沃特斯，某大型媒体和电信公司员工体验总监
>
> （Waters，2018；Dank，2019）

使用敏捷支持人力资源检查单来帮助你开始行动

- **从小处着手**。虽然，我们在本书中讨论的敏捷运营模式为人力资源管理者提供了一些很好的面向未来演进的步骤，但我们并不建议你直接对一支完整的团队进行重组。相反，你应该从小处着手，要么组建一支跨职能的敏捷团队来运行一个项目，要么选择一支人力资源团队，如学习与发展团队或招聘团队，首先对敏捷进行试点实施。请记住，敏捷方法需要在实践中学习，其目的是建立一种可以在组织中推广的工作模式。
- **解决一个复杂的问题**。我们可以将敏捷方法应用于任何主题去解决一个复杂的问题，这将为整个企业带来非常有益的结果，而不仅仅是在人力资源领域。例如，解决了一个以前使用传统人力资源方法或瀑布式方法所未能解决的项目难题。

- **确定价值**。正如我们在本书中所述，评估并明确界定所选项目或举措的价值，以及如果问题得到解决会产生什么结果。这一点至关重要。请记住，这可能是多方面的，很可能包括商业价值和员工价值。
- **帮助你的团队做好准备**。通过帮助团队中的每个人熟悉敏捷理念中的术语和概念，从而为成功的变革播下种子。通过分享视频、博客及本书，来帮助大家熟悉敏捷中的概念。
- **承诺在时间盒内进行试验**。将这次冒险视为一个敏捷的试验。我们不必得到所有问题的答案，我们可以做错事。通过定期参与回顾和评审会议，可以使敏捷反馈循环积极地支持持续改进。这种方法有助于安抚那些最初对变革迟疑的人。通过邀请人们在限定的时间盒内进行试验，可以缓解一些压力。比如，可以将时间盒设定为三个月，并约定如果这种方法无效，试验就结束。
- **创建一个待办事项列表**。团队花大量时间一起创建一个待办事项列表。一旦团队能够将所有潜在的工作可视化出来，并确定首先开始哪些最重要的任务，就会让每位团队成员都感觉很好。
- **建立一个支持性的生态系统**。寻找办公空间来设置Scrum板或Kanban板，虽然这听起来很没有创意，但这往往是新组建的敏捷团队需要克服的障碍，对于促进团队协作和成为自组织团队是至关重要的。此外，我们建议使用一些好用的数字化工具，尤其是在进行虚拟工作时，这些工具诸如Trello、Slack或Microsoft Teams。此外，通过确保团队具备足够的生产能力，并且为员工实施敏捷分配了相应的时间，从而为团队提供最佳的成功机会。如果在员工的日常工作外，再添加这些内容，那么敏捷是不会成功的。最好的情况是，团队留出几天时间，使用敏捷的工作方式一起开展某些工作，而且要与处理常规工作的时间分开。另外，要明确定义角色，如 PO 和 Scrum Master，敏捷教练在促进学习方面可以提供很大的帮助。

- **测试一个原型，而不仅仅是试点**。彻底拥抱设计思维，看看用它来探索问题会是怎样一种感受，并迅速和内部客户一起测试一个原型。激发团队的积极性，使其在短时间内做到这一点，如一周，所以这实际上是一个试验。要习惯于分享尚不完美的东西，并从中获得学习。

- **走出人力资源的职能筒仓**。敏捷团队应该是跨职能和具备多项技能的。即使最初你是从应用某个团队的技能开始，如学习和发展团队或招聘团队，也需要使用多项技能，最好能让更多的业务人员参与进来。

- **成为一个自组织团队**。同样，如果团队成员继续以单个主题负责人或者项目经理的角色进行工作，那么即使尝试敏捷的工作方式，也没有用。我们需要放弃传统的人力资源管理者的角色，真正围绕产品或项目愿景进行自组织。

- **创造一个安全的学习空间**。为了深入理解敏捷理念，人们需要有足够的安全感去进行尝试。对刚刚接触敏捷的团队来说，只有当他们不用担心出错后造成负面影响或遭到惩罚时，才能做到快速交付成果。因此，创造一个安全的空间，让人们敢于尝试，愿意谈论感受，进而探索什么是成功的，什么是失败的，最重要的是，他们可以决定下一步该怎么做。

案例研究

如何开始实施敏捷

作为员工体验总监，特雷西·沃特斯和她的团队提供了一个鼓舞人心的案例,用于指导如何开始实施敏捷。面对快速变化的商业环境和数字化转型的需求,更不用说紧张的预算了,团队开始通过放弃现有的规则来逐步演进他们的工作方式。

业务挑战

特雷西和她的团队面临着四个关键的挑战,通过敏捷试验来应对这些挑战的时机似乎已经成熟了。

- **节奏**。以前,我们会花3个月甚至12个月的时间来交付对企业有价值的产品,如实施一个学习和发展项目;现在,与企业的需求相比,这样的节奏实在太慢了。
- **浪费**。到目前为止,团队希望在向企业发布解决方案前使其完美或完整,但是,我们发现这种做法并不能实现预期的价值,我们不得不对工作重新设计。
- **意见过载**。很多项目都会被那些最强音或最高收入者的意见所影响,因为团队往往缺乏可以进行反驳的数据。
- **职能筒仓**。团队中的每位成员都对自己特定的工作主题和技能负责,这就导致多个项目并行,交付成果的速度非常缓慢,而且,项目一直受限于某个人的能力或工作量的投入。

敏捷 HR 的方法

在敏捷理念的指导下,特雷西和她的团队采用了测试和学习的方法。正如特雷西所说,"我们都不知道自己在做什么,所以我们必须采用测试和学习的方法。"他们所做的冒险如下。

- **为期 90 天的试验**。在开始前,团队花了几个月的时间对敏捷进行了一些非正式的研究,并逐渐熟悉了敏捷的相关概念。这意味着每个人都是学习者，而不是专家。然后，团队达成协议，进行一个为期90天的试验，如果最后没有解决他们的问题，团队将恢复以前的工作方式。这种邀请团队成员参与试验的方式，为其提供了心理安全感，使他们能够快速学习。

- **拥抱一个框架**。团队开始使用Scrum框架进行为期2周的冲刺（更多细节见第6章）。虽然采用这种方法是一个很好的起点，但团队在对项目进行战略管理的同时，还要完成常规工作，这让他们感到有些吃力，而且冲刺工作往往比维护和改进工作具有更高的优先级。

- **检视和调整**。团队为了演进自己的运行模式，引入了一些改变，他们决定采用Kanban方法来持续跟踪所有的工作，包括常规工作和战略管理工作，从而将为期5天的冲刺与具体的业务挑战紧密结合在一起。团队也会在1~2天内群策群力，解决临时问题或清除出现的障碍。

- **打破常规**。团队已经从根本上重塑了他们的方法，放弃了以前的人力资源设计原则，如能力框架。取而代之的是，团队通过对用户体验的感同身受，快速制作原型，并对方案进行测试，从而在源头上对组织和人员发展问题进行及时处理，共同创造出合适的解决方案。

- **成为数据饥渴者**。特雷西和团队发现，与利益干系人进行理性谈话最快速和最简单的方法是使用真实的数据。团队把工作输出作为产品，而不是作为解决方案或项目。如同技术或营销团队，特雷西的团队也学会了使用一些度量指标，如用户（即员工）激活、重复访问、消费、用户群之间的差异等。现在，该团队通过快速验证和试验来快速获得数据来源。

结果

特雷西的团队已经从一些由各自独立工作的多技能专业人员组成的小组，发展成为许多员工体验小队,每个小队都与特定的员工群体(员工、经理、领导)相对应,并覆盖一个更大的人力资源职能范围。现在,各小队已经有了固定的 Scrum Master 和 PO,不再临时从外部寻找 Scrum Master,也不再让特雷西担任 PO。总的来说,这种工作方式对业务的影响非常大。其中,一个最重要的变化是培养经理人的方式,以前执行的是一个为期 3 个月的、线性发展的、基于实施计划的项目,每次参与项目的人员上限是 15 人;现在团队采用了数字化的方式,通过 App,按需组织线上工作坊(每个工作坊 90 分钟),建立一个社交群,进行为期 7 周的共同学习,参与人员可以达到 100 人。在新型冠状病毒疫情的封锁期间,人力资源团队快速调整,并在 10 天内制订了响应计划,他们为特雷西的团队提供连续 12 周的支持,共有超过 2 000 名经理人参与了这个项目。公司员工的敬业度处于业界领先水平,与实施敏捷前相比,团队真正实现了更少的预算和更快的速度。团队甚至将他们早期的冒险之旅发布到了一个公共的博客上(Agile in Learning,2020)。

18.2 敏捷 HR 的未来

读完本书后,你可能会想到的关键问题是——如果我们的职业生涯从这里开始,将会发生哪些改变?

放下约束人力资源管理的枷锁

在过去几年里,我们有幸分享了很多故事,人们在学习应用敏捷 HR 的方法后重新振作起来,并获得了重新设计工作方式的快乐。许多人谈到,他们在人力资源行业中迷失了方向,现在他们又重新发现了自己对人力资源管理的热情,他们感到无比喜悦。长期以来,企业中的很多部门认为人力资源管理者如同警察,他们执行自上而下、以合规为导向的流程和政策,为此,人力资源管理者感到非常沮丧。现在,是时候从根本上重塑人力资源管理者在组织内提供价值的方式了,不要再把员工当作资源来管理,而是相信员工有能力获得成功。敏捷 HR 提供了实现这一愿景的关键技能,并帮助我们将自己转变为以人为中心、以证据为基础、以价值为导向的业务合作伙伴。

他们怎么说

关于敏捷,我建议人力资源管理者采取以下行动。

- 你需要参加培训,了解人力资源管理领域的各个层面,掌握你的 T 型技能。
- 寻找那些已经开展了敏捷 HR 实践的人,跟随他们学习。把敏捷 HR 看成你职业发展的一部分,它将真正改变你的职业生涯。
- 寻找一家能够让你在一些新的、不同的、以敏捷为重点的项目上开展工作的公司。如果你被困在一个职能筒仓式的工作中,你是不可能学到这些的。你必须进入某个领域,才能了解那个领域。

—— 乔希·伯尔辛,全球行业分析师

敏捷是企业的未来,而不仅仅是人力资源领域。本书多次提及了与人力资源

领导者的谈话，他们感到自己的装备不够完善，也没有准备好帮助公司应对大范围的市场颠覆和令人难以置信的技术变革。有些人谈及，如果他们不接受对组织重新进行设计，以促进创新和加速进入市场，他们的企业可能在几年内不复存在。所以，正因为存在这项挑战，许多组织都在寻求提高业务敏捷能力和重新培养员工的方法。作为组织设计和发展方面的专家，如果人力资源管理者能够接受敏捷的理念，就能帮助组织引领敏捷转型。

敏捷 HR 的技术是有效的！正如本书中所述，人力资源管理者已经开始使用敏捷 HR 的技术，与业务部门共同创造解决方案，如绩效、奖励和人才管理，这些都是人力资源管理者所提供的产品或服务。更重要的是，敏捷 HR 的实践者正在成为指导整个组织变革的教练，促进敏捷反馈循环，以提高组织绩效和促进员工职业发展。虽然敏捷并没有提供一幅预先设定好的蓝图，但通过使用本书中所述的思维方式和工作方法，并加入敏捷 HR 爱好者的网络社区，我们将会一起把人力资源管理变成一个更好的行业。

让我们行动起来吧！

参考文献

Agile in Learning (2020) Agile in Learning, *Agile in Learning, Medium*.

Dank, N (2019) Interview with Tracey Waters, Director of People Experience at Sky, and Agile HR Pioneer [Blog], *The Agile HR Community*, 29 July.

Waters, T (2018) The Psychology of Agile, *Agile in Learning, Medium*, 27 April.

附 录

从传统人力资源管理到敏捷 HR

传统人力资源管理	敏捷 HR
人力资源管理者为组织提供支持	人力资源管理者为员工和企业创造价值
作为流程负责人和服务中心,进行筒仓式的人力资源运营管理	与业务价值流相关联的端到端的 T 型人力资源运营
"大爆炸"式地推出和实施项目	与内部客户一起,增量式地共同创造产品或服务
"一刀切"式的人力资源管理流程和政策	个性化、定制化和可选择、可细分
基准和最佳实践	情境化
人力资源管理流程(聚焦于人力资源管理本身)	为员工和经理服务(聚焦于员工体验)
人是一种资源,应该被管理和控制	重视员工作为人的价值,因为人有情感、需求、激情和想法
变革管理	通过员工的参与,创造和验证变革
假定员工已经理解了相关知识	假设、试验和验证
人力资源管理者推动实施	人力资源管理者使用发布计划
政策的设计一般是为了将不良的行为和糟糕的绩效发生的风险降低	基于价值实现的政策是以对员工的信任为前提的
对外在奖励进行保持和控制	内在激励
保密优先	透明化
评估和发展	流畅的学习型组织
员工参与度	员工体验度
指标、基准和报告	持续倾听和员工分析

(续表)

传统人力资源管理	敏捷 HR
工作角色相对稳定和明确	工作角色不断演变
员工是指工资单上的雇员,是组织边界以内的人员	员工是一个更广泛的生态系统的一部分,超越了组织边界
投资和发展高潜质人才	创造条件,建立高潜质人才职业网络和途径
对人才进行识别和衡量	创造条件,让人才脱颖而出
人才管理和交替	人才投资组合和机会
潜力是固定的、可衡量的	潜力是情境化的、难以衡量的
个人是孤立的	个人存在于网络和团队中
按照绩效发放报酬	提供集体的和灵活的奖励
人力资源管理服务的设计主要是从风险管理与合规角度进行考虑	敏捷 HR 服务的设计,旨在支持员工在其工作中取得成功
提供政策,能够处理一切事务和所有例外情况	提供原则和价值观,可以支持实时的决策
任何事情都要做到完美	通过原型设计和测试,发现哪些原型有效,哪些原型无效
无休止的人力资源愿望清单	工作的战略投资组合,座右铭是"停止启动,开始完成"

版 权 声 明

Agile HR：Deliver Value in a Changing World of Work

ISBN: 9781789665857

Copyright ©Natal Dank, Riina Hellström, 2021.

This translation of Agile HR is published by arrangement with Kogan Page.

All rights reserved. No part of this book may be reproduced in any form by any electronicor mechanical means (including photocopying, recording, or information storage andretrieval) without permission in writing from the publisher.

Simplified Chinese edition copyright © 2023 by POSTS & TELECOMMUNICATIONS PRESS.

版权所有，侵权必究。